# BIBLIOTHÈQUE

### DES

# CLASSIQUES-DIEUDONNÉ.

IMPRIMERIE DE LE NORMANT, RUE DE SEINE, N° 8.

# J. B. BOSSUET.

—

## AVERTISSEMENS
## AUX PROTESTANS
### SUR LES LETTRES

DU

MINISTRE JURIEU.

### TOME DEUXIÈME.

## PARIS.

LIBRAIRIE MONARCHIQUE DE N. PICHARD,
QUAI DE CONTI, N° 5, PRÈS LE PONT-NEUF.
MDCCCXXII.

# L'ANTIQUITÉ ÉCLAIRCIE

## SUR

## L'IMMUTABILITÉ DE L'ÊTRE DIVIN

### ET SUR

## L'ÉGALITÉ DES TROIS PERSONNES,

CONTRE LA SIXIÈME, SEPTIÈME ET HUITIÈME LETTRE DE M. JURIEU.

## SIXIÈME ET DERNIER AVERTISSEMENT.

———

MES CHERS FRÈRES,

J'ai vu le Tableau du socinianisme de M. Jurieu; et la sixième lettre, où ce ministre attaque ma personne, est tombée depuis peu de jours entre mes mains. Par la divine miséricorde, je ne me sens aucun besoin de répondre à des calomnies qu'il ne peut croire lui-même; mais l'embarras où il est pour défendre ses propositions sur le mystère de la Trinité, la mauvaise humeur où il entre, parce qu'il ne sait par où se tirer de ce labyrinthe, et l'état où il a mis nos controverses, en les tournant d'une manière si avantageuse aux Sociniens dont il veut paraître le vainqueur, sont choses trop remarquables pour être dissimulées. Je ne lui dirai donc pas, comme on fait publiquement dans son parti (1), qu'il ne mérite plus qu'on lui répande, parce qu'il ne raisonne plus, et ne montre dans ses discours qu'une impuissante fureur. Sans songer à ce qu'il mérite, et occupé seulement de ce que méritent les mystères qu'il a profanés, je les vengerai de ses attentats; et pour l'amour des infirmes, que ses dangereuses nouveautés pourroient séduire, je les mettrai pour la dernière fois devant les yeux du public. On verra qu'en attaquant l'Histoire des Variations, ce ministre a fait triompher le socinianisme, pour ne point encore parler des autres erreurs; et que dans la sixième lettre de son Tableau, où il fait les derniers efforts pour se purger de ce reproche, il le mérite plus que jamais. Que je vais recevoir d'injures après ce dernier avertissement! et que le nom de M. de Meaux va être flétri dans les écrits du ministre! Déjà on ne trouve dans sa sixième lettre que les ignorances de ce prélat, ses vaines déclamations, avec les comédies qu'il donne au public; et quand le style s'élève, ses fourberies, ses friponneries, son mauvais cœur, son esprit mal fait, baissé et affoibli par son grand âge qui passe soixante-dix ans, ses violences qui lui font mener les gens à la messe à coups de barre, sa vie qu'il passe à la cour dans la mollesse et dans le crime (2); car on pousse la calomnie à tous ces excès: et tout cela est couronné par son hypocrisie, c'est-à-dire, comme on l'explique, par un faux semblant de révérer des mystères qu'il ne croit pas dans son cœur. On me donne tous ces éloges sans aucune preuve; car aussi où les prendroit-on? Et je les reçois seulement pour avoir convaincu M. Jurieu de faire triompher l'erreur. Que n'aurai-je donc pas mérité aujourd'hui, qu'il faudra pousser la conviction jusqu'à la dernière évidence, et effacer tout le faux éclat de ce tableau dont le ministre a cru éblouir tout l'univers? La chose sera facile, puisque le témoignage de M. Jurieu me suffira contre lui-même.

(1) *M. de Beauval. Hist. des Ouvrages des Sav. Juill.* 1690. *Art.* 9, *p.* 501. — (2) *Juin* 287.

Je ne puis ici m'empêcher de retracer, en aussi peu de paroles qu'il sera possible, le sujet de notre dispute. Dans la préface de l'Histoire des Variations j'avois posé ce principe comme le fondement de tout l'ouvrage : « Que toute variation dans l'exposition de » la foi est une marque de fausseté dans la doctrine » exposée ; que les hérétiques ont toujours varié dans » leurs symboles, dans leurs règles, dans leurs Con- » fessions de foi, en ne cessant d'en dresser de nou- » velles ; pendant que l'Eglise catholique donnoit tou- » jours dans chaque dispute sur la foi une si pleine » déclaration de la vérité (1) », qu'il n'y falloit après cela jamais retoucher : d'où suivoit cette différence entre la vérité catholique et l'hérésie, « que la vérité » catholique venue de Dieu a d'abord sa perfection ; » et l'hérésie au contraire, comme une foible pro- » duction de l'esprit humain, ne se peut faire que » par pièces mal assorties (2) » ; et par de continuelles innovations.

Par ces principes, l'Histoire des Variations n'étoit plus une simple Histoire ou un simple récit de faits ; mais elle se tournoit en preuve contre la Réforme, puisqu'elle la convainquoit d'avoir varié, « non pas » seulement en particulier, mais en corps d'Eglise, » dans les livres qu'elle appeloit symboliques, c'est- » à-dire dans ceux qu'elle a faits, pour exprimer le » consentement de ses prétendues Eglises ; en un » mot, dans ses propres Confessions de foi (3) », dans les décisions de ses synodes, et enfin dans ses actes les plus authentiques (4).

Les ministres ne pouvoient donc s'élever assez contre des principes si ruineux à la Réforme, et le ministre Jurieu, qui s'est mis en possession de défendre seul la cause commune, après avoir fait long-temps le dédaigneux, selon sa coutume, et sur le livre des Variations et sur les Avertissemens qui le soutenoient, comme sur des livres qui ne méritoient ni réponse ni

(1) *Préf. de l'Hist. des Var. p. 5, 6 et suiv.* — (2) *Ibid p. 7.* — (3) *Ibid p. 8.* — (4) *Ibid p. 16 et suiv.*

même d'être lus, est enfin bénignement demeuré d'accord dans son Tableau (1), « qu'il étoit ici tout-
» à-fait de l'intérêt de la vérité, de faire voir des
» variations considérables dans l'exposition de la doc-
» trine des anciens, afin de ruiner ce faux principe
» de M. de Meaux, que la véritable religion ne peut
» jamais varier dans l'exposition de sa foi. » Enfin donc il confessera qu'il étoit important de répondre, et que c'étoit par foiblesse qu'il faisoit auparavant le dédaigneux.

On pourroit ici lui demander à qui donc il importoit tant de détruire ce faux principe. Est-ce à une Eglise qui prétend ne varier pas ? Point du tout. Qu'on écrive tant qu'on voudra que la foi ne souffre point de varia-tion, nous ne nous en offenserons jamais; parce que nous ne prétendons point avoir varié ni varier à l'avenir dans la doctrine : au contraire, nous applau-dirons à cette maxime; et l'Eglise déclarera que sa règle est de croire ce qui a toujours été cru. Par une raison contraire, si la Réforme ne peut souffrir qu'on lui propose la même règle, et qu'on lui demande une doctrine stable et invariable, c'est qu'elle a varié et ne veut pas se priver de la liberté de varier encore quand elle voudra. Elle ne peut donc pas trouver mauvais qu'on ait fait l'Histoire des Variations; et cet ouvrage n'est plus si méprisable que le ministre disoit.

En effet, si on ne lui avoit montré aucune varia-tion dans la foi de son Eglise, ou si celles qu'on lui a montrées étoient seulement dans les paroles, ou en tout cas peu essentielles, il n'avoit qu'à convenir du principe, sans troubler les siècles passés, et sans y ébranler jusqu'aux fondemens. Mais dès qu'il a ouï parler des variations, il a cru tout perdu pour la Ré-forme. Il a appelé tous les Pères à garans, sans épargner ceux des trois premiers siècles, encore qu'il les préférât à tous les autres sur la pureté de la doc-trine; et il a cherché de tous côtés, dans ces saints

_______
(1) *Tab. Lett.* vi, p. 297.

hommes qui ont fondé le christianisme après les apôtres, ou des défenseurs ou des complices.

Et remarquez, mes chers Frères, car ceci est tout-à-fait nécessaire pour établir l'état de notre question : remarquez, dis-je, qu'il ne s'agit pas d'accuser d'erreur quelques Pères en particulier, puisque mon principe, qu'on vouloit combattre, étoit que l'Eglise ne varie jamais. Il falloit donc, pour le réfuter, montrer des erreurs, non dans les particuliers, mais dans le corps : et c'est pourquoi le ministre, dès ses Lettres de 1689, marquoit les erreurs des Pères comme étant non d'un ni de deux, mais de tous ; ce qui l'oblige à parler toujours de leur théologie comme étant celle de *l'Eglise et de leur siècle* (1). Et, pour ne laisser aucun doute de son sentiment, il vient encore d'écrire, ce qu'il ne faut pas oublier, et ce qu'on ne peut assez remarquer pour entendre notre dispute, que l'erreur qu'il attribue aux trois premiers siècles *étoit la théologie de tous les anciens avant le concile de Nicée, sans en excepter aucun* (2) : sans quoi en effet il ne feroit rien contre ma proposition, et il ne prouveroit pas les variations de l'Eglise, comme il l'avoit entrepris.

Au surplus, il fait paroître tant de joie d'avoir trouvé *cette grande et notable variation dans la doctrine des Pères du deuxième, du troisième et même du quatrième siècle* (3), qu'il ne croit plus dorénavant avoir rien à craindre du coup que je lui portois ; et il s'en vante en ces termes : « Cet argument
» est un coup de foudre qui réduit à néant l'argu-
» ment tiré contre nous de nos variations : c'est un
» argument si puissant, qu'il vaut tout seul tout ce
» qu'on peut dire pour anéantir ce grand principe de
» M. de Meaux, que la véritable Eglise ne sauroit
» jamais varier dans l'exposition de sa foi. »

Pendant qu'il me foudroie de cette sorte, et que, cherchant des variations dans les points les plus essen-

_______

(1) 3. *Ann. Lett.* VI, *p.* 44, 45, *etc.* — (2) *Tab. Lett.* VI, *p.* 251. — (3) *Ib.d. p.* 280.

tiels, il a poussé l'erreur des anciens jusqu'à leur faire nier l'égalité des trois Personnes divines, pour ne point encore parler des autres impiétés aussi capitales ; on a vu dans son parti même les inconvéniens de sa doctrine. On a vu qu'il faisoit errer les trois premiers siècles sur les fondemens de la foi, contre ses propres maximes qui en rendoient la croyance invariable dans tous les siècles : et, ce qui est plus fâcheux pour lui, on a vu qu'il ne pouvoit plus refuser la tolérance aux Sociniens, ni les exclure du salut ; puisqu'il étoit forcé d'avouer, en termes exprès, que ces étranges variations qu'il attribuoit aux anciens n'étoient pas essentielles et *fondamentales* (1). Les non Tolérans se sont élevés contre lui d'une terrible manière. On a senti ses excès jusque dans son parti. On sait ce qu'a écrit M. de Beauval, en abrégeant ces Avertissemens dans son Histoire des Ouvrages des Savans (2). On a vu ses vigoureuses réponses contre les durs avis de M. Jurieu : et s'il se tait à présent pour n'avoir plus à combattre contre un homme qui ne se défend *qu'à coups de caillou*, c'est en lui remettant encore devant les yeux toutes ses erreurs (3). On sait aussi qu'un ministre en a représenté la liste à tout un synode, et qu'il n'a rien moins reproché à M. Jurieu, *que l'arianisme tout pur* dans cette inégalité des trois Personnes (4). Mais, pour montrer qu'il ne cède pas, M. Jurieu ajoute encore aujourd'hui, dans la sixième lettre de son Tableau, que l'erreur des Pères, quoiqu'elle emporte en termes formels cette détestable *inégalité, ne ruine pas le fondement*, et non seulement *n'est condamnée par aucun concile*, pas même *par celui de Nicée ;* mais encore qu'*elle ne peut être réfutée par l'Ecriture, et qu'on ne peut en faire une hérésie* (5).

On peut maintenant apercevoir pourquoi il prenoit

(1) 3. *Ann. Lett.* VI, p. 44. — (2) *Hist. des Ouvrages des Savans Mai*, 1690. *Art.* 13, p 396. — (3) *Ibid Juillet*, 1690. *Art* 9. p 51. — (4) *Rép. de M. de la Conseill* p. 6. *Fact. de M de la Conseill.* p 37. — (5) *Tab. Lett.* VI, *Art.* 3. p. 268, 271, 273.

tant son air de mépris, et déclaroit si hautement qu'il ne daigneroit me répondre (1). Malgré ses fiertés affectées, il sentoit bien l'embarras où il s'étoit mis, et que pris dans ses propres lacets, plus il feroit d'efforts pour se dégager, plus il redoubleroit les nœuds qui le serrent. Il n'entre donc que forcé dans cette dispute; et il est comme obligé de l'avouer, lorsqu'il dit, dans son avis à M. de Beauval : *A cet endroit, lorsqu'on en sera aux avantages que les Sociniens et les Tolérans tirent continuellement de ce qu'il a opposé à mes Variations, il n'y aura pas moyen d'éviter M. de Meaux* (2). Vous l'entendez, mes chers Frères, la rencontre de cet ennemi, qu'*il n'y a plus moyen d'éviter*, lui paroît importune. Ce n'est pas moi qu'il redoute; c'est la vérité qui le presse par ma bouche; c'est qu'il falloit se dédire, comme on verra qu'il a fait, de ce qu'il avoit assuré en 1689, et bâtir un nouveau système, qui ne se soutiendroit pas mieux que le premier. Comme il ne peut plus reculer, et que malgré lui il faut commencer un combat où son désordre ne peut manquer d'être sensible, il ne se possède plus. De là ces exclamations, de là ces fureurs. L'ignorance, la fourberie, la friponnerie lui parois-sent encore trop foibles pour exprimer sa colère; et il n'y a calomnie ni outrage où il ne s'emporte.

Laissons là ses emportemens, et examinons ses réponses, maintenant que le lecteur est au fait, et qu'il a devant les yeux avec la suite de notre dispute, l'état de la question dont il doit juger. Elle se partage en deux points. Le premier, si le ministre pourra soutenir les variations qu'il impute à l'ancienne Eglise, sans renverser en même temps ses propres principes et le fondement de la foi. Le second, s'il pourra se défendre des conséquences que les Tolérans tireront de son aveu pour la tolérance universelle. Nous verrons après, si cette querelle est seulement de M. Jurieu, ou celle de tout le parti. Je ne crois pas qu'il y eût jamais une dispute plus essentielle à nos controverses.

(1) *Jur. Lett. sur M. Papin*, p. 16. — (2) *P.* 1

# PREMIÈRE PARTIE.

Que le ministre renverse ses propres principes, et le fondement de la foi, par les variations qu'il introduit dans l'ancienne Église.

### ARTICLE PREMIER.

*Dénombrement de ses erreurs : la Trinité directement attaquée avec l'immutabilité, et la spiritualité ou simplicité de l'Être divin.*

Sur la première question le ministre nous promet d'abord « d'expliquer et de justifier contre l'évêque » de Meaux la théologie des anciens sur le mystère » de la Trinité et celui de la génération du Fils de » Dieu (1). » Il n'en promet pas davantage dans cette sixième lettre de son Tableau. Mais d'abord ce n'est pas là satisfaire *à l'évêque de Meaux.* Il est vrai que je l'accuse d'avoir reconnu et toléré dans les anciens une doctrine contraire à l'égalité, à la distinction et à la coéternité des trois Personnes divines; mais ce n'est pas là tout son crime. Selon lui, *les Pères du troisième siècle, et même ceux du quatrième* n'ont pas mieux entendu l'Incarnation que la Trinité; *puisqu'ils nous ont fait un Dieu converti en chair, selon l'hérésie qu'on a attribuée à Eutyche.* Leur erreur n'est pas moins extrême sur les autres points; puisque dans leurs sentimens « la bonté de » Dieu n'est qu'un accident comme la couleur; la » sagesse de Dieu n'est pas sa substance : c'étoit la

____

(1) *Tab. Lett.* VI, *p.* 226. *Art.* 1. 2, 3, 4, *p.* 227, 237, 252, 276.

» théologie du siècle. On ne croyoit pas que Dieu fût
» partout, ni qu'il pût être en même temps dans le
» ciel et dans la terre (1). » Faut-il s'étonner après
cela que la foi de la Providence vacillât! Un Dieu qui
qui n'étoit qu'au ciel ne pouvoit pas également prendre
garde à tout : aussi étoit-ce « l'opinion CONSTANTE ET
» RÉGNANTE que Dieu avoit abandonné le soin de
» toutes les choses qui sont au-dessous du ciel, SANS
» EN EXCEPTER MÊME LES HOMMES, et ne s'étoit réservé
» la providence immédiate que des choses qui sont
» dans les cieux (2). » La grâce n'étoit pas mieux
traitée. « On la regarde aujourd'hui » ( remarquez que
c'est toujours la foi d'aujourd'hui que le ministre
reçoit, et vous en verrez d'autres exemples ); « la
» grâce donc. qu'on regarde aujourd'hui avec raison
» comme un des plus importans articles de la religion,
» jusqu'au temps de saint Augustin étoit entièrement
» informe. » Ce mot d'informe lui plaît, puisque
même il l'attribue à la Trinité; et l'on verra comme
il s'embarrasse en tâchant de se démêler de cette
expression insensée. Mais peut-être que les erreurs
qu'on avoit sur la matière de la grâce, avant le temps
de saint Augustin, étoient médiocres? Point du tout :
« Les uns étoient Stoïciens et Manichéens, d'autres
» étoient purs Pélagiens; LES PLUS ORTHODOXES ont
» été semi-Pélagiens » : ils sont tous par conséquent
convaincus d'erreurs sur des matières si essentielles.
Il en dit autant du péché originel. Quoi plus ? « La
» satisfaction de Jésus-Christ, ce dogme si impor-
» tant, si fondamental et si clairement révélé par
» l'Écriture, est demeuré si INFORME jusqu'au qua-
» trième siècle, qu'à peine peut-on rencontrer un ou
» deux passages qui l'expliquent bien (3). » On trouve
même dans saint Cyprien « des choses très-injurieuses
» à cette doctrine : et, pour la justification, les Pères
» N'EN DISENT RIEN, ou ce qu'ils disent EST FAUX, mal
» digéré et imparfait (4). » Prenez garde : ce ne sont

(1) *Tab. Lett.* VI, *p.* 223, *etc.* — (2) *Lett.* V, *p.* 49. —
(3) *Ibid.* — (4) *Ib.d.*

pas ici des sentimens particuliers, mais partout les
OPINIONS RÉGNANTES, ET LA THÉOLOGIE DU TEMPS. Il ne
dit pas quelques uns, mais tous, et *les Pères* en général. Il ne dit pas : on s'expliquoit mal, ou l'on
parloit avant les disputes avec moins de précaution :
mais *on croyoit, on ne croyoit pas;* et il s'agit de
la foi. Enfin l'ignorance de l'ancienne Église alloit
jusqu'aux premiers principes; et la foi n'étoit pas
même arrivée à sa perfection « dans le dogme d'un
» Dieu unique, tout-puissant, tout sage, tout bon,
» infini et infiniment parfait (1). » On a varié sur des
points si essentiels et si connus, comme sur tous les
autres, quoiqu'il n'y ait « point d'endroit où les Pères
» de l'Église auroient dû être plus uniformes et plus
» exempts de variations que celui-là, s'y exerçant
» perpétuellement dans leurs disputes contre les
» païens. » Tous les savans sont d'accord qu'on a
parlé plus correctement et avec plus de précision des
choses dont on avoit à disputer, que des autres, parce
que la dispute même excitoit l'esprit : mais il n'y a
que pour les Pères des trois premiers siècles que cette
règle trompe; et ils avoient l'esprit si bouché, même
dans les choses de Dieu, qu'ils ignoroient jusqu'à
celles qu'ils avoient tous les jours à traiter avec les
païens, et même s n unité et sa perfection infinie.
Nous le verrons mieux tout à l'heure : puisqu'on nous
dira nettement qu'ils ne le croyoient ni immuable, ni
indivisible. Je ne m'étonne donc pas, si en parlant
des Pères de ces premiers siècles, le ministre les a
appelés *de pauvres théologiens qui ne voloient
que rez-pied rez-terre.* Quand il voudra néanmoins,
ce seront des aigles, et les plus purs de tous les docteurs. Mais on voit en tous ces endroits-là comme il
les abîme. Et comment auroient-ils pu s'en sauver,
puisqu'ils n'étudioient pas l'Écriture sur les matières
les plus importantes, comme sur celles de la grâce (2),
et qu'en général *il ne paroît pas qu'ils se soient
beaucoup attachés à cette lecture* (3), se remplis-

(1) *Lett.* VI, *p.* 46. — (2) *Ibid.* VII, *p.* 50. *I. Av. p.* 18. —
(3) *I. Av. p.* 20.

sant seulement de celle des Platoniciens? Que de redites importunes! dira M. Jurieu. Il est vrai, ce sont des redites. J'ai relevé toutes ces erreurs de M. Jurieu dans mon premier Avertissement; mais je ne vois pas qu'on puisse, sans les répéter, lui faire voir qu'il ne songe seulement pas à y faire la moindre réponse dans l'ouvrage qu'il vient de donner pour sa défense. Pourquoi? Est-ce peut-être que ces matières ne regardent pas d'assez près l'essence de la religion? Mais c'en sont les fondemens. Ou bien est-ce qu'elles ne regardent pas le socinianisme dont M. Jurieu fait le tableau? Mais il sait bien le contraire : et, dans ce même tableau, il reproche aux Sociniens toutes ces erreurs (1). Pourquoi donc se tait-il sur tous ces points, si ce n'est qu'il évite encore autant qu'il peut M. de Meaux? ce lui seroit trop d'affaires de chercher des faux-fuyans à tous les mauvais pas où il s'engage : il ne s'attache qu'à la Trinité; et il espère se sauver mieux parmi les ténèbres d'un mystère si impénétrable. Il reste donc à lui faire voir qu'il s'y abîme plus visiblement que dans les autres articles, et que ses excuses sont de nouveaux crimes. Rendez-vous attentifs : voici le nœud. La matière est haute; et quelque ordre qu'on y apporte, elle échappe si on ne la suit : mais, pour abréger la dispute, on convaincra le ministre par ses propres paroles.

Il demeure d'accord d'avoir dit, dans ses Lettres de 1689, que, selon la doctrine des anciens, qu'il trouve du moins tolérable, « l'effusion de la sagesse, qui se » fit au commencement du monde, fut ce qui donna » la dernière perfection, et, pour ainsi dire, la par- » faite existence au Verbe et à la seconde Personne » de la Trinité (2). » Il n'en faut pas davantage. Le Verbe avoit donc manqué dans l'éternité tout entière de sa dernière perfection. Or, ce qui manque de sa perfection, visiblement n'est pas Dieu. Quand il la recevroit dans la suite, il ne le seroit non plus, puisqu'il seroit muable et changeant. Le Fils de Dieu

_________

(1) *Tab. Lett.* 1, 2, *etc.* — (2) *Ibid. Lett.* VI, *p.* 238.

n'est donc Dieu, dans cette supposition que le ministre tolère, ni avant la création, puisqu'il n'avoit pas sa dernière perfection, ni depuis, puisqu'il l'a reçue alors de nouveau. N'est-ce pas assez blasphémer, que d'enseigner ou de tolérer de pareils sentimens?

Il s'excuse d'un autre blaspheme, en cette sorte. Voici ses paroles : *J'ai dit dans la sixieme Lettre pastorale de 1689, que, selon Tertullien, avec qui il veut que les autres anciens soient d'accord, le Fils de Dieu n'a été personne distincte de celle du Père qu'un peu avant la création ( ).* Voilà un second blasphème assez évident; mais voici comme il s'en tire : Personne distincte, dit-il ( ), c'est-à-dire, personne *développée et parfaitement née.* Mais, pour lui ôter ce dernier refuge et ne lui laisser aucune évasion, je lui réponds en deux mots : premièrement, que ce n'est pas là ce qu'il avoit dit : secondement, que ce qu'il veut avoir dit ne vaut pas mieux.

Premièrement donc, ce n'est pas là ce qu'il avoit dit dans ses Lettres de 1689, puisqu'il y avoit dit, en termes exprès : « Que le Verbe n'est pas éternel en
» tant que Fils; qu'il n'étoit pas une personne;
» que la génération du Verbe n'est pas éternelle; que
» la génération de la personne du Verbe fut faite au
» commencement du monde; que la Trinité des per-
» sonnes ne commença qu'alors, *et qu'il y avoit*
» trois Personnes distinctes *à la vérité,* mais engen-
» drées et produites dans le temps, *en sorte qu'elles*
» en venoient à une existence actuelle (3) » : après
quoi, il ne faut plus s'étonner qu'on les ait fait *inégales :* comment eussent-elles pu être égales, puisqu'elles n'étoient pas coéternelles? M. Jurieu fait
dire tout cela aux anciens (4) : M. Jurieu soutient
qu'il n'y a là rien *d'essentiel, ni de fondamental* (5). Il faut être bien assuré de faire passer tout
ce qu'on veut, pour croire qu'on puisse réduire tant
d'impiétés à un bon sens.

(1) *Lett.* VI *de* 1689, *p.* 44. *Tab. Lett.* VI, *p.* 260. —
(2) *Ibid.* — (3) *Lett.* VI *de* 1689, *p.* 44, 45, 46. — (4) *I. Avert.*
*p.* 12. — (5) *P.* 44.

Il distingue néanmoins : *la personne du Fils de Dieu n'étoit pas encore*, et, pour parler plus généralement, *la Trinité des Personnes n'étoit pas encore* : la Trinité des Personnes *développées* ; il l'accorde : la Trinité des personnes véritablement distinguées en elles-mêmes, mais non encore enfantées ni développées ; il le nie.

Nous verrons bientôt l'impiété de cette doctrine dans son fond ; mais maintenant, pour nous attacher seulement aux termes, je lui demande en un mot, si *distincte* ne vouloit dire que *développée*, que n'usoit-il de ce dernier terme ? que ne disoit-il clairement, que, dans l'opinion des anciens, la personne du Fils et celle du Saint-Esprit n'étoient pas encore développées, ce qui lui paroît innocent, au lieu de dire distinctes, qui lui paroît criminel et insoutenable ?

C'est, dit il (1), *que j'avois à expliquer brièvement ce sentiment des Pères, n'ayant aucun intérêt alors de l'expliquer plus au long.* Il n'y avoit aucun intérêt ! C'est tout le contraire : car une des choses qu'il s'étoit le plus proposées, dans les lettres dont nous parlons, étoit de faire voir aux Sociniens et à ceux qui les tolèrent, qu'il ne leur donnoit aucun avantage, en tolérant les Pères des trois premiers siècles ; et puisqu'il mettoit le dénoûment à leur faire dire que la personne du Verbe étoit dans le sein de son Père, comme un enfant dans celui de sa mère, *formé et distinct ; mais non encore enfanté ni développé ;* lui eût-il coûté davantage de dire *développé*, que de dire *distingué ?* et pourquoi n'avoir pas donné d'abord à une si grande difficulté une solution si facile, où il n'eût fallu que trois mots ?

Mais, ajoute votre ministre, je m'étois assez expliqué, puisque j'avois dit que *le Verbe étoit caché dans le sein de son père, comme sapience : et,* poursuit-il, *ce qui est caché est pourtant, et existe comme une personne* (2). Il dissimule ce qu'il avoit

_______

(1) *Tab. Lett.* vi, *p.* 238. — (2) *Tab. p.* 230. *Lett.* vi de 1689, *p.* 44.

dit, que ce Verbe, qui *étoit caché dans le sein du Père, comme sapience*, étoit seulement *son Fils et son Verbe, en germe et en semence*. Or, ce qui est *un germe et une semence*, visiblement n'est pas une personne; le Fils de Dieu n'étoit donc pas une personne, selon M. Jurieu. Il tronque et il falsifie ses propres paroles : que faut-il donc espérer qu'il laisse dorénavant en son entier?

On voit plus clair que le jour, qu'il ne lui reste aucune défense; car, pour entrer dans le fond de son raisonnement, il sait bien qu'une chose peut être dans une autre, ou en acte et selon sa forme, ou en puissance, et selon ses principes, comme l'épi dans le grain, l'arbre dans son pepin, ou dans son noyau, un animal dans son germe, tous les ouvrages dont l'univers est composé, dans leurs principes primordiaux. Ce n'étoit donc pas assez à M. Jurieu, de dire que le Fils de Dieu fût caché dans le sein de son Père; les Ariens même disoient, selon lui, qu'il y étoit caché *en puissance* (1) : et pour fermer la bouche aux Sociniens et aux Tolérans leurs amis, il falloit avoir expliqué que, si le Verbe étoit caché dans le sein du Père, ce n'étoit pas en puissance, comme l'enfant est dans le germe et dans l'embryon; mais en effet et en acte, comme il est après sa conception ou sa naissance. Mais, loin de le dire ainsi, ou plutôt de le faire dire aux anciens, M. Jurieu dit tout le contraire, dans l'endroit même qu'il cite pour se justifier : et il en conclut, un peu après, *qu'on devoit se représenter Dieu, comme muable et divisible, chan-*GEANT CE GERME DE SON FILS en une personne ( ). Ainsi, selon les anciens, approuvés ou tolérés par M. Jurieu, il ne m'importe, le Fils de Dieu étoit éternellement dans le sein de son Père comme *un germe*, comme *une semence*, et non pas comme une personne; et ce germe ne fut changé en une personne que dans le temps. Qui ne voit manifestement que faire parler ainsi les anciens, c'est les faire blasphé-

(1) *Tab. Lett.* vi, *p.* 275. — (2) *Ibid. p.* 46. *I. Av p.* 14.

mer; et qu'approuver ou tolérer ces expositions de la foi, comme M. Jurieu les veut appeler, c'est blasphémer soi-même?

Il en est de même des autres pensées que le ministre attribue aux Pères. Par exemple, il leur faisoit nier l'éternité de la génération du Fils : il s'explique : l'éternité de la seconde génération, il l'avoue : de la première, il le nie (1). Il falloit donc deviner ces deux générations dont il ne disoit pas un seul mot, reconnoître dans une seule personne, selon la divinité, deux générations proprement dites, et croire que le Père éternel avoit engendré son Fils à deux fois.

Les autres opinions que le ministre avoit imputées aux saints docteurs ne sont pas mieux excusées; et il n'y a personne qui ne voie que ce qu'il dit aujourd'hui dans son tableau, est une réformation, et non pas une explication de son système. Pitoyable réformation, puisque, loin de le relever du blasphème dont il a été convaincu, elle l'y enfonce de nouveau, comme on va voir!

Il faut donc ici expliquer le nouveau mystère de cet enveloppement et développement du Verbe, de sa conception et de sa sortie hors des entrailles de son Père, et de sa double nativité, l'une éternelle, mais imparfaite ; l'autre parfaite, mais temporelle et arrivée seulement un peu avant la création du monde : car c'est là tout le dénoûment que donne M. Jurieu à la théologie des anciens : et il est temps d'en démontrer la visible absurdité, selon lui même.

En effet, voici comme il parle (2) : « Cette pensée » des anciens », cette double nativité et ce nouveau développement du Verbe, « dans le sens métapho- » rique, est belle et bonne : mais dans le sens propre, » comme ces anciens le prenoient, elle ne s'accorde » pas avec l'idée de la parfaite immutabilité de Dieu. »

Il n'y a ici qu'à ouvrir les yeux, pour voir l'égarement de notre ministre. Cette double génération,

(1) *Lett.* vi *de* 1689. *Tab. Lett.* vi. — (2) *Tab. Ielt.* vi, p. 266.

ou ce développement du Verbe, à le prendre proprement, est si absurde qu'il n'entrera jamais dans les esprits. Car, qui pourroit croire qu'un Dieu s'enveloppe et se développe selon sa nature divine, ou que le Père engendre son Verbe à deux fois ? Il ne faut qu'ouvrir seulement l'Évangile de saint Jean, pour y remarquer que, s'il est engendré deux fois, l'une de ces générations le regardoit dans l'éternité, comme Dieu, et l'autre dans le temps, en tant qu'homme. Mais que comme Verbe, il ait pu être engendré deux fois, et qu'il fallût, au pied de la lettre, le développer du sein paternel, comme un enfant de celui de sa mère, c'étoit, dans cette divine et immuable génération, une imperfection si visible et si indigne de Dieu, qu'il faudroit être insensé pour le dire ainsi dans le sens propre.

C'est pourquoi le docteur Bullus, le plus savant des protestans, dans cette matière, lorsqu'il a vu dans cinq ou six Pères (car il n'en met pas davantage), cette double génération, avoit entendu la seconde *d'une génération métaphorique*, qui ne signifie autre chose, que son opération extérieure, et la manifestation de ses desseins éternels par la création de l'univers, à la manière que nous verrons si clairement dans la suite, qu'il n'y aura pas moyen d'en disconvenir. Aussi, M. Jurieu est-il déjà d'accord avec nous, que cette pensée des anciens est irréprochable en ce sens. Cependant il refuse de la suivre ; et obstiné à trouver dans les anciens l'erreur dont un si savant protestant les avoit si clairement justifiés, « pour
» moi, dit-il (1), je tiens pour certain qu'il n'y a point
» là de métaphore. » Et un peu plus haut (2) : « J'en-
» tends tout cela sans figure ; et je comprends que
» ces théologiens (ce sont les Pères des trois premiers
» siècles) ont cru que les deux Personnes divines,
» le Fils et le Saint-Esprit, étoient renfermées dans
» le sein de la première, comme un enfant est ren-
» fermé dans le sein de sa mère, parfait de tous ses

(1) *Tab. Lett.* vi, *p.* 266. — (2) *P.* 255.

» membres, ayant vie, être, mouvement et action ;
» mais n'étant pas encore développé et séparé de la
» mère. »

Mais, s'il faut prendre au pied de la lettre et sans
figure, comme le ministre nous y veut contraindre,
tout ce qu'il vient de raconter; il y a donc, comme
dans la mère et dans son enfant, lorsqu'il vient au
monde, un double changement en Dieu : un dans le
Père, qui développe ce qui étoit enfermé dans ses
entrailles, un dans le Fils qui est séparé et développé
de ces entrailles paternelles; et on ôte également au
Père et au Fils la parfaite simplicité et immutabilité de
leur être.

Après ces extravagances qu'on nous débite comme
des oracles, le ministre m'avertit sérieusement « de
» ne continuer pas à harceler la théologie des Pères
» par des conséquences, en disant que, selon le senti-
» ment que je leur attribue, il faut que la Trinité soit
» nouvelle, et non éternelle; que Dieu soit muable ;
» qu'il faut que Dieu puisse s'étendre et se resser-
» rer (1). » Voilà des objections contre sa doctrine,
qui, sans doute, sont considérables ; mais il les
résout en un mot. *Tout cela est chicane*, dit-il.
C'en est fait, l'oracle a parlé. Mais, est-ce chicane de
dire que celui qui ouvre son sein, et qui développe
ce qu'il y tenoit enfermé, et celui qui sort de ce sein
où il étoit auparavant, aient ce double défaut d'être
muables et divisibles? Je le demande à tout homme
qui a les premiers principes de l'intelligence?

Pour la mutabilité, la chose est claire. Le ministre
demeure d'accord que, dans la supposition qu'il attribue aux anciens, « l'effusion faite, dans le temps, de
» la sagesse divine, DONNA LA DERNIÈRE PERFECTION,
» et, pour ainsi dire, la parfaite existence au Verbe
» et à la raison le personne de la divinité » Sur ce fondement, je raisonne ainsi. Ce qui reçoit de nouveau
sa dernière perfection, en termes formels, est changé.
Or, dans la supposition de M. Jurieu (2), la seconde

_______

(1) *Tab. Lett.* vi, *p.* 269. — (2) *Ibid. p.* 259.

personne reçoit de nuveau sa dernière perfection ;
donc, dans cette supposition, la seconde personne,
en termes formels, est changée. Vous le voyez, mes
chers Frères. J'aime mieux tomber dans la sécheresse
d'un argument en forme, que de donner lieu, quoique
sans sujet, à votre ministre, de dire que j'exagère et
que je fais le déclamateur.

Voulez-vous ouïr un autre argument également
clair ? Écoutez ce qu'on attribue à Tertullien et aux
autres Pères (1)   « Dieu dit : *Que la lumière soit ;*
» voilà la seconde génération du Fils, ce que Tertul-
» lien appelle la parfaite naissance du Verbe, et qui
» fait voir qu'il en reconnoissoit une autre IMPARFAITE,
» en comparaison de celle-ci : c'étoit la génération
» éternelle, par laquelle le Verbe, en tant qu'enten-
» dement et raison divine, étoit en Dieu éternelle-
» ment, bien distingué, à la vérité, de la personne
» du Père, mais encore enveloppé. » Demeurons-en
là, et disons : Ce qui passe d'un état imparfait à un
état parfait, change d'état ; mais, dans cette supposition, le Fils de Dieu passe d'un état imparfait à un
état parfait ; par conséquent, le fils de Dieu change
d'état. Il passe manifestement de l'imparfait au parfait, qui est, non par conséquence, mais précisément
et selon la définition, ce qu'on appelle changer.

Et remarquez que son état imparfait est celui où il
étoit mis par sa naissance éternelle : c'est cet état
qu'on regarde comme imparfait, à comparaison de
celui où il est élevé dans le temps, et au commencement du monde. Dieu donc, dans l'éternité, a engendré un Fils imparfait, qui a acquis sa perfection avec
le temps. Si ce n'est pas là blasphémer en termes
formels, contre le Père et le Fils, je ne sais plus ce
que c'est.

Enfin, c'est trop disputer ; et il n'y a qu'à répéter
au ministre ce qu'il écrivoit en 1689, que « les anciens
» représentoient Dieu comme muable et divisible,
» changeant ce germe de son Fils en une personne,

______________

(1) P. 259.

» et donnant une portion de sa substance pour son
» Fils, sans la détacher de soi (1). » Qu'y a-t-il de
plus scandaleux et de plus impie tout ensemble, que
de réduire le Fils de Dieu à l'imperfection *d'un
germe et d'une semence,* comme il parle ? Mais,
n'est-ce pas clairement, et en termes assez formels,
le reconnoître muable, et faire un Dieu changeant et
un Dieu changé ? Mais, que falloit-il davantage, pour
faire un Dieu corporel, que de l'avouer divisible, et
de lui attribuer des divisions et des portions de substance ? où réduit-on le christianisme ? et ose-t-on se
vanter de confondre les Sociniens, lorsqu'on dit que
de semblables blasphèmes ne ruinent pas le fondement de la foi ?

Voilà ce qu'il écrivoit en 1689 ; et loin de corriger
ces blasphèmes, dans une lettre qu'il compose exprès
pour s'en justifier, il y assure de nouveau que, la
seconde nativité du Verbe est sa *parfaite nativité* (2), et que la première est plutôt *une conception* qu'un enfantement parfait ( ). Ce n'est pas tout :
par cette seconde nativité, *de sagesse, il est devenu
Verbe, et personne parfaitement née* (4) ; par conséquent quelque chose de plus fait et de plus formé qu'il
n'étoit auparavant ; en sorte « que la Trinité a pris
» dans cette naissance son être développé et parfait :
» ce qui a fait croire aux docteurs des trois premiers
» siècles, qu'ils étoient en droit de compter la nais-
» sance de la Trinité de ce qu'ils appeloient sa par-
» faite nativité (5). » Non content d'avoir proféré
tant d'impiétés, il y met le comble, en cette sorte :
« A Dieu ne plaise, dit-il (6), que je voulusse porter
» ma complaisance pour cette théologie des anciens,
» jusqu'à l'adopter, ni même la tolérer AUJOURD'HUI !
» on doit pourtant bien remarquer que l'on ne sauroit
» réfuter par l'Ecriture cette théologie bizarre des
» anciens ; et c'est une raison pourquoi on ne leur en

(1) *Lett.* VI, 1689. *I. Avert. p.* 15. — (2) *Tab. Lett.* VI,
*p.* 259, 261. — (3) *Ibid.* 263, 362. — (4) *Ibid.* 233, 285. —
(5) *Ibid.* 259, 261. — (6) *Ibid.* 268.

» sauroit faire une hérésie. Il n'y a que la seule idée
» que nous avons aujourd'hui de la parfaite immuta-
» bilité de Dieu, qui nous fasse voir la fausseté de
» cette hypothèse : or, nous n'avons cette idée de la
» parfaite et entière immutabilité de Dieu, que des
» lumières naturelles qu'une mauvaise philosophie
» peut obscurcir. »

On ne sait, en vérité, par où commencer, pour démontrer l'impiété de ce discours. Mais, ce qui frappe d'abord, c'est que les anciens croyoient Dieu véritablement muable, et, ce qui passe toute absurdité, que la parfaite immutabilité de Dieu est une idée *d'aujourd'hui*. Elle n'étoit pas hier : elle est nouvelle dans l'Église, et ne doit pas être rangée au nombre de ces vérités qui ont toujours été crues, et partout : *quod ubique, quod semper*. Mais ce qu'il y a de plus absurde et de plus impie, c'est qu'elle est nouvelle non seulement à l'Église primitive, mais encore aux prophètes et aux apôtres ; puisque, selon M. Jurieu, *on ne peut réfuter par l'Écriture* cette bizarre théologie des anciens. Ce n'est que des philosophes que nous prenons cette idée que nous avons *aujourd'hui* de la parfaite immutabilité de Dieu : sans la philosophie, la doctrine des chrétiens, sur un attribut aussi essentiel à Dieu, seroit imparfaite. Croire ce premier être muable, ce n'est pas une erreur contre la foi : c'est, si l'on veut, une erreur ou une hérésie philosophique, laquelle n'est point contraire à la révélation : les philosophes ont mieux connu Dieu que les chrétiens, et mieux que Dieu lui-même ne s'est fait connoître par son Écriture.

## ARTICLE II.

*Erreur du ministre, qui ne veut voir la parfaite immutabilité de Dieu, ni dans les Pères, ni dans l'Écriture même.*

C'est bien là, en vérité, le discours d'un homme qui ne sait plus ce qu'il dit, et qui, en faisant le savant, n'a rien lu de l'antiquité qu'en courant, et dans un esprit de dispute. Car, s'il avoit lu posément le seul livre de Tertullien contre Praxéas, il y auroit trouvé ces paroles, sur la personne du Fils de Dieu : « Etant Dieu, il faut le croire immuable et incapable » de recevoir une nouvelle forme, parce qu'il est » éternel (1). » Mais qu'est-ce encore, selon cet auteur, que d'être immuable et éternel? « C'est ne » pouvoir être transfiguré ou changé en une autre » forme, parce que toute transfiguration est la mort » de ce qui étoit auparavant. Car, poursuit-il, tout » ce qui est transformé cesse d'être ce qu'il étoit, et » commence d'être ce qu'il n'étoit pas : mais Dieu ne » cesse point d'être, ni ne peut être autre chose que » ce qu'il étoit. » Je voudrois bien demander à M. Jurieu si ses métaphysiciens *d'aujourd'hui*, dont il veut tenir cette belle idée de la parfaite immutabilité de Dieu, plutôt que de l'Ecriture et de l'ancienne et constante tradition de l'Eglise, lui en ont parlé plus précisément que ne vient de faire cet ancien auteur? Et si ce n'est pas assez, il ajoute encore, « que la » parole qui est Dieu, et la parole de Dieu demeure » éternellement, et persévère toujours dans sa propre » forme. » Voilà celui qui, selon M. Jurieu, introduit un Verbe qui achève de se former avec le temps : voilà comme il ignoroit l'immutabilité de Dieu, et en particulier, celle de son Fils. Il conclut l'immutabilité de ce qu'il est, par l'immutabilité de ce qu'il dit. L'auteur du livre de la Trinité, qu'on croit être Novatien, suit les idées de Tertullien, et déclare comme lui, que *tout ce qui change, est mortel par cet endroit-là* (2). Il faudroit donc ôter aux anciens, avec l'idée de l'immutabilité, celle de l'éternité de Dieu, dont la racine, pour ainsi parler, est son être toujours immuable. De là vient, qu'en disputant contre ceux qui mettoient la matière éternelle, ces graves théologiens leur démontroient qu'elle ne pouvoit l'être, parce qu'elle étoit sujette aux change-

_______

(1) *Adv. Prax. n.* 27. — (2) *De Trin. c.* 17.

mens. Tertullien soutient contre Hermogène (1),
« que si la matière est éternelle, elle est immuable et
» inconvertible, incapable de tout changement ; parce
» que ce qui est éternel perdroit son éternité, s'il
» devenoit autre chose que ce qu'il étoit. Ce qui fait
» Dieu, poursuit-il, c'est qu'il est toujours ce qu'il
» est : de sorte que si la matière reçoit quelque chan-
» gement, la forme qu'elle avoit est morte ; ainsi elle
» auroit perdu son éternité ; mais l'éternité ne peut
» se perdre. » Remarquez qu'il ne s'agit pas de changer quant à la substance et à l'être, mais quant aux
manières d'être ; puisque c'est en présupposant que
la matière n'étoit point muable dans le fond de son
être, qu'on procède à faire voir qu'elle ne peut l'être
en rien, et qu'on ne peut rien lui ajouter. Théophile
d'Antioche procède de même (2) : « Parce que Dieu
» est ingénérable, c'est-à-dire, éternel, il est aussi
» inaltérable. Si donc la matière étoit éternelle,
» comme le disent les Platoniciens, elle ne pourroit
» recevoir aucune altération, et seroit égale à Dieu ;
» car ce qui se fait et ce qui commence est capable de
» changement et d'altération ; mais ce qui est éternel
» est incapable de l'un et de l'autre. » Athénagore dit
aussi que « la divinité est immortelle, incapable de
» mouvement et d'altération (3) » ; ce qui emporte
non seulement l'immutabilité dans le fond de l'être ;
mais encore dans les qualités et universellement en
tout : d'où il conclut que le monde ne peut être Dieu,
parce qu'il n'a rien de tout cela. Il ne faut pas oublier
que ces passages sont tirés des mêmes endroits, d'où
le ministre conclut ces prétendus changemens dans
Dieu et dans son Verbe. Pour se former une idée parfaite de l'immutabilité de Dieu, il ne faut que ce petit
mot de saint Justin (4) : *Qu'est-ce que Dieu*, et il
répond : « C'est celui qui est toujours le même, et
» toujours de même façon, et qui est la cause de

(1) *Cont. Herm. c.* XII. — (2) *Lib.* II, *ad Autol.*—
(3) *Legat. pro Christ. ad calc. Op. S. Just. p.* 299.—
(4) *Dial. cum Tryph. p.* 105.

» tout », ce qui exclut tout changement, et dans le fond et dans les manières : et cela est tellement l'essence de Dieu, qu'on en compose sa définition. Les autres anciens ne parlent pas moins clairement ; et si, occupé de tout autre chose que de l'amour de la vérité, le ministre ne veut pas se donner la peine de la chercher où elle est à toutes les pages, Bullus et son Scultet lui auroient montré, dans tous les auteurs qu'il allègue, dans saint Hippolyte, dans saint Justin, dans Athénagore, dans saint Théophile d'Antioche, et dans saint Clément d'Alexandrie, que non seulement le Père, mais encore nommément le Fils, *est inaltérable, immuable, impassible, incapable de nouveauté, sans commencement* (1) : et quand ils disent sans commencement, ils ne disent pas seulement que lui-même ne commence pas, mais encore que rien ne commence en lui, comme ils viennent de l'expliquer : et c'est pourquoi ils joignent ordinairement à cette idée celle de tout parfait, παντελὴς, pour montrer qu'on ne peut rien ajouter ni diminuer en Dieu : ce qui renferme la très-parfaite immutabilité de son être. La voilà donc dans les plus anciens auteurs, cette parfaite immutabilité que le ministre ne veut savoir que d'aujourd'hui ; et la voilà dans tous ceux où il croit trouver le contraire, sans même qu'on puisse réfuter par l'Ecriture leur bizarre théologie, comme il l'appelle.

Il ne veut donc pas que Tertullien, lorsqu'il a dit avec tant de force, que « Dieu ne change jamais, ni » ne peut être autre chose que ce qu'il étoit, à cause » qu'il est éternel », ait puisé cette belle idée de l'endroit où Dieu se nomme lui-même *celui qui est* (2), c'est-à-dire, non seulement celui qui est de lui-même, et celui qui est éternellement, mais encore celui qui est éternellement tout ce qu'il est ; qui n'est point aujourd'hui une chose, et demain une autre, mais qui

(1) *Scult. Medul. PP. I. part. p.* 7, 107, 114, 193, *etc. Just. Apol.* 1, *n.* 6, *p.* 45. *Dial. cum Tryph. supra Athen. apud Just. Clem. Alex. Strom.* 4, 7. *p.* 703. *Hip. Collect. Anast.* — (2) *Exod.* III. 14.

2.

est toujours parfaitement le même. Il ne veut pas que les anciens aient entendu la belle interprétation que le prophète Malachie a donnée à cette parole : *Celui qui est*, lorsqu'il fait encore dire à Dieu : *Je suis le Seigneur*, le *Jehova*, et celui qui est, *et je ne change point* (1), c'est-à-dire manifestement, je ne change en rien, parce que je suis celui qui est; ce que je ne serois plus, si je cessois un seul moment d'être ce que j'ai toujours été; ou, ce qui est la même chose, si je commençois à être ce que je n'étois pas.

Si on veut dire que l'antiquité n'ait pas vu un sens si clair dans les deux passages qu'on vient de citer, il faut donc encore les effacer du livre de Novatien (2), qui en conclut que Dieu conserve toujours son état, sa qualité, et en un mot tout ce qu'il est : il faudra dire encore que les saints docteurs n'auront pas vu dans saint Jacques, que *le Père des lumières ne reçoit ni de mutation, ni d'ombre de changement* (3) : où il faudra que saint Jacques, à cause qu'il n'avoit pas ouï ces philosophes d'*aujourd'hui*, qui ont appris à M. Jurieu de si belles choses sur la perfection de Dieu, n'ait pu nous donner comme eux une exacte idée de la parfaite exemption de tout changement, pendant que par ses paroles il en exclut jusqu'à l'ombre, et qu'il ne peut souffrir dans l'immutabilité de Dieu la moindre tache de nouveauté qui en ternisse l'éclat. Voilà ce qu'il faut penser pour écrire ce qu'a écrit votre ministre. Peut-on dans un docteur, pour ne pas dire dans un prophète, un plus profond étourdissement?

Dira-t-il qu'on démontre bien dans les Ecritures la parfaite immutabilité de Dieu, mais non pas celle de son Fils? le Fils n'est donc pas Dieu, ou il est un autre Dieu que le Père; et il faudra reconnoître un Dieu qui sera parfaitement immuable, et un Dieu qui ne le sera qu'imparfaitement. Mais que veut donc dire ce verset du Psaume, que saint Paul, assurément très-bon interprète, applique directement à la personne du Fils

_____

(1) *Mal.* III. 6.— (2) *De Trin.* c. IV. — (3) *Jac.* I. 17.

de Dieu : *Pour vous, Seigneur, vous êtes toujours le même* (1), et toujours ce que vous êtes? Par où il nous fait entendre ce qu'il avoit dit au commencement de l'Epître, qu'*il étoit l'éclat de la gloire, et l'empreinte de la substance de son Père* (2) : par conséquent également grand, également éternel, également immuable en tout ce qu'il est.

Le ministre veut-il renoncer à convaincre les Sociniens par tous ces passages de l'Ecriture? Mais veut-il renoncer encore à prouver par l'Ecriture ses propres articles de foi? Lisons la Confession des Prétendus Réformés, nous y trouverons à la tête, que *Dieu est une seule et simple essence, spirituelle, éternelle, immuable* (3). Il n'en faut pas davantage : fermons le livre. Le ministre veut-il se dédire de la maxime constante de sa religion, que tous les articles de foi, principalement les articles aussi essentiels que celui-ci, sont prouvés, et clairement prouvés par l'Ecriture? Il doit donc, selon lui-même, être bien prouvé par l'Ecriture, que Dieu est parfaitement immuable; et si cette vérité y est claire contre M. Jurieu, les Pères à qui il la fait nier sont bien réfutés.

Il lui reste pourtant encore une échappatoire : car il est vrai qu'il ne s'est pas engagé à nier qu'on puisse prouver par l'Ecriture l'immutabilité en général, mais la parfaite immutabilité (4). Basse et pitoyable chicane s'il en fut jamais; puisque ce nom d'immuable, exclusif de tout changement, consiste dans l'indivisible comme celui d'éternel; et ainsi de tous les noms divins il n'y en a point qui porte en lui-même plus sensiblement le caractère de perfection que celui-ci, où l'on voudroit mettre du plus ou du moins. On pourroit dire de même, et à plus forte raison, qu'on prouvera bien par l'Ecriture que Dieu est bon, mais non pas parfaitement bon; sage, mais non pas parfaitement sage; heureux, mais non pas parfaitement heureux; et pour ne rien oublier, parfait, mais non pas parfai-

_______________

(1) *Ps.* ci. 26. *Heb.* 1. 10, 11. — (2) *Ibid.* 1. 3. — (3) *Conf. de foi, Art.* 1. — (4) *Tab. Lett.* vi, *p.* 268.

tement parfait : et au lieu que nous concevons qu'il faut étendre naturellement tout ce qui se dit de Dieu, et toujours l'élever au sens le plus haut, parce que, quoi qu'on puisse dire ou penser de sa perfection. l'on demeure toujours infiniment au-dessous de ce qu'il est; ce nouveau docteur nous apprend, à l'exemple des Sociniens, à tout ravilir et à tout restreindre; en sorte que, par les idées que Dieu nous donne de lui-même dans son Écriture, nous ne puissions pas même comprendre sa parfaite immutabilité, c'est-à-dire, celui de ses attributs dont on peut moins le dépouiller, et sans lequel on ne sait plus ce que Dieu seroit, puisque même il ne seroit pas véritablement éternel.

Le ministre en revient toujours a l'enfant, *qui, sortant parfait du sein de sa mère, n'acquiert pas par sa naissance un nouvel être*, mais une *nouvelle manière d'être;* et il croit satisfaire à tout, en disant que la *seconde naissance du Fils de Dieu,* lui donne aussi comme à cet enfant *non un nouvel être, mais une nouvelle manière d'être* (1). Aveugle, qui ne voit pas que nous-mêmes quand nous changeons de pensées et de sentimens, nous ne changeons pas autrement que dans des manières d'être! N'est-ce donc pas une erreur d'attribuer à Dieu de tels changemens? Ou bien sera-ce une erreur légère que l'Ecriture ne rejette pas? Et nous faudra-t-il endurer cette tache et cette ombre en Dieu malgré la parole de saint Jacques? Il faudra donc encore de ce côté-là donner gain de cause aux Sociniens, puisque lorsqu'ils font changer Dieu de situation ou de sentiment et de pensée, ce que M. Jurieu trouve si mauvais avec raison (2), ils répondront qu'après tout, ils ne font point changer Dieu, en lui donnant ni un nouvel être ni une nouvelle substance; mais en lui donnant seulement de nouvelles manières d'être, c'est-à-dire, des mouvemens, des sentimens et des pensées; ce qui ne dérogeroit pas, selon le ministre Jurieu, à l'immutabilité que l'Ecriture nous a révélée. Mais tout cela est

(1) *Ps.* 255. — (2) *Tab. du Socin. Lett.* 1, 11, *etc.*

pitoyable ; puisqu'enfin ces manières d'être qu'on supposeroit de nouveau en Dieu, ou seroient peu dignes de sa nature ; et, en ce cas, pourquoi les y mettre ? ou, si elles en sont dignes, elles sont par conséquent infinies, immenses, et, en un mot, vraiment divines, dignes de toute adoration et de tout honneur : auquel cas Dieu n'est plus Dieu, si elles lui manquent un seul moment, comme il le faudroit supposer dans la doctrine que le ministre attribue aux saints. Car le Fils de Dieu seroit-il, comme dit saint Paul, *au-dessus de tout, Dieu éternellement béni* (1), et par conséquent très-parfait, s'il attendoit du temps la dernière perfection et quelque chose au-dessus de ce qu'il est dans l'éternité ? Mais seroit-il heureux, s'il avoit encore à attendre et à désirer quelque chose ? Son père le seroit-il, s'il étoit lui-même sujet au changement, ou si son Fils en qui il a mis ses complaisances, devoit changer dans son sein, et qu'en attendant il manquât de sa dernière perfection et de son bonheur accompli ? Et l'un et l'autre seroient-ils le Dieu tout-puissant et créateur, s'ils ne pouvoient rien créer, ni changer le non-être en être, sans se changer et s'altérer eux-mêmes ? et si ces absurdités ne peuvent être réfutées par les Ecritures, comme l'assure M. Jurieu, quels secours laissera-t-il donc à notre ignorance ? Les catholiques auroient encore la tradition ; et il est vrai que pour expliquer et déterminer le sens de l'Ecriture même, les savans protestans se servent souvent de la manière dont elle a toujours été entendue dans l'Eglise chrétienne : mais ce refuge leur est ôté comme tous les autres, puisqu'on ravit aujourd'hui aux trois premiers siècles la connoissance d'un Dieu parfaitement immuable. Si donc on ne connoît Dieu et la perfection de ses principaux attributs, ni par les termes de l'Ecriture, ni par la foi de l'Eglise et de ses docteurs, où est cette perfection du christianisme que le ministre veut porter si haut ? Et que devient le reproche qu'il fait aux Sociniens d'en anéantir les grandeurs (2) ? Mais que sert à ce

(1) *Rom.* ix. 5. — (2) *Tab. Lett.* ii, iii, *etc.*

ministre de leur reprocher qu'ils nous font un Dieu dont Platon et les philosophes ne s'accommoderoient pas, et qu'ils trouveroient au-dessous de leurs idées, s'il en vient à la fin lui-même à la même erreur; et si, pour connoître Dieu, il est contraint de nous renvoyer à *nos lumières naturelles, qu'une mauvaise philosophie peut obscurcir* (1)? C'est donc enfin la philosophie qui doit redresser nos idées, et la foi ne nous suffit pas pour savoir ce qu'il faut croire de la perfection de la nature divine.

Il se dit maître en Israël, et il ignore ces choses; et pendant qu'il marche à tâtons, se heurtant à chaque pas, et contre tous les principes de la religion, il triomphe, et il ose dire : *Je ne me pique de rien, que d'avoir des principes bien concertés* (2). Qu'il est modeste! il ne se pique de rien, que de raisonner toujours parfaitement juste. Si vous en doutez il est prêt *à coucher en jeu quelque chose qui vaille la peine.* Dans les affaires du monde le serment fait la décision; en matière de théologie dorénavant ce sera la gageure. Et enfin, qui que vous soyez qui accusez M. Jurieu de contradiction, catholiques et *M. de Meaux*, ou protestans (car on s'en mêle aussi parmi vous; et, dit M. Jurieu, *cela devient fort à la mode*); mais enfin qui que vous soyez, *auteur de la Lettre de l'an passé, auteur de l'Avis venu de Suisse, auteur de l'Avis aux Réfugiés;* M. de Beauval, qui vous déclarez, et cent autres qui n'osez vous nommer; *il s'engage à vous confondre* au jugement *de six témoins.* Peut-être s'il les choisit : si ce n'est qu'il se confonde lui-même, comme il fait à chaque page de ses écrits. Où rêve-t-on ces manières de défendre ses contradictions? Est-ce là comme on traite la théologie?

(1) *Lett.* vi, *p.* 268. — (2) *Tab. Lett.* vi, *p.* 309.

### ARTICLE III.

#### *Que le ministre détruit non seulement l'immutabilité, mais encore la spiritualité de Dieu.*

Le ministre n'est pas moins clairement convaincu dans la seconde accusation dont il a voulu se défendre ; c'est d'avoir fait dire aux anciens, non seulement que Dieu étoit immuable, mais encore qu'il étoit divisible, et qu'*il pouvoit s'étendre et se resserrer* (1). Car qui peut douter de son sentiment, après ce qu'on vient d'entendre des divisions et des portions de substance qu'il fait admettre aux anciens, dont il déclare néanmoins la doctrine pure de toutes erreurs contre les fondemens de la foi ? C'est ce qu'il disoit en 1689 ; et s'il vouloit s'en dédire, il falloit donc, sans faire le fier, avouer son aveuglement : mais au contraire il y persiste ; puisqu'il nous dit encore aujourd'hui dans cette sixième lettre du Tableau, où il prétend s'expliquer à fond et lever toutes les difficultés de son système, que cette naissance temporelle qu'il fait attribuer au Verbe par les anciens, selon eux, se fait « par voie d'expulsion, Dieu ayant poussé au
» dehors ce qui étoit auparavant enveloppé dans son
» sein (2) » ; qu'elle se fait « par un simple dévelop-
» pement et une extension de la substance divine,
» laquelle s'est étendue comme les rayons du soleil s'é-
» tendent quand il se lève après avoir été caché (3). »
J'avoue qu'en quelques endroits par une secrète honte il tempère la dureté de ces expressions, en y ajoutant des *pour ainsi dire*, dont nous parlerons ailleurs ; mais s'il vouloit dire par là que ces expressions, et les autres de même nature, si on les trouvoit dans quelques Pères, se devoient prendre figurément, et comme un foible bégaiement du langage humain, il ne falloit pas rejeter le dénoûment de Bullus et les figures qu'il reconnoît dans ces discours. Que s'il per-

(1) *P.* 269. — (2) *P.* 277. — (3) *P.* 258, 261.

2..'

siste toujours, et à quelque prix que ce soit, à vouloir
trouver dans les premiers siècles des variations effec-
tives, et que pour cela il s'attache opiniâtrement à
prendre ces expressions sans figure et sans métaphore;
il demeurera convaincu par son propre aveu, au lieu
de se corriger de ses premières idées qui lui faisoient
dire en 1689, que les Pères faisoient Dieu corporel,
de les avoir confirmées en leur faisant reconnoître encore aujourd'hui non seulement un Dieu muable et
changeant, mais encore un Dieu divisible, un Dieu
qui s'étend et se resserre, en un mot un Dieu qui est
un corps.

Il ne devoit pas espérer de résoudre ces difficultés,
en répondant que ce ne sont que *des chicanes*, et
ensuite nous renvoyant « à la révélation et à la foi
» comme à la seule barrière qu'on peut opposer au
» raisonnement humain (1). » Car la foi ne nous apprend pas à dire qu'une substance qui s'étend, qui se
divise, qui se resserre et se développe, proprement
et dans le sens littéral, ne soit pas un corps, ou que
tout ce qui reçoit tous ces changemens ne soit pas
muable. La foi épure nos idées : la foi nous apprend à
éloigner de la génération du Verbe tout ce qu'il y a
de bas et de corporel dans les générations vulgaires :
la foi nous apprend à dire que si, par la foiblesse du
langage humain, on est contraint quelquefois de se
servir d'expressions peu proportionnées à la grandeur
du sujet, c'est une erreur de les prendre au pied de
la lettre. Puisque M. Jurieu ne veut pas suivre ces
belles lumières, son sang est sur lui, et son crime est
inexcusable.

Il ne falloit non plus nous objecter que nous
*harcelons la théologie des Pères*, et que toutes ces
difficultés que nous faisons, *n'en sont que des con-*
*séquences qu'ils n'ont pas vues, et qu'ils auroient*
*niées* (2). Car il s'agit de savoir, non pas si nous ti-
rons bien les conséquences de la doctrine des Pères,
mais si les Pères ont pu dire au sens littéral, comme

(1) P. 269. — (2) *Tab. Lett.* VI, p. 269, 285.

veut M. Jurieu, que Dieu *se développât et s'éten-
dit,* sans en faire formellement un corps, et qu'il
devînt au dedans ce qu'un peu auparavant il n'étoit
pas, sans le faire formellement changeant et muable.
Le ministre, qui semble ici vouloir le nier, nous a
déclaré tant de fois que les anciens faisoient Dieu muable
et divisible qu'il ne peut plus s'excuser que par un
exprès désaveu de ses sentimens. Ce ne sont donc pas
ici des conséquences, et ce n'est pas moi qui harcelle
la théologie des anciens; c'est lui qui la fait absurde et
impie.

Au reste, à entendre le ministre, on pourroit penser
que ces enveloppemens et ces développemens, cette
conception, ce sein paternel où le Verbe est renfermé
pendant une éternité comme un enfant, et les autres
expressions semblables, se trouvent à toutes les pages
dans les écrits des anciens. Mais, mes Frères, il ne
faut pas vous laisser plus long-temps dans cette erreur. Je réponds à votre ministre selon ses pensées :
mais dans le fond il faut vous dire que ces enveloppemens et ces développemens, qui font tant de bruit
dans son système, sont termes qu'il prête aux Pères;
et vous verrez bientôt que leurs expressions, prises
dans leur sens naturel, ne portent pas dans l'esprit les
basses idées que le ministre veut y trouver. Pour ce
qui est de la conception, et de ces entrailles d'où le
Verbe se doit éclore, on les tire d'un seul petit mot de
Tertullien, à qui vous verrez aussi qu'on en fait beaucoup accroître; et vous serez étonnés qu'on attribue
aux trois premiers siècles, non par conséquence, mais
directement, des absurdités si étranges sur un fondement si léger.

**ARTICLE IV.**

*Suite des blasphèmes du ministre, et qu'il fait
la Trinité véritablement informe en toutes
façons.*

Ce n'est pas non plus une conséquence, mais un
dogme exprès de M. Jurieu, de dire qu'*au troisieme*

*siècle*, et bien avant *dans le quatrième, la Trinité étoit encore informe*, et que les personnes divines passoient véritablement pour inégales. C'est sur cela qu'il me reproche de m'être emporté à des *invectives, des exclamations et des pauvretés qui font honte à la raison humaine* (1). Mais ici, comme dans le reste, vous allez voir que plus il s'échauffe, plus visiblement il a tort. « L'évêque de Meaux se récrie, con-
» tinue-t-il, sur ce que j'ai dit que ce mystère de-
» meura informe, jusqu'au premier concile de Nicée,
» et même jusqu'à celui de Constantinople. Mais,
» ajoute-t-il, un enfant auroit entendu cela ; et tout
» le monde comprend que tout cela signifie que
» l'explication du mystère de la Trinité et de l'Incar-
» nation demeura imparfaite et informe jusqu'au con-
» cile de Constantinople. » C'est aussi ce que j'enten-
dois, et je suis content de cet aveu. Il poursuit : « Car
» pour le mystère en soi-même, ou tel qu'il est
» dans l'Ecriture-Sainte, il a toujours été tel qu'il doit
» être, et dans sa perfection. » Vous le voyez, mes chers Frères, ce docteur fait semblant de croire qu'on lui objecte que la Trinité ne fut formée qu'au concile de Constantinople, et que ce concile y a mis la dernière main. Mais, pour me servir de ses paroles, *un enfant* verroit que c'est de la foi de la Trinité que je lui parle : c'est cette foi que je lui reproche de laisser informe jusqu'au concile de Constantinople ; et il demeure d'accord qu'elle l'étoit. *L'explication de la Trinité étoit*, dit-il, *imparfaite et informe* jusqu'à ce temps. On n'y connoissoit rien, on n'y voyoit rien ; car c'est ce que veut dire *informe : imparfait* ne vaut pas mieux ; car la foi est toujours parfaite dans l'Eglise. Ce n'est pas assez de dire avec le ministre, que le mystère est parfait dans l'Ecriture : car il faut que cette Ecriture soit entendue. Par qui, sinon par l'Eglise ? L'Eglise a donc toujours très-bien entendu ce qu'il faut croire de ce mystère. Si la preuve en est plus claire après les disputes, la déclaration plus solen-

(1) *Tab. Lett.* vi, *p.* 264, 282.

nelle, l'explication plus expresse, il ne s'ensuit pas qu'auparavant la foi des chrétiens ne soit pas formée sur un mystère qui en fait le fondement, ou, ce qui est encore pis, qu'elle soit informe. Elle est formée dans son fond, dira-t-il; et je lui réponds : Que lui manquoit-il donc ? des accidens ? Est-ce assez pour dire qu'elle étoit informe, ou, comme il parle du mystère de la grâce, *entièrement informe?* Il n'y a que lui qui parle ainsi, parce qu'il espère toujours sortir par subtilité de toutes les absurdités où il s'engage, et faire croire au monde tout ce qu'il voudra. Mais il se trompe. Tout le monde voit que la foi de la Trinité n'étoit pas même formée, selon lui, dans son fond, lorsqu'on reconnoissoit de l'imperfection, de la divisibilité, du changement, une véritable inégalité dans les Personnes divines. Car le ministre ne peut pas nier que le contraire n'appartienne au fond de la foi : or, le contraire, selon lui, n'étoit pas connu dans les trois premiers siècles ; donc la foi de la Trinité n'étoit pas même alors formée dans son fond. Elle ne l'étoit même pas dans l'Ecriture, puisque, selon le ministre, encore à présent, on ne peut pas réfuter par l'Ecriture l'erreur qu'il attribue aux Pères. Il ne sait donc ce qu'il dit, et il contredit en tout point sa propre doctrine.

Mais lorsqu'il se glorifie d'avoir du moins reconnu que le mystère de la Trinité a toujours eu en lui-même la perfection qu'il devoit avoir, il s'embrouille plus que jamais ; puisque, selon la doctrine qu'il tolère dans les saints Pères, et qu'il ne croit pas pouvoir réfuter, il devoit, avec le temps, survenir au Fils une seconde naissance plus parfaite que la première, et un dernier développement qui fît la perfection de son être. Ce n'est donc pas seulement l'explication, c'est le mystère en lui-même qui est imparfait durant toute l'éternité, et jusqu'au commencement de la création, et qui est tel, selon des principes qu'on ne peut réfuter. C'est ce que dit le ministre, et il demeure plus que jamais dans le blasphème qu'il avoit cru éviter.

### ARTICLE V.

*Autre blasphème du ministre : l'inégalité dans les Personnes divines ; principes pour expliquer les passages dont il abuse.*

Il se débarrasse encore plus mal du crime de rendre égales les trois Personnes divines, qui est le plus manifeste de tous les blasphèmes, puisque *les anciens*, qu'il tolère, et qui n'ont pas renversé le fondement de la foi ( car il faut toujours se souvenir que c'est là son sentiment et même qu'on ne peut les réfuter); ces « anciens, dis-je, ont eu, selon lui, jus-
» qu'au quatrième siècle, une autre fausse pensée sur le
» sujet des personnes de la Trinité ; c'est qu'ils y ont
» mis de l'inégalité (1). » Voilà ce qu'il enseignoit en 1689; et, loin de le révoquer, il enchérit au-dessus dans la sixième lettre de son Tableau, en soutenant non seulement que ces saints docteurs ont mis *cette inégalité* entre les Personnes divines, mais encore qu'*ils l'y ont dû mettre* (2). J'entends bien qu'il expliquera qu'ils l'y ont dû mettre selon leur théologie; et c'est le comble de l'impiété, puisqu'en mettant, comme il a fait, leur théologie au-dessus de toute attaque, il a rendu l'erreur invincible. Mais si les Personnes divines sont inégales dans leur perfection, le culte qu'on leur rend doit l'être aussi : on ne leur rend donc pas le même culte, puisqu'il n'y a point d'inégalité dans ce qui est un ; quel autre que M. Jurieu peut concilier ce sentiment avec le fondement de la religion ?

Mais voyons encore comment il le fait : « Cette iné-
» galité, dit-il (3), ne consiste point dans la diversité
» de la substance, mais, premièrement dans l'ordre,
» parce que le Père est la première Personne et la
» source. » C'est ce que nous croyons autant que les

---

(1) *Lett.* vi de 1689, *p.* 45. *I. Avert. p.* 10. — (2) *P.* 264.
— (3) *Ibid.*

Pères; et ce n'est pas là une véritable inégalité; mais
en voici de plus essentielles. « En second lieu, pour-
» suit-il, l'inégalité est dans les temps et les momens,
» parce que le Père étoit éternel absolument; au lieu
» que le Fils n'étoit éternel qu'à l'égard de sa pre-
» mière génération, et non à l'égard de cette manière
» d'être développé, qu'il acquit avant la création. »
Il est donc véritablement et réellement inégal d'une
inégalité proprement dite, et d'une inégalité de perfection, puisqu'il n'est pas éternel en tout comme le
Père. Il continue : « En troisième lieu, l'inégalité se
» trouvoit à l'égard des opérations; car les anciens
» croyoient que Dieu se servoit de son Verbe et de
» son Fils comme de ses ministres. » Leur opération
n'est donc pas une, puisque celle du Père et celle du
Fils sont inégales, et que la seconde est ministérielle.
« Enfin, en quatrième lieu, ils ont mis cette différence
» entre le Père et les autres deux Personnes, qu'elles
» ont été produites librement; en sorte que le Fils et
» le Saint-Esprit sont des êtres nécessaires comme
» Dieu à l'égard de leur substance, et de l'être coé-
» ternel et enveloppé qu'ils avoient en Dieu; mais à
» l'égard de cette manière d'être développé, Dieu les
» a produits librement, comme il a produit les créa-
» tures. » Selon cette supposition, il y a quelque
chose en Dieu qui n'est pas digne de Dieu, puisque
Dieu peut s'en passer, comme il peut se passer des
créatures. Telle est la théologie que le ministre appelle
*bizarre;* mais en même temps invincible, puisqu'il
n'y a pas moyen de la réfuter, encore moins de la
condamner et de lui refuser la tolérance.

Il ne veut pas que nous disions que c'est là, parmi
les chrétiens, un prodige de doctrine, une impiété,
un blasphème, qui, par l'inégalité de la perfection,
introduit l'inégalité dans l'adoration des trois Personnes. Je l'appelle encore ici à sa propre Confession
de foi, où il est expressément porté que toutes les trois
Personnes *sont d'une même essence, éternité,*
*puissance et égalité* (1). Cet article n'est-il pas un

(1) *l. 1. 6.*

de ceux qu'on appelle fondamentaux, et qui ont toujours été crus? Comment donc en a-t-il pu ôter la foi aux trois premiers siècles de l'Eglise?

Il s'imagine sauver tout cela par les souplesses de son esprit; et il croit avoir résolu la difficulté en disant que cette inégalité ne suppose pas *la diversité de substance* (1). Mais en quoi donc sera l'inégalité? dans des accidens, des qualités, des manières d'être, et, en un mot, dans quelques choses survenues à l'être divin? En sommes-nous réduits à reconnoître en Dieu de telles choses, et à nier la parfaite simplicité de son être? L'inégalité sera donc peut-être dans les propriétés personnelles, et ce sera quelque chose de plus d'être Père que d'être Fils ou Saint-Esprit? Où est la foi de la Trinité, si cela est? Que le ministre nous dise si l'égalité reconnue dans sa propre Confession de foi n'est pas une égalité en tout et partout? et si cette égalité n'est pas un des fondemens de la religion, et de ceux qui ont toujours été crus dans l'Eglise? Ce n'est donc pas secourir, mais achever d'abimer l'Eglise des trois premiers siècles, si, en lui faisant admettre une véritable inégalité entre les personnes divines, on ne trouve d'autre excuse à son erreur que de lui faire penser que cette inégalité n'est pas dans la substance.

Mais poussons encore plus loin le ministre, et demandons-lui si cette erreur de l'ancienne Eglise n'est pas du nombre de celles qu'on ne peut pas réfuter, selon lui, par l'Ecriture? Sans doute elle est de ce nombre, car nous avons vu que cette inégalité est fondée sur cette double naissance, et sur ce que le Fils, quoique éternel, ne l'est pas en tout comme son Père : d'où il s'ensuit qu'à cet égard, il lui cède en perfection ; et c'est pourquoi le ministre avoue non seulement que l'Eglise des trois premiers siècles a dit que les Personnes étoient inégales, mais encore qu'*elle l'a dû dire*, selon ces principes invincibles et irréfutables qu'il reconnoît. Mais si cela est, il faut donc encore affoiblir, comme tous les autres passages, celui

_____

(1) *P.* 264.

où saint Paul a dit que le Fils de Dieu *n'a point réputé rapine d'être égal à Dieu* (1) : et il faudra expliquer, égal à Dieu en son essence, mais non pas dans sa personne ; égal à Dieu dans le fond de l'être divin, mais non pas dans toutes ses suites. Il sera donc permis de dire encore, sans crainte d'être réfuté, que le Fils est inégal en opération et en perfection à son Père ; et tellement permis, que le ministre qui ne peut donner de bornes à ses erreurs, nous dira bientôt que cette inégalité a été plutôt approuvée que condamnée dans le concile de Nicée. En vérité c'en est trop ; et on ne sait plus que penser d'un homme que ni la raison, ni l'autorité, ni sa propre Confession de foi ne peuvent retenir.

Il seroit donc temps d'ouvrir les yeux à de si étranges égaremens de votre ministre ; et, au lieu de lui permettre de pousser à bout les principes pleins d'ignorance et d'impiété qu'il attribue à l'ancienne Eglise, il faudroit entendre, au contraire, que l'inégalité improprement dite et dans la façon de parler, est la seule qu'on puisse souffrir en Dieu : encore est-il bien certain que les Pères ne se servoient pas de ce terme, que l'expresse condamnation de saint Paul auroit rendu odieux et insoutenable. Que s'ils parlent d'une manière qui semble quelquefois viser là, le dénoûment y est naturel. Qui met la bonté de Dieu en un certain sens et à notre manière d'entendre, au-dessus de ses autres attributs, comme David a mis *ses miséricordes au-dessus de tous ses ouvrages* (2), parle bien en quelque façon par rapport à nous, mais non pas en toute rigueur. Ainsi l'inégalité que quelques Pères auront semblé mettre dans la façon de parler entre les Personnes divines, à cause de leur origine et de leur ordre, qui est la première raison que le ministre nous a alléguée, est supportable en ce sens ; puisque le père est et sera toujours le premier, le Fils toujours le second, et le Saint-Esprit toujours le troisième. Mais parce que cet ordre, quoique im-

_______________

(1) *Philip.* ii. 6. — (2) *Ps.* cxliv. 9.

muable, n'emporte point d'inégalité de perfection ni de culte, saint Clément d'Alexandrie le change dans cette belle hymne qu'il adresse au Fils de Dieu, puisqu'il dit : *Louange et action de grâces au Père et au Fils, au Fils et au Père* (1) : ce qu'il fait exprès pour nous marquer que si cet ordre est toujours fixe entre les Personnes à raison de leur origine, il est indifférent, à le regarder par rapport à leur perfection et à leur culte : et c'est pourquoi il avoit dit, un peu au-dessus : *Père, qui êtes le conducteur d'Israël; Fils et Père, qui n'êtes tous deux qu'une même chose : Seigneur*, et non pas, Seigneurs; pour nous faire entendre dans les Personnes divines une même perfection, un même empire et un même culte. Au reste, ces sortes d'inégalités que l'on trouve en Dieu dans notre foible et imparfaite manière de nous exprimer, soit entre ses attributs, ou même entre les Personnes divines, sont tellement compensées par d'autres endroits, qu'à la fin tout se trouve égal. Qu'il y ait, si vous voulez, dans le nom de Père quelque chose de plus majestueux que dans celui de Fils; ce qui a fait que saint Athanase et les autres n'ont pas craint d'entendre du Verbe même, selon la génération éternelle, ces paroles : *Mon Père est plus grand que moi* (2) : mais il y a d'autres côtés, c'est-à-dire, d'autres manières d'entendre ou d'envisager la même vérité, où l'égalité se répare. L'autorité de principe, comme l'appelle saint Augustin (3), semble attribuer au Père quelque chose de principal, et en quelque sorte plus grand; mais si on regarde le Fils comme la sagesse du Père, le Père sera-t-il plus grand que sa sagesse, que sa raison, que son Verbe et son éternelle pensée? Et tout ce qui est en Dieu n'est-il pas égal, puisque tout ce qui est en Dieu est Dieu; et que, s'il y avoit quelque chose en Dieu qui fût moindre que Dieu même, il corromproit la perfection et la pureté de son être?

(1) *Pædag.* III. *cap. ult. in fine.* — (2) *Joan.* XIV. 28. — (3) *Tract.* XXXI *in Joan.* n. 1 *et seq.* t. III, *part. II*, *col.* 523 *et seq.*

Je sais qu'il ne faut pas croire que le Père tire sa sagesse du Fils, ou qu'il n'y ait de sagesse en Dieu que celle qui prend naissance éternellement dans son sein : au contraire, cette sagesse engendrée, comme l'appellent les Pères, ne naîtroit pas dans le sein de Dieu, s'il n'y avoit primitivement, dans la nature divine, une sagesse infinie, d'où vient par surabondance la sagesse qui est le Fils de Dieu ; car nous-mêmes nous ne formons dans notre esprit nos raisonnemens et nos pensées, ou ces paroles cachées et intérieures par lesquelles nous nous parlons à nous-mêmes, de nous-mêmes et de toutes choses, qu'à cause qu'il y a en nous une raison primitive et un principe d'intelligence d'où naissent continuellement et inépuisablement toutes nos pensées. A plus forte raison faut-il croire en Dieu une intelligence primitive et essentielle qui, résidant dans le Père comme dans la source, fait continuellement et inépuisablement naître dans son sein son Verbe, qui est son Fils, sa pensée éternellement subsistante, qui, pour la même raison, est aussi très-bien appelée son intelligence et sa sagesse. C'est là du moins l'idée la moins imparfaite que nous pouvons nous former, après les saints Pères et après l'Ecriture même, de la génération du Fils de Dieu. Mais en même temps cette pensée et cette parole intérieure conçue dans l'esprit de Dieu, qui fait son perpétuel et inséparable entretien, ne peut lui être inégale, puisqu'elle le comprend tout entier, et embrasse en elle-même toute la vérité qui est en lui : par conséquent est autant immense, autant infinie et autant parfaite, comme elle est autant éternelle que le principe d'où elle sort, et ne dégénère point de sa plénitude.

Il en faut dire autant du Saint-Esprit ; et on voit par cet endroit-là une égalité tout entière, à regarder même le Fils et le Saint-Esprit du côté de leur origine, qui est celui qui peut donner le plus de lieu à l'infériorité. Si on sait épurer ses vues, on connoîtra qu'en Dieu il n'y a pas plus de perfection à être le premier qu'à être le second et le troisième ; car il est d'une même dignité d'être, comme le Saint-Esprit, le terme dernier et le parfait accomplissement des émanations divines, que d'en être le commencement et le principe; puisque c'est faire dégénérer ces divines émanations, que de faire qu'elles se terminent à quelque chose de moins que le principe d'où elles dérivent. Ainsi le Père et le Saint-Esprit, le premier principe et le terme, la première et la troisième Personne, c'est-à-dire celle qui produit, et celle qui ne produit pas à cause qu'elle conclut et qu'elle termine, étant d'une parfaite égalité, le Fils qui est au milieu, à cause qu'il tire de l'un et qu'il donne à l'autre, ne peut pas leur être inégal; et, en quelque endroit qu'on porte sa vue, soit au Père, qui est le principe, soit au Fils, qui tient le milieu, soit au Saint-Esprit, qui est le terme, on trouve tout également parfait, comme par la communication de la même essence, on trouve tout également un. Que si, dans une autre vue, saint Athanase et les autres saints ont reconnu dans le Père, même après le concile de Nicée, une espèce de prééminence, dira-t-on qu'ils aient affoibli la Trinité ? On sait bien que non. Venons aux expressions formelles de l'Écriture. Le Fils est envoyé par le Père, le Saint-Esprit par l'un et par l'autre; et il n'y a que le Père seul qui ne soit jamais envoyé. Dans notre façon de parler, il y a là quelque dignité et quelque autorité particulière; mais, si vous y en admettez une autre que celle d'auteur et de principe, vous errez. Prenez de la même sorte tout le reste qui se dit du Père et du Fils, vos sentimens seront justes.

En parlant même des créatures, encore que notre langage soit plus proportionné à leur état, nous ne savons pas toujours adjuger bien juste la perfection. La racine, par sa vertu, vaut mieux que les branches ; dans la beauté, les branches l'emportent; dans une certaine vue, l'arbre est plus noble que le fruit qu'il porte ; dans une autre vue, le fruit prévaut, puisqu'il fait l'honneur de l'arbre. Pour nous servir de la comparaison la plus ordinaire des saints Pères, et de celle dont le ministre abuse le plus, comme on verra, la

soleil nous paroîtra d'un côté plus parfait que son rayon ; mais, d'un autre côté, sans le rayon, qui connoîtroit le soleil? qui porteroit dans tout l'univers sa lumière et sa vertu ? Une même chose, à divers regards, est plus parfaite ou moins parfaite qu'elle-même. On est contraint de parler ainsi tant qu'on n'entend pas la vérité parfaitement et par son fond, c'est-à-dire dans tout le cours de cette vie. Jusqu'à tant que nous voyions Dieu tel qu'il est, en voyant par une seule pensée, si l'on peut parler de la sorte, celui dont l'essence est l'unité, et jusqu'à tant que nous voyions les trois Personnes divines dans le centre de cette unité incompréhensible ; contraints, pour ainsi dire, de la partager en conceptions différentes tirées des choses humaines, nous ne parviendrons jamais à comprendre cette égalité du tout. Nommer seulement l'égalité, nommer la grandeur, qui en est le fondement, c'est déjà dégénérer de la sublimité de ce premier être ; et le seul moyen qui nous reste de rectifier nos pensées, quand nous croyons apercevoir du plus et du moins en Dieu et dans les Personnes divines, c'est de faire toujours retomber ce plus et ce moins sur nos pensées, et jamais sur l'objet.

Vous paroissez étonné de ce que saint Justin a dit, que le Fils de Dieu est engendré par le conseil et la volonté de son Père (1) : ne parlez point de Dieu ; ou, avant que de lui appliquer les termes vulgaires, dépouillez-les auparavant de toute imperfection. Vous dites que Dieu se repent, qu'il est en colère ; vous lui donnez des bras et des mains : si vous n'ôtez de ces expressions tout ce qui se ressent de l'humanité, en sorte qu'il ne vous reste dans les bras et dans les mains que l'action et la force ; dans la colère, qu'une puissante et efficace volonté de punir les crimes, et ainsi du reste, vous errez. A cet exemple, si vous ôtez du mot de conseil l'incertitude et l'indétermination, que vous y restera-t-il, si ce n'est la raison et l'intelligence ? Vous direz donc que le Fils de Dieu ne procède

_______________

(1) *Jur. Tab. Lett.* VI, *p.* 229.

pas de son Père par une effusion aveugle, comme le
rayon procède du soleil, et le fleuve de sa source,
mais par intelligence : et si vous appelez ici la volonté
du Père pour exclure la nécessité, cette nécessité, que
vous voulez exclure, est une nécessité aveugle et fatale
qui ne convient point à Dieu. Il ne faut point souffrir
en Dieu une nécessité qui soit hors de lui, qui lui soit
supérieure, qui le domine : une telle nécessité n'est
point en Dieu : il est lui-même sa nécessité ; il veut sa
nécessité comme il veut son être propre ; il n'y a rien
en Dieu que Dieu ne veuille : ainsi il veut produire son
Fils en la même manière qu'il veut être ; c'est ainsi
qu'il le produit volontairement ; c'est ainsi qu'il le
produit par conseil. Si vous entendez par ces expressions qu'il produise quelque chose en lui-même qu'il
puisse ne pas produire, comme il peut ne pas produire les créatures, vous renversez le fondement ; si
vous le faites dire aux anciens, vous le leur faites renverser ; et si vous dites encore, avec M. Jurieu (1),
qu'on ne peut réfuter cette erreur, vous y participez
visiblement.

Il en est de même du terme de ministre. On l'attribue sans difficulté au Fils de Dieu comme incarné ;
mais avant que de s'incarner ; les anciens ont cru qu'il
s'incarnoit par avance en quelque façon, et s'accou-
tumoit, pour ainsi dire, à être homme, lorsqu'il
apparoissoit aux patriarches sous une figure humaine.
Accoutumés peut-être à lui donner ce titre de ministre
à raison de la nature humaine qu'il avoit prise, ou
qu'il devoit prendre, et dont il prenoit si souvent la
forme extérieure, ils l'ont étendu jusqu'à l'origine du
monde, lorsque Dieu a tout fait par son Verbe. C'est
de même que lorsqu'ils ont dit que le Fils de Dieu
étoit, dans la création de l'univers, le conseiller de son
Père, ou, comme ils parlent, son conseil et sa sagesse. Ces expressions sont visiblement fondées en
partie sur les paroles de Salomon, et des autres
auteurs sacrés qui donnent à Dieu, à son exemple,

_____________

(1) *Jur. Tab. Lett* VI *,p.* 229.

une sagesse assistante et enfantée de son sein, avec
laquelle il résout et il fait tout (1); et en partie aussi
sur Moïse, lorsqu'il fait dire à Dieu : *Faisons
l'homme* (2); car c'est aussi ce qui a fait dire à tous
les saints, que Dieu tient conseil, mais avec ses égaux,
puisqu'il dit *faisons;* par où il montre qu'il entend
parler non à ce qui est fait, mais à ce qui fait avec lui.
Sur ces paroles de Salomon et de Moïse, les Pères
ont dit que Dieu tenoit conseil avec son Fils, que son
Fils étoit son conseiller; qu'il déterminoit et arrangeoit toutes choses avec lui. A la rigueur, ces expressions tournent plutôt contre le Père que contre le Fils;
car celui dont on demande les conseils à cet égard est
supérieur à celui qui les demande. Mais en Dieu il
faut entendre autrement les choses. Le Verbe est le
conseil du Père, mais un conseil qu'il tire de son sein :
il tient conseil avec lui, parce qu'il fait tout avec sa
sagesse, qui est son Verbe, sa parole et sa pensée.
C'est en ce sens qu'on l'appelle le conseiller de son
Père. On voit bien qu'on l'appelle aussi dans le même
sens son ministre; c'est pourquoi on fait marcher ces
expressions d'un pas égal. Tertullien, par exemple,
sur ces paroles: *Faisons l'homme,* dit que « Dieu,
» par l'unité de la Trinité, parloit avec le Fils et le
» Saint-Esprit comme avec ses ministres et ses con-
» seillers. *Quasi cum ministris et arbitris* (3). »
Prenez ce terme à la rigueur, je dis même celui de
ministre, vous nuisez autant au Père qu'au Fils; car
il aura donc besoin de ministres comme les hommes,
et il faudra qu'il emprunte une force étrangère. Re-
connoissez donc qu'il faut adoucir ce mot, et en ôter
quelque chose même à l'égard du Père éternel. Otez-
en donc le besoin, ôtez-en l'emprunt; vous trouverez
que le Père se sert de son Fils, non pas comme il se
sert de ses anges, peuple naturellement sujet et créé;
mais il se sert de son Fils comme on se sert de sa raison et de sa sagesse. Voilà un beau ministère qu'il

______

(1) *Prov.* viii. *Sap.* vii. *Eccl.* i. — (2) *Gen.* i. 26. —
(3) *Adv. Prax.* n. 12.

trouve toujours en lui-même et dans son sein, où il n'y a rien d'étranger ni d'emprunté, et qu'il emploie aussi, non point par besoin, mais parce qu'il lui est toujours inséparablement uni.

Après avoir ôté du côté du Père ce qui blesseroit sa divinité dans le terme de ministre, faites-en autant du côté du Fils. Otez du nom de ministre l'infériorité et la sujétion, il ne restera dans le Fils qu'une personne subsistante, une personne distinguée, une personne envoyée, qui reçoit tout de son Père, dans lequel réside la source de l'autorité; parce qu'il est en effet l'auteur et le principe de son Verbe; d'où vient aussi le mot d'autorité; en un mot, il restera une Personne par qui le Père fait tout à même titre qu'il fait tout par sa raison. Tout cela est une suite naturelle de la foi, qui nous apprend qu'il y a en Dieu une raison et une sagesse engendrée, en laquelle nous découvrons la fécondité et la plénitude infinie de l'être divin. Voilà enfin ce qui restera dans le titre de ministre, à en ôter tout le reste comme le marc et la lie; et, après cet épurement, il n'y aura rien en ce terme que de véritable, et qui ne convienne parfaitement à la dignité du Père et du Fils.

C'est donc ainsi que les anciens ont quelquefois donné au Fils de Dieu et au Saint-Esprit le nom de ministre du Père; et non pas pour leur attribuer, comme fait M. Jurieu (1), une opération inégale : car cela est de la crasse du langage humain, et de cette rouille dont il faut purifier ses lèvres lorsqu'on veut parler de Dieu. Et c'est pourquoi ces saints docteurs, qu'on veut faire passer pour si ignorans, ont bien, à la vérité, employé quelquefois le mot de ministre, en l'épurant à la manière qu'on vient de voir; mais si, d'autres fois, ils l'ont regardé avec cette imperfection naturelle au langage humain, ils l'ont aussi, pour cette raison, exclu des discours où ils parloient du Fils de Dieu, puisqu'ils ont dit « que Dieu nous a envoyé » pour nous sauver, non pas, comme on pourroit

_______________

(1) *P.* 264, 265.

» croire, un de ses ministres, ou quelque ange, ou
» quelque puissance du ciel qui soit préposée au gou-
» vernement de la terre, mais le Créateur lui-même
» et l'ouvrier de toutes choses;.... comme un roi qui
» envoie son fils, roi comme lui, et comme un dieu
» qui envoie un dieu (1). »

Au reste, on ne se sert plus maintenant de ce terme
de ministre, parce que les Ariens en ont abusé; mais
il a eu son usage en son temps. Les Noétiens et les
Sabelliens vouloient croire que Dieu agissoit par son
Verbe, comme un architecte agit par son art; mais
comme l'art dans un architecte n'est pas une personne
subsistante, et n'est qu'un mode, ou un accident, ou
une annexe de l'âme, comme on voudra l'appeler,
ces hérétiques croyoient que le Verbe étoit la sagesse,
ou l'idée et l'art de Dieu, de la même sorte, sans être
une personne distinguée. Les orthodoxes les rejetoient,
en faisant de cette sagesse divine un ministre, qui étoit
par conséquent une personne distinguée du Père. Mais
telle est la hauteur, et, pour ainsi dire, la délicatesse
de la vérité de Dieu, que le langage humain n'y peut
toucher sans la blesser par quelque endroit. C'est ainsi
qu'en expliquant la distinction et l'origine du Fils, il
est à craindre que vous n'y mettiez quelque chose qui
se ressente de l'inférieur. Mais, après tout, si vous
attendez à parler de Dieu que vous ayez trouvé des
paroles dignes de lui, vous n'en parlerez jamais.
Parlez-en donc, en attendant, comme vous pourrez,
et résolvez-vous à dire toujours quelque chose qui ne
porte pas où vous tendez, c'est-à-dire, au plus parfait.
Dans cette foiblesse de votre discours, vous vous sau-
vez en songeant que vous aurez toujours à vous élever
au-dessus des termes où vous ressentirez de l'imperfection; puisque, dans l'extrême pauvreté de notre
langage, il faudra même s'élever au-dessus de ceux
que vous trouverez les plus parfaits.

Il faut, dans le même esprit, épurer encore le
terme de commandement. Le Fils a tout fait, et il

_______

(1) *Just. Ep. ad Diog. n. 7, p.* 237.

s'est fait homme par le commandement de son Père ;
le Père a commandé à sa parole, qui est son Fils.
Quoi ! par une autre parole ? Illusion. Le Fils est lui-
même le commandement du Père, ou, pour parler
avec saint Clément d'Alexandrie, *sa volonté toute-
puissante* (1) ; il est, dis - je, son commandement à
même titre qu'il est sa parole : quand il agit par commandement, c'est qu'il agit en même temps par la
volonté de son Père et par la sienne ; car si Dieu agit
par son Verbe ou par sa parole, cette parole ou ce
Verbe agit aussi, parce qu'il est une personne ; autrement, le Fils de Dieu ne diroit pas : *Mon Père agit,
et moi j'agis aussi* (2) ; et si, en recevant la vie du
Père, il n'avoit pas la vie en lui-même, il ne diroit
pas : *Comme mon Père a la vie en lui - même,
ainsi il a donné à son Fils d'avoir la vie en lui-
même* (3). Le Père lui commande donc, non par une
autre parole, autrement il faudroit aller à l'infini ; mais
par la parole, qui est le Fils lui-même ; et il reçoit le
commandement, comme il reçoit de son Père d'être
sa parole. Ténèbres impénétrables pour les incré-
dules ; mais à nous, qui sommes ravis de croire sans
voir ce que nous espérons de voir un jour, tout cela
est esprit et vie.

Mais que dirons-nous de ces portions et de ces parties de substance que quelques Pères attribuent au Fils
de Dieu ? Car c'est là que M. Jurieu met son fort pour
conclure l'inégalité (4). Que ce ministre est injuste !
Il a bien osé se permettre de dire que le Fils de Dieu
n'étoit pas toute la divinité ; et il veut que nous excu-
sions par une bénigne interprétation une expression
si étrange, pendant qu'*il tient à la gorge* ses conser-
viteurs, pour ne pas dire ses maîtres et les saints docteurs de l'Eglise ; *et jusqu'à les étrangler* (5), il les
presse en leur disant : Tu as dit portion, tu as dit
partie ; tu as mis l'inégalité. Mais, encore un coup,
qu'il est injuste par un autre endroit ; puisqu'il avoue

_________________

(1) *Strom.* v. — (2) *Joan.* v. 17. — (3) *Ibid.* 26. — (4) *Lett.*
vi, 1689, 45. *Tab. Lett.* vi, *p.* 264. — (5) *Matth.* xviii.

que ces mots de portion et de partie ne sont employés
que dans des comparaisons, telles que sont celles du
soleil et de ses rayons, de la source et de ses ruis-
seaux! Mais quoi! vous oubliez donc que c'étoit une
comparaison, et non pas une identité, qu'on vouloit
vous proposer? Vous ne songez même pas que toute
comparaison, surtout lorsqu'il s'agit de Dieu, est
d'une nature imparfaite et dégénérante? Mais laissons
là le ministre qui se permet tout, et qui est inexorable
envers tout le monde. Répondons aux gens équitables
qui nous demandent de bonne foi si ces termes de
portion et de partie peuvent s'épurer comme les autres.
Aisément, en les rapportant à l'origine des Personnes
divines; car le Père communique tout à son Fils,
excepté d'être Père, qui est quelque chose de substantiel, puisque c'est quelque chose de subsistant. C'est
comme dans une source, dont le ruisseau n'a rien de
moins qu'elle, puisque toutes les eaux de la source
passent continuellement et inépuisablement au ruisseau, qui, à vrai dire, n'est autre chose que la source
continuée dans toute sa plénitude; mais la source, en
répandant tout, se réserve d'être la source; et, s'il
est permis en tremblant d'en faire l'application, le
Père, en communiquant tout à son Fils et se versant
tout entier, pour ainsi dire, dans son sein, se réserve
d'être le Père. En ce sens donc, et avec ces restric-
tions, on dira, dans la pauvreté de notre langage,
qu'il n'y aura dans le Fils qu'une partie de l'être du
Père, puisque l'être Père n'y sera pas. Mais nous pouvons encore, en invoquant Dieu et par le souffle de
son Saint-Esprit, nous laisser élever plus haut; et,
dans une plus sublime contemplation, nous dirons
que, comme principe et source de la Trinité, le Père
contient en lui-même le Fils et le Saint-Esprit d'une
manière bien plus parfaite que l'arbre ne contient son
fruit, et le soleil tous ses rayons; qu'en ce sens, le
Père est le tout, et que le Fils et le Saint-Esprit étant
aussi le tout en un autre sens et dans le fond, parce
que rien ne se partage dans un être parfaitement simple
et indivisible, le Père demeure le tout en cette façon

3.

particulière et en qualité de principe, qui, à notre façon de parler, est en lui la seule chose incommunicable.

Par là se voit la puissance et la force de l'unité à laquelle tout se réduit naturellement; puisque, selon la remarque de saint Athanase (1), non seulement Dieu est un par l'unité de son essence; mais encore que la distinction qui se trouve entre les Personnes se rapporte à un seul principe qui est le Père, et même, de ce côté-là se résout finalement à l'unité pure. De là vient que ce sublime théologien conclut l'unité parfaite de Dieu, non seulement de l'essence qui est une, mais encore des Personnes qui se rapportent naturellement à un seul principe; car s'il y avoit en Dieu deux premiers principes, au lieu qu'il n'y en a qu'un qui est le Père, l'unité n'y régneroit pas dans toute sa perfection possible; puisque tout se rapporteroit à deux, et non pas à un. Mais comme la fécondité de la nature divine, en multipliant les Personnes, rapporte enfin au Père seul le Fils et le Saint-Esprit qui en procèdent, tout se trouve primitivement renfermé dans le Père comme dans le tout, à la manière qui a été dite, et la force de l'unité inséparable de la perfection se fait voir infiniment.

Je ne me jette pas sans nécessité dans cette haute théologie; puisque c'est elle qui nous fait entendre d'où vient que dans l'Écriture, et ensuite dans les saints docteurs qui ont formé leur langage sur ce modèle, le nom de Dieu est donné ordinairement au Père seul avec une attribution particulière : ce qui se fait sans exclusion du Fils et du Saint-Esprit; puisqu'au contraire cela se fait en les regardant comme originairement contenus dans leur principe. De là vient, pour pousser plus loin cette divine contemplation, que la prière et l'adoration s'est adressée de tout temps, selon la coutume de l'Église, ordinairement au Père seul par le Fils dans l'unité du Saint-Esprit : non qu'on ne les puisse invoquer directement,

(1) *Orat.* V, *nunc* IV *in Arian.* 1, *n.* 1; *t.* 1, *part. I, p.* 617.

puisque Jésus-Christ lui-même nous a appris à le faire dans l'invocation la plus authentique qui se fasse parmi nous, qui est celle du baptême et de la consécration du nouvel homme; mais parce qu'il a plu au Saint-Esprit, qui dicte les prières de l'Eglise, qu'en éternelle recommandation de l'unité du principe, on adressât ordinairement l'invocation au Père, dans lequel on adore ensemble et le Fils et le Saint-Esprit comme dans leur source; afin que par ce moyen l'adoration suivît l'ordre des émanations divines, et prît, pour ainsi parler, le même cours : ce qui faisoit dire à saint Paul : *Je fléchis mes genoux devant le Père de Notre Seigneur Jésus-Christ* (1), sans exclure de cette adoration ni Jésus-Christ, *Dieu béni au-dessus de tout* (2), ni le Saint-Esprit inséparable des deux, mais regardant et le Fils et le Saint-Esprit dans le Père qui est leur principe; d'où vient aussi primitivement la grâce de l'adoption, et *toute paternité*, toute consanguinité, toute alliance, *dans le ciel et dans la terre* (3).

Toutes les fois donc qu'on voit dans les anciens le Fils et le Saint-Esprit comme rangés après Dieu, il faut toujours se souvenir que c'est, selon l'ordre de leur procession, les regarder dans le principe de leur être d'où ils sortent sans diminution, puisque c'est sans dégénérer d'une si haute origine : et ceux qui entendront bien ce divin langage, surmonteront aisément les difficultés, que la profondeur d'un si haut mystère nous fait trouver quelquefois dans les explications des saints docteurs.

Pour ce qui regarde les similitudes tirées des choses humaines, si on s'étonne de les trouver si fréquemment usitées en cette matière, puisqu'on avoue qu'elles sont si défectueuses, il faut entendre que la foiblesse de notre discours ne peut soutenir long-temps la simplicité si abstraite des choses spirituelles. Le langage humain commence par les sens. Lorsque l'homme s'élève à l'esprit comme à la seconde région,

(1) *Eph.* iii. 14. — (2) *Rom.* ix. 5. — (3) *Eph.* iii. 15.

il y transporte quelque chose de son premier langage. Ainsi, l'attention de l'esprit est tirée d'un arc tendu : ainsi la compréhension est tirée d'une main qui serre et qui embrasse ce qu'elle tient. Quand de cette seconde région nous passons à la suprême, qui est celle des choses divines, d'autant plus qu'elle est épurée, et que notre esprit est embarrassé à y trouver prise, d'autant plus est-il contraint d'y porter le foible langage des sens pour se soutenir; et c'est pourquoi les expressions tirées des choses sensibles y sont plus fréquentes.

L'intelligence en sera aisée à ceux qui sauront comprendre ce que le ministre a tâché cent fois de dérober à notre vue; c'est, comme nous l'avons dit, que toutes les comparaisons tirées des choses humaines sont les effets comme nécessaires de l'effort que fait notre esprit, lorsque, prenant son vol vers le ciel, et retombant par son propre poids dans la matière d'où il veut sortir, il se prend comme à des branches à ce qu'elle a de plus élevé et de moins impur, pour s'empêcher d'y être tout-à-fait replongé. Lorsque, poussés par la foi, nous osons porter nos yeux jusqu'à la naissance éternelle du Verbe, de peur que, nous replongeant dans les images des sens qui nous environnent, et, pour ainsi dire, nous obsèdent, nous n'allions nous représenter dans les Personnes divines et la différence des âges, et l'imperfection d'un enfant venant au monde, et toutes les autres bassesses des générations vulgaires; le Saint-Esprit nous présente ce que la nature a de plus beau et de plus pur, la lumière dans le soleil comme dans sa source, et la lumière dans le rayon comme dans son fruit. Là on entend aussitôt une naissance sans imperfection, et le soleil aussitôt fécond qu'il commence d'être, comme l'image la plus parfaite de celui qui, étant toujours, est aussi toujours fécond. Arrêtés dans notre chute sur ce bel objet, nous recommençons de là un vol plus heureux, en nous disant à nous-mêmes que, si l'on voit dans les corps et dans la matière une si belle naissance, à plus forte raison devons-nous croire que le Fils de

Dieu sort de son Père comme *l'éclat réjaillissant de son éternelle lumière*, comme *une douce exhalaison et émanation de sa clarté infinie*, comme *le miroir sans tache de sa majesté, et l'image de sa bonté parfaite*. C'est ce que nous dit le livre de la Sagesse (1). Et si nos Prétendus Réformés ne veulent pas recevoir de là ces belles expressions, saint Paul les leur ramasse en un seul mot, lorsqu'il appelle le Fils de Dieu *l'éclat de la gloire et l'empreinte de la substance de son Père* (2). Il n'y a rien qui démontre mieux dans le Père et dans le Fils la même nature, la même éternité, la même puissance, que cette belle comparaison du soleil et de ses rayons, qui, portés à des espaces immenses, font toujours un même corps avec le soleil, et en contiennent toute la vertu. Mais qui ne sent toutefois que cette comparaison, quoique la plus belle de toutes, dégénère nécessairement comme les autres ? et, si l'on vouloit chicaner, ne diroit-on pas que le rayon, sans se détacher du corps du soleil, souffre diverses dégradations, ou, comme parlent les peintres, que les teintes de la lumière ne sont pas également vives ? Pour ne point laisser prendre aux hommes une idée semblable du Fils de Dieu, saint Justin, le premier de tous, présente à l'esprit un autre soutien : c'est dans la nature du feu, si vive et si agissante, la prompte naissance de la flamme d'un flambeau soudainement allumé à un autre (3). Là se répare parfaitement l'inégalité que le rayon sembloit laisser entre le Père et le Fils ; car on voit dans les deux flambeaux une flamme égale, et l'un allumé sans diminution de l'autre : ces portions et ces divisions, qui nous offensoient dans la comparaison du rayon ne paroissent plus. Saint Justin observe expressément qu'il n'y a ici *ni dégradation ou diminution, ni partage ;* et M. Jurieu remarque lui-même (4) que ce martyr satisfait parfaitement à ce que demandoit l'égalité. Il est donc à cet égard content de

(1) *Sap.* vii. 25, 26. — (2) *Heb.* i. 3. — (3) *Lib. adv. Tryph.* n. 61, *p.* 168. — (4) *Tab. Lett.* vi, *p.* 229.

lui, et peu content de Tertullien, avec ses portions
et ses parties. Mais s'il n'étoit point entêté des erreurs
qu'il cherche dans les Pères, il n'y auroit qu'à lui dire
que tout tend à la même fin; qu'il faut prendre des
comparaisons, non, comme il fait, le grossier et le
bas; autrement, le flambeau allumé de saint Justin ne
seroit pas moins fatal à l'union inséparable du Père et
du Fils, que le rayon de Tertullien sembloit l'être à
leur égalité; car ces deux flambeaux se séparent; on
en voit l'un brûler quand l'autre s'éteint; et nous
sommes bien loin du rayon qui demeure toujours attaché au corps du soleil. C'est donc à dire, en un mot,
que de chaque comparaison il ne falloit prendre que
le beau et le parfait; et ainsi on trouveroit le Fils de
Dieu plus inséparablement uni à son Père que tous les
rayons ne le sont au soleil, et plus égal avec lui que
tous les flambeaux ne le sont avec celui où on les
allume; puisqu'il n'est pas seulement un Dieu sorti
d'un Dieu, mais, ce qui n'a aucun exemple dans les
créatures, un seul Dieu avec celui d'où il est sorti (1).

Et ce qui rend cette doctrine sans difficulté, c'est
que tous les Pères font Dieu immuable, comme on a
vu dans une évidence à ne laisser aucun doute. Ils ne
le font pas moins spirituel et indivisible dans son être,
« sans grandeur, sans division, sans couleur, sans
» tout ce qui touche les sens, et inapercevable à
» toute autre chose qu'à l'esprit (2). » Car aussi est-il
immuable s'il est divisible, s'il se diminue, s'il se
partage? Qui est donc Dieu est Dieu tout entier, ou il
ne l'est point du tout; et qui est Dieu tout entier ne
dégénère de Dieu par aucun endroit. Tous les Pères
sont uniformes sur la parfaite simplicité de l'être divin;
et Tertullien lui-même, qui, à parler franchement,
corporalise trop les choses divines, parce qu'aussi,
dans son langage inculquant, le mot de corps, peut-
être, signifie substance, ne laisse pas, en écrivant
contre Hermogène, de convenir d'abord avec lui,

_______________

(1) *Tertull. adv. Prax. n.* 12. — (2) *Just. adv. Tryph. etc.*
*sup. Athenag. Leg. pro Christ sup. etc.*

comme d'un principe commun, que *Dieu n'a point
de parties, et qu'il est indivisible* (1) : de sorte
qu'en élevant leurs idées par les principes qu'ils nous
ont donnés eux - mêmes, il ne nous demeurera plus
dans ces rayons, dans ces extensions, dans ces portions de lumière et de substance, que l'origine commune du Fils et du Saint-Esprit, d'un principe infiniment communicatif; et, à vrai dire, ce qu'a dit le
Fils en parlant du Saint-Esprit, *il prendra du mien,
ou de ce que j'ai,* DE MEO (2), comme je prends de
mon Père, avec qui tout m'est commun.

Il ne falloit donc pas imaginer dans la doctrine des
Pères ce monstre d'inégalité, sous prétexte de ces
expressions qu'ils ont bien su épurer, et bien su dire
avec tout cela que le Fils de Dieu *étoit sorti parfait
du parfait, éternel de l'éternel, Dieu de Dieu.*
C'est ce que disoit saint Grégoire, appelé par excellence le faiseur de miracles (3) : et saint Clément
d'Alexandrie disoit aussi qu'*il étoit le Verbe, né
parfait d'un Père parfait* (4) : il ne lui fait pas
attendre sa perfection d'une seconde naissance, et son
Père le produit parfait comme lui-même. C'est pourquoi non seulement le Père, mais encore en particulier *le Fils, est tout bon et tout beau* (5), par conséquent tout parfait : « il n'est pas parole comme la
» parole qu'on profère de la bouche; mais il est la
» sagesse et la bonté très-manifeste de Dieu, sa force
» toute-puissante et véritablement divine (6) : en lui
» on possède tout, parce qu'il est tout - puissant,
» et lui - même la possession à laquelle rien ne
» manque (7). » Il est donc plus clair que le jour que
l'idée d'inégalité n'entra jamais dans l'esprit des Pères :
au contraire, nous venons de voir que, pour l'éviter,
après avoir nommé selon l'ordre le Père et le Fils, ils
disoient exprès, contre l'ordre, *le Fils et le Père,*

______

(1) *Cap.* ii, etc. — (2) *Joan.* XVI. 15. — (3) *Ap. Greg.
Nyss. de vit. Greg. Neoc. Ed.* 1638, *p.* 546. — (4) *Pædag.*
1, 5, 6. — (5) *Ibid.* III. *cap. ult.* — (6) *Strom.* V. — (7) *Pædag.*
III. 7.

3..

dans le dessein de montrer que, si le Fils est le second, ce n'est pas en perfection, en dignité ni en honneur. Loin de le faire inégal, ils le faisoient *en tout et partout un avec lui, aussi bien que le Saint-Esprit* (1) : et, afin qu'on prît l'unité dans sa perfection comme on doit prendre tout ce qui est attribué à Dieu, ils déclaroient que « Dieu étoit une seule et même
» chose; une chose parfaitement une, au-delà de tout
» ce qui est un, et au-dessus de l'unité même (2). »

### ARTICLE VI.

*Prodige d'égarement dans le ministre, qui veut trouver l'inégalité des trois Personnes divines jusque dans le concile de Nicée.*

Loin de vouloir ouvrir les yeux, pour apercevoir dans les anciens cette parfaite égalité du Père et du Fils, le ministre ne veut pas la voir dans le concile de Nicée, « et, dit-il (3), ce qu'on y appelle le Fils
» de Dieu, lumière de lumière, est une preuve que
» le concile n'a pas condamné l'inégalité que les doc-
» teurs anciens ont mise entre le Père et le Fils. »; c'est-à-dire, comme on a vù, que ce concile n'a pas condamné une véritable et réelle inégalité en perfection et en opération, en sorte que celle du Fils soit vraiment et à la rigueur, inférieure et ministérielle. Voilà, selon le ministre Jurieu, ce que le concile n'a pas voulu condamner; et cela, parce qu'il est dit dans le symbole de cette sainte assemblée, que le Fils de Dieu est *lumière de lumière.* Tout autre que ce ministre auroit cru qu'on avoit choisi ces paroles pour établir la parfaite égalité ; puisque même elles étoient jointes avec celles-ci, *Dieu de Dieu, vrai Dieu de vrai Dieu :* n'y ayant rien au-dessus de ces expressions dans tout le langage humain, et rien par conséquent ne paroissant plus égal que d'appeler l'un Dieu et l'autre Dieu, l'un lumière et l'autre lumière, l'un

_______

(1) *Pædag. cap. ult.* — (2) *Ibid.* l. 8. — (3) *P.* 71.

vrai Dieu et l'autre vrai Dieu. Par la règle que nous avons souvent posée, de prendre ce qu'on dit de Dieu dans le sens le plus élevé, il faut entendre par cette lumière, une lumière parfaitement pure, *où il n'y a point de ténèbres*, comme dit saint Jean (1), une lumière d'intelligence et de vérité simple, éternelle, infinie ; une lumière qui soit Dieu, et qui soit vrai Dieu : c'est ce qu'on dit du Père et du Fils sans restriction et en parfaite égalité, dans un symbole où le ministre nous assure que l'inégalité n'est pas condamnée.

Voyons sur quoi il se fonde. C'est, dit-il, que ces expressions sont prises de Tertullien, qui a dit dans son Apologétique, que le Verbe « est un esprit né » d'un esprit, un Dieu sorti d'un Dieu, et une lu- » mière allumée à une lumière (2) » ; et tout cela veut dire inégalité, parce que cet auteur ajoute, que « le Fils est le rayon, c'est-à-dire, une portion tirée » du tout : le Père est toute la substance, et le Fils » est la portion dérivée de tout (3) » : ce qui emporte, dit le ministre (4), inégalité manifeste. Que de chemin il faut faire, pour venir de là au concile de Nicée, et à cette inégalité que le ministre veut y trouver, à quelque prix que ce soit ! Il faut premièrement, qu'il soit bien constant que le ministre ait bien entendu Tertullien. Je n'en crois rien ; je crois qu'il se trompe : je crois que Tertullien a passé d'une comparaison à une autre ; de celle du rayon à celle du flambeau allumé ; je crois, dis-je, que cette parole, *lumière allumée à une lumière*, LUMEN *de lumine accensum* (5), ne convient pas au rayon qu'on ne va pas allumer au soleil, mais qui en sort comme de lui-même, par une émanation naturelle ; mais qu'elle s'entend d'un flambeau qu'on allume à un flambeau déjà allumé, ou d'un feu que l'on continue et que l'on étend en lui approchant de la matière. C'est le sens de Tertullien, je le maintiens : la suite le fait paroître, puisqu'il ajoute : *Le fond de la matière demeure le*

(1) *I. Joan.* 1. 5. — (2) *Apolog.* n. 21. — (3) *Adv. Prax.* n. 9 — (4) *Lett.* VI de 1689, p. 45. — (5) *Apol.* n. 21.

*même*, la flamme ne diminue pas , *encore que vous l'attiriez sur plusieurs matières qui en empruntent les qualités.* Voilà une matière allumée , d'où il s'en allume une autre; voilà la comparaison de saint Justin, où le ministre avoit reconnu une égalité si parfaite. Tertullien emploie cette double comparaison , pour prendre de l'une et de l'autre ce qu'elles avoient de meilleur, et soulager, par ce moyen, le plus qu'il pouvoit, les païens, qu'il tâchoit d'élever à la pureté de nos mystères. Que s'il est ainsi, s'il est vrai que le concile, en disant, lumière de lumière, ait eu Tertullien en vue, bien éloigné d'avoir établi l'inégalité, il aura plutôt établi l'unité et l'égalité parfaite, ainsi que nous avons vu. Mais laissons là cette explication , n'incidentons pas avec un homme qui ne cherche qu'à tout embrouiller, et à s'arrêter en beau chemin. Je vous accorde, si vous le voulez, M. Jurieu, que Tertullien parle ici du rayon : vous êtes encore bien loin de votre compte ; car, pour venir à votre prétendue inégalité, il faut que Tertullien soit inexorablement obligé à soutenir sa comparaison en toute rigueur, et qu'il s'engage à trouver dans la nature matérielle, et dans le corps du soleil, une image entière et parfaite de ce qui convient à Dieu. Il faut aussi le forcer à soutenir, dans la signification la plus rigoureuse, son terme de portion et de partie, encore qu'il ait dit ailleurs, comme on a vu (1), que Dieu n'a point de parties, et ne se divise pas. Et quand on aura fait voir, contre ce que nous avons démontré ailleurs, que Tertullien ait mis tous ces termes dans leur dernière et plus basse grossièreté , il faudra encore que le concile de Nicée ait pris ces expressions, *lumière de lumière*, non pas de saint Paul, comme nous verrons qu'il a fait; ni de la commune tradition qui les lui avoit apportées, mais de Tertullien tout seul ; et encore qu'en les prenant de lui, ce saint concile n'y ait rien osé rectifier: en sorte que le Fils de Dieu , dans l'intention du concile, ne soit, au pied de

(1) Ci-dessus, *p.* 56.

la lettre, qu'une partie de la substance divine, pendant que le Père en est le tout. Mais, si cela est, nous allons bien loin ; car tout à l'heure (1) , le ministre nous accordoit du moins que cette inégalité, que les anciens et Tertullien admettoient entre le Père et le Fils , n'emportoit aucune *diversité de substance* (2) : mais ses idées sont changées , et il faut qu'entre le Père et le Fils, il y ait, en ce qui regarde la substance, la même diversité qui se trouve entre le tout et la partie ; en sorte que le consubstantiel de Nicée, qui a fait tant de bruit dans le monde, ne soit plus qu'un consubstantiel en partie, et que le Fils de Dieu n'ait reçu qu'une partie de la substance de son Père. Nous voilà bien loin de notre route. Nous croyions , sur cette matière, n'avoir à soutenir de variations que dans les Pères qui ont précédé le concile de Nicée ; mais ce concile même n'en est pas exempt, et il a voulu expressément marquer qu'il ne vouloit pas condamner la prétendue erreur de Tertullien, qui aura fait le Fils inégal au Père , jusqu'à n'être qu'une portion de sa substance.

Voici bien un autre prodige : c'est que, depuis le temps du concile, jusqu'à M. Jurieu, personne n'en aura entendu le sens ; puisque tous les Pères, sans en excepter aucun , y ont cru voir toute sorte d'inégalité entre le Père et le Fils si parfaitement excluse, que depuis, il n'en a jamais été parlé. Ainsi, les Pères mêmes qui ont assisté au concile de Nicée, n'y auront rien compris : car, distinctement, ils excluent cette portion de substance et de lumière que le ministre veut qu'on y ait pris de Tertullien. Saint Athanase a composé un Traité exprès, pour expliquer le symbole de Nicée ; mais, au lieu de ces portions de lumière ou de substance, il reconnoît dans le Fils la même *impassibilité et impartialité, ou indivisibilité* que dans le Père, τὸ ἀμερὲς (3) : ce qu'il explique ailleurs, en disant que *le Verbe n'est pas une*

(1) Ci-dessus, *p.* 38. — (2) *P.* 264. — (3) *De Decr. Nic. Syn. n.* 23 ; *t.* 1, *p.* 228.

*portion de la substance du Père* (1). Il loue aussi Théognoste, un ancien auteur, pour avoir dit *que le Fils n'étoit pas une portion de la substance paternelle* (2); ce que cet auteur dit expressément, pour expliquer la comparaison de la lumière. Et ce qui se dit de la lumière, se dit aussi de la substance, selon saint Athanase, puisqu'il assure *que la lumière, en cette occasion, n'est autre chose que la substance même* (3) : et loin d'admettre dans le Fils de Dieu cette prétendue portion de lumière de Tertullien, il pousse les Ariens par la comparaison de la lumière, en cette sorte : S'ils veulent dire que le Fils de Dieu *n'a pas toujours été, ou qu'il n'a pas toute la substance de son Père, qu'ils disent donc que le soleil n'a pas toujours eu son éclat, ou* sa splendeur et son rayon, *ou que cet éclat n'est pas de la propre substance de la lumière, ou s'il en est, que ce n'en est qu'une portion et une division* (4). Donc, ou les Pères de Nicée ne songeoient point à Tertullien, ou Tertullien ne prenoit pas ce terme de portion à la rigueur, ou saint Athanase, qui a tant aidé à composer le symbole de Nicée, ne savoit pas qu'on y avoit mis cette pensée de Tertullien, dans le dessein d'en faire un asile à l'erreur de l'inégalité.

Saint Hilaire, son contemporain et un si docte interprète du symbole de Nicée, rejette aussi en termes formels, avec horreur, ce que les Ariens imputoient au concile de Nicée, *que le Fils étoit une portion détachée du tout* (5). C'est pourquoi, en expliquant dans la suite l'endroit du symbole de Nicée dont nous parlons, et cette comparaison de la lumière, il en exclut positivement *cette portion de substance* (6); d'où il conclut, « que l'Eglise ne connoît point cette » portion dans le Fils: mais qu'elle sait qu'un Dieu » tout entier est sorti d'un Dieu tout entier » : qu'au

(1) *Or.* 2, *nunc Or.* 1 *in Arian. t.* 1, *p.* 432 — (2) *Or.* 3, *nunc Or.* 2 *in Ar. n.* 33, *p.* 501. — (3) *De Dec. Nic. Syn. n.* 28, *p.* 230. — (4) *Or.* 3, *nunc* 2 *in Ar. n.* 33, *p.* 501. — (5) *Lib.* IV *de Trin. n.* 10, *col.* 832 *et seq.* — (6) *Lib.* VI *de Trin. n.* 10, *col.* 884.

reste, « comme il n'y a rien en Dieu de corporel, qui
» dit Dieu, le dit dans sa totalité »; en sorte qu'en
mettre *une portion*, c'est en mettre *la plénitude :*
et ainsi, qu'en disant de Jésus-Christ qu'*il est Dieu
de Dieu, comme il est lumière de lumière*, on
fait voir que *rien ne se perd dans cette génération ;*
c'est-à-dire, que tout s'y donne sans diminution et
sans partage, parce que le Fils n'est pas *une extension* de la substance du Père, mais *une seule et
même chose* avec lui.

Eusèbe de Césarée, qui étoit présent au concile,
dans la lettre qu'il écrivit à son Eglise, sur le mot de
consubstantiel, raconte qu'en proposant les difficultés
qu'il trouvoit dans cette expression et dans celle de
substance (1), on lui avoit répondu, que « sortir de
» la substance du Père, ne signifioit autre chose que
» sortir de lui, en telle sorte qu'on n'en soit pas une
» portion »; si bien qu'en tout et partout, ce fondement d'inégalité, qu'on tire de Tertullien, étoit
banni du symbole.

Mais, sans nous arrêter davantage au passage de
Tertullien, à qui il ne paroît pas que le concile ait
songé plutôt qu'à saint Hippolyte où l'on trouve la
même expression (2), ou aux autres anciens docteurs,
et à la commune tradition ; il falloit aller à la source
d'où le concile et tous les auteurs avoient puisé cette
belle comparaison de la lumière, et c'est l'apôtre saint
Paul qui dit, dans la divine Epître aux Hébreux, que
le Fils *est la splendeur et l'éclat de la gloire de
son Père* (3) ; car c'est en effet à ce passage que saint
Athanase et les autres ont perpétuellement recours
pour expliquer cette comparaison. Vouloir donc que
cette expression, *lumière de lumière*, emporte inégalité, c'est s'en prendre, non point aux Pères et à
Tertullien, mais à l'apôtre même d'où elle est venue.
Ainsi, rien n'empêche plus que toute inégalité entre
le Père et le Fils ne soit condamnée dans le symbole

_______

(1) *Soc. lib.* 1, c. v. — (2) *Hom. de Deo uno et trin. passim.*
— (3) *Heb.* 1. 3.

de Nicée. Car aussi, pourquoi hésiter à condamner une erreur que saint Paul avoit proscrite, en faisant le Fils *chose égale à Dieu, non par usurpation* (1) ou par attentat, mais en vérité et par son droit? et quelle honte au ministre de n'employer son esprit qu'à embrouiller les matières les plus claires, et à s'aveugler lui-même !

ARTICLE VII.

*Autre égarement du ministre sur le concile de Nicée, où il veut trouver ses deux prétendues nativités du Verbe.*

Mais ses erreurs, vont croissant, à mesure qu'il avance ; car, après avoir assuré que le décret du concile laisse en son entier cette criminelle inégalité, il passe outre, et il soutient que cette seconde génération, qui rend le Verbe parfait, d'imparfait qu'il étoit auparavant, loin d'avoir été condamnée par cette sainte assemblée, *est confirmée par ses anathèmes* (2).

C'est encore ici un nouveau prodige, et dans le concile de Nicée une découverte que personne, jusqu'au ministre, n'avoit jamais faite. Mais, pour voir jusqu'où peut aller le travers d'une tête qui ne sait pas modérer son feu, il faut encore considérer sur quoi il se fonde. C'est sur cet anathème du concile : « Si quelqu'un dit qu'il fut un temps que le Fils de » Dieu n'étoit pas, ou qu'il n'étoit pas avant que de » naître, et qu'il a été fait du néant, l'Eglise catho- » lique et apostolique le déclare anathème (3). » Voici donc comme le ministre raisonne (4) : La seconde proposition arienne étoit celle-ci : *Le Fils de Dieu n'étoit pas avant que de naître.* L'opposite très-catholique étoit donc qu'il étoit avant que de naître : or, cela ne pouvoit s'entendre de sa première généra-

_______________

(1) *Phil.* 11. 6. — (2) *P.* 273. — (3) *Symb. Nic. Anath. in Ep. Euseb. Cæsar. n.* 4; *in fine Op. S. Athanas. de Decr. Nic. Syn. t.* 1, *p.* 240. — (4) *P.* 277.

tion, puisque celle-là étant éternelle, il n'y avoit rien devant; il en faut donc reconnoître une autre postérieure et dans le temps, qui est celle que le ministre attribue aux Pères, et à raison de laquelle le Fils de Dieu qui est éternel, étoit avant que de naître.

C'est bien ici s'égarer dans le grand chemin, et, à force de raffiner, laisser échapper les vérités les plus palpables. Ces trois propositions des Ariens : *Il fut un temps que le Fils de Dieu n'étoit pas ; et, il n'étoit pas avant que de naître; et, il a été tiré du néant*, visiblement ne signifioient que la même chose en termes un peu différens. Saint Athanase, en parlant aux Ariens : « Lors, dit-il (1), que vous avez dit :
» *Le fils n'étoit pas avant que de naître;* cela
» signifie la même chose que ce que vous avez dit
» aussi : *Il fut un temps que le Fils n'étoit pas;*
» et l'une et l'autre de ces expressions signifie qu'il y a
» eu un temps devant que le Verbe fût. » La raison en est bien claire. Le but des Ariens étoit de dire que tout ce qui naissoit avoit un commencement, et, par conséquent, que, si le Fils de Dieu naissoit, comme on en étoit d'accord, sa naissance étoit précédée par quelque temps, et le but des catholiques étoit, au contraire, de dire que le Fils de Dieu naissoit, à la vérité, mais de toute éternité, d'un Père qui n'étoit jamais sans Fils, et, par conséquent, que le temps n'avoit point précédé cette naissance. C'est la perpétuelle application que donne saint Athanase à cette proposition des Ariens. Saint Hilaire dit aussi qu'ils se servoient des trois expressions (2) : « Il fut un temps qu'il n'étoit
» pas ; il n'étoit pas avant que de naître; et il a été
» fait du néant; parce que la nativité semblant appor-
» ter avec elle cette condition, que celui qui n'étoit
» pas commençât à être, et qu'il naquît, n'étant pas
» auparavant; ces hérétiques se servoient de cela pour
» assujétir au temps le Fils unique de Dieu. » Ainsi, vouloir trouver un autre sens dans ces anathématismes

(1) *Or.* 2 *adv. Ar. nunc Or.* 1, *n.* 11, *t.* 1, *p.* 415. —
(2) *Lib.* 11 *de Trin. n.* 11 *et alib.*

du concile, c'est y vouloir trouver un sens que les Pères de ces temps-là, et ceux même qui y ont été présens, pour ne pas ici parler de la postérité, n'ont pas connu. Et, pour comble de conviction, quoique je n'en aie peut-être que trop dit sur une si visible absurdité, je veux bien ajouter encore que les anathématismes du concile n'y ont été prononcés après le symbole, que pour proscrire les erreurs contraires à la doctrine que le concile venoit d'y établir. Le concile venoit d'établir dans le symbole, *que le Fils de Dieu étoit né devant tous les siècles.* On convient qu'il vouloit dire par là que sa naissance étoit éternelle ; puisque, dès que vous sortez de la mesure du temps, vous ne voyez plus devant vous que l'éternité. Que restoit-il donc au concile, après avoir établi l'éternité de la naissance du Fiis, que de frapper d'anathème ceux qui disoient que sa naissance fut précédée par le temps, ou, ce qui est la même chose, *qu'il n'étoit pas avant que de naître ?* Et si, comme le ministre le prétend, l'intention du concile eût été de dire que *le Fils de Dieu étoit effectivement avant que de naître,* puisqu'il a mis, comme on vient de voir, sa naissance dans l'éternité, il faudroit qu'il eût voulu dire qu'il étoit devant l'éternité, et que son être précédât l'éternité même, puisqu'il précédoit sa naissance qu'on supposoit éternelle.

Voilà des absurdités dont je puis dire, sans exagérer, que ce ministre est seul capable. Mais encore que ce qu'il pense soit si insensé qu'il ne mériteroit pas de réponse, comme j'ai affaire à un homme qui croit pouvoir soutenir et persuader au monde tout ce qui lui plaît, il faut une fois lui fermer la bouche, et faire voir au public jusqu'où il est capable de s'égarer. Si le concile de Nicée a connu et *confirmé,* comme il le prétend, ces deux prétendues naissances du Fils de Dieu, il faut faire dire à ce concile deux choses également absurdes et également opposées à ses décisions : la première, que le Fils de Dieu est né muable ; la seconde qu'il est né trois fois, au lieu de ces deux nativités connues de tous les fidèles, l'une éternelle comme Dieu; l'autre temporelle, comme homme.

Que le Fils de Dieu soit muable, dans la supposition de cette seconde nativité de M. Jurieu, on l'a vu (1), et la chose parle d'elle-même; puisque, par cette seconde nativité, qui est la *parfaite*, à comparaison de laquelle la première est une imparfaite *conception*, le Fils de Dieu *est devenu Verbe et personne parfaitement née;* ce qui n'étoit pas auparavant. Voilà donc ce qu'il faut trouver, non seulement dans les anciens docteurs, mais encore dans le concile de Nicée; puisque, loin de condamner cette doctrine, on soutient qu'*il la confirme par ses anathèmes.* Mais c'est dans ces anathèmes que je trouve tout le contraire, puisqu'il y est expressément porté : « Si quelqu'un dit que le Fils de Dieu soit capable de » changement ou de mutation, la sainte Eglise ca- » tholique et apostolique lui dénonce qu'il est ana- » thème (2) » : car il faut savoir que les Ariens, en tirant le Fils de Dieu du néant, concluoient de là que, n'étant pas immuable dans sa substance, non plus que nous, il pouvoit aussi, comme nous, recevoir quelque changement dans ses qualités ; et en un mot, qu'il étoit *d'une nature changeante.* Par une raison contraire, les Pères de Nicée concluoient que, n'étant pas tiré du *néant,* mais *de la substance de son Père,* il étoit, en tout et partout, *immuable et inaltérable* comme lui (3) ; ce qui condamne directement la prétention du ministre.

Et ce seroit, en vérité, pousser trop loin l'ignorance et la témérité, que de dire qu'on ne connut pas même alors la parfaite immutabilité de Dieu, qu'on trouve à toutes les pages, dans saint Athanase. Car il l'a fait consister en ce qu'on ne peut rien ajouter à la substance de Dieu : *Si l'on pouvoit,* dit-il (4), *ajouter à Dieu d'être Père, il seroit muable,* c'est-à-dire, il ne seroit pas Dieu; *car,* poursuit-il, *si*

____

(1) Ci-dessus, p. 23. — (2) *Symb. Nic. ubi sup.* — (3) *Epist. Alex. ad omnes Ep.* ap. *Soc.* 1. 4. — (4) *Orat.* 2 *cont. Ar. nunc Or.* 1 , *n.* 28, *p.* 433.

c'étoit un bien d'être *Père*, et qu'il ne fût pas
toujours en *Dieu*, donc le bien n'y seroit pas
toujours. Concluez de même, si c'est un bien au Fils
d'être *Verbe*, d'être personne parfaitement née et
développée, d'acquérir cette nouvelle manière d'être,
qui fait la perfection de sa naissance, et que ce bien
ne soit pas toujours en lui, le bien n'y est donc pas
toujours; d'où saint Athanase conclura qu'il n'est point
l'image du Père, s'il ne lui est pas semblable et égal,
en ce qu'*il est immuable et invariable;* car, poursuit-il (1), comment *celui qui est changeant sera-
t-il semblable à celui qui ne l'est pas?* Il n'avoit
donc garde de s'imaginer que son Père l'eût engendré
à deux fois, ou que le Fils pût acquérir quelque perfection; puisqu'il assure, au contraire, qu'il est sorti
d'abord *parfait du parfait, immuable de l'immuable,* et qu'en naissant, il tire de lui *son inva-
riabilité toute entière* (2). Et la racine de tout cela,
c'est qu'il ne vient pas du néant; car, dit-il (3),
« ce qui fait que les créatures sont d'une nature
» muable et capable d'altération, c'est qu'elles sont
» tirées du néant, et passent du non-être à l'être »;
ce qui fait qu'ayant changé dans leur fond, elles
peuvent aussi changer dans tout le reste. « Mais,
» au contraire, poursuit-il, le Fils de Dieu étant né
» de la substance de son Père, comme on ne peut pas
» dire sans impiété que d'une substance immuable,
» il se tire un Verbe changeant, il faut que le Fils de
» Dieu soit autant inaltérable que son Père même »;
à cause visiblement qu'il ne pouvoit rien naître que
de parfait d'une substance aussi parfaite que celle de
Dieu, et que, s'il y naissoit quelque chose d'imparfait
ou de muable, comme on suppose que seroit son Fils,
il porteroit son imperfection et sa mutabilité dans la
substance de Dieu où il seroit reçu.

Qu'un homme qui raisonne ainsi, et qui pose de

(1) *Orat. 2 cont. Ar. nunc Or.* 1, *n.* 28, *p.* 433 — (2) *Ath.
Exp. fid. et de Dec. Nic. ubi sup.* — (3) *Or.* 2 *adv. Ar. n.* 29,
*p.* 433 *et seq.*

tels principes, ait pu, étant à Nicée, y avoir appris, comme le veut M. Jurieu, qu'il faille faire naître deux fois le Fils de Dieu, comme Dieu, afin qu'à sa seconde naissance, il acquît ce qui manqueroit à la première, ce seroit un prodige de le penser. Au contraire, si ce grand homme étoit encore au monde, il diroit à notre ministre : Si le Verbe venoit du néant, les Ariens auroient raison de le faire *changeant et flexible* comme nous le sommes (1) ; et de conclure ses changemens accidentels, de celui qui lui seroit arrivé dans sa substance : si donc vous lui attribuez un changement, quel qu'il soit, vous le faites, comme eux, sortir du néant. Que si vous dites qu'il a pu changer une seule fois, à la création du monde, et que sa nature ne résiste pas universellement à toute altération, pour petite qu'on l'imagine, saint Athanase vous demandera, comme il demandoit aux Ariens, *quelles bornes vous voulez donner à ces changemens;* s'il a changé une fois, quelle raison trouvez-vous de ne le pas faire muable jusqu'à l'infini? C'est donc, continue ce Père, *une impiété et un blasphème* d'admettre dans le Fils de Dieu la moindre mutation; puisque la moindre, qui seroit déjà en elle-même un grand mal, auroit encore celui de lui en attirer d'infinies.

Et c'est aussi en cela, poursuit ce grand homme, qu'il est égal à Dieu, comme dit saint Paul, et en tout semblable à son Père. Car ce que dit le même apôtre, dans le même lieu, que le Fils de Dieu *sera exalté* (2), ne peut pas lui convenir en tant qu'il est Fils de Dieu, puisqu'à cet égard, rien ne lui manque. « Il » est parfait, dit saint Athanase, il n'a besoin de rien; » il est si haut et si semblable à son Père, qu'on n » peut rien lui ajouter. » C'est donc selon la nature humaine seulement, qu'il peut être élevé plus haut; et dire qu'il puisse être élevé comme Fils de Dieu, *c'est une diminution de la substance du Verbe.* Voilà les idées des Pères qui ont assisté au concile de

______

(1) *Or. 2 adv. Ar. n. 29, p.* 433 *et seq.* — (2) *Phil.* 11. 6.

Nicée, et celles de saint Athanase qui en étoit l'âme. Mais, s'ils se représentoient le Fils de Dieu comme attendant avec le temps, et dans une seconde nativité, sa dernière perfection, il ne seroit pas, par sa nature, incapable d'être mis plus haut, même comme Dieu, ni sans besoin et sans défaut de toute éternité; puisqu'il auroit eu encore à devenir Verbe, de sagesse qu'il étoit auparavant, c'est-à-dire, sans difficulté, à devenir quelque chose de plus parfait et de plus formé qu'il n'avoit été jusqu'alors. Que dira M. Jurieu? Il faudra dire que c'étoit là le sentiment de saint Athanase, mais non pas celui du concile de Nicée; et que ce Père n'a pas entendu les définitions qu'on y faisoit avec lui, et par ses lumières.

Mais voici encore un autre Père de ce saint concile; c'est saint Alexandre d'Alexandrie, l'évêque de saint Athanase, celui qui excommunia Arius et ses sectateurs. *Comme le Père est parfait*, dit-il, *sans que rien puisse manquer à sa perfection*, il ne faut pas *dégrader ou diminuer le Verbe*, ni dire que rien lui manque, ou que rien lui puisse manquer en quelque état qu'on le considère (car le mot grec signifie tout cela); puisqu'*étant d'une nature immuable, il est parfait et en toutes façons sans défaut et sans besoin* (1). C'est ce que dit ce grand personnage; et, comme saint Athanase, il fonde son raisonnement sur ce que le Fils de Dieu n'est point tiré du néant, mais de la substance de son Père; d'où ce grand évêque conclut, qu'on ne peut lui rien ajouter, et finit son raisonnement par cette demande: *Que peut-on donc ajouter à sa filiation, et que peut-on ajouter à sa sagesse?* Mais M. Jurieu lui répondroit, selon la doctrine que ce ministre veut attribuer au concile de Nicée, qu'on peut ajouter à sa sagesse de le faire devenir Verbe, qui est quelque chose de plus formé; et qu'on peut ajouter *à sa filiation* ce dernier trait, qui le fait une personne *parfaitement née*, et parvenue à son *être parfait*.

(1) *Alex. Alexandrin. Ep. ad Alexand. Constantinop. Ed. Lab. t.* III, *col.* 11 *et seq.*

Telle est la doctrine que ces grands personnages, saint Alexandre d'Alexandrie, et saint Athanase alors son diacre et depuis son successeur, portèrent au concile de Nicée. Saint Hilaire n'en dit pas moins qu'eux; puisque partout il conclut pour l'immutabilité du Verbe, égale à celle du Père : et on veut après cela que nous croyions qu'on a confirmé à Nicée ces deux nativités qui mettent un changement dans sa personne; et que les Pères de ce saint concile n'aient pas eu, non plus que les autres, cette idée parfaite de l'immutabilité, que nous avons aujourd'hui.

### ARTICLE VIII.

*Suite des égaremens du ministre, qui fait établir au concile trois naissances du Fils de Dieu, au lieu des deux qu'il confesse; l'une du Fils comme Dieu, et l'autre comme homme.*

Quand il n'y auroit que ces trois naissances qu'il faudroit faire attribuer à Jésus-Christ par le concile, c'en seroit assez et trop pour confondre le ministre : car il faudroit dire au pied de la lettre que Jésus-Christ est né trois fois, deux fois comme Dieu, et une fois comme homme. Mais où les Pères de Nicée auroient-ils pris ces trois naissances ? Lorsqu'ils firent leur symbole, ils avoient devant les yeux le commencement de l'Evangile de saint Jean, où ils rencontroient d'abord cette naissance éternelle que les Ariens contestoient au Fils de Dieu : *Au commencement le Verbe étoit, et le Verbe étoit en Dieu, et le Verbe étoit Dieu* (1). Le voilà Dieu, *Fils unique de Dieu,* toujours *dans le sein de son Père* (2), comme il est expliqué un peu au-dessous. Après cette première et éternelle naissance, ils ne trouvoient que celle où il s'est fait homme; *et le Verbe a été fait chair* (3). Ils n'avoient donc garde de penser à une troisième naissance également réelle :

_______

(1) *Joan.* 1. 1. — (2) *Ibid.* 14, 18. — (3) *Ibid.* 14.

et c'est pourquoi, en suivant le même ordre et le même progrès que saint Jean, ils disent du Fils de Dieu, à son exemple, qu'*il est né avant tous les siècles, de la substance de son Père :* d'où ils passent incontinent à la seconde naissance; *et il a été fait homme,* sans songer seulement à cette troisième qu'on voudroit aujourd'hui leur faire confirmer.

Un prophète, avant l'évangéliste, avoit prédit ces deux nativités. Michée dans cette admirable prophétie, qui étant rapportée dans saint Matthieu (1), étoit continuellement à la bouche et devant les yeux de tous les fidèles, avoit dit : *Et toi, Bethléem, le conducteur d'Israël sortira de toi :* mais de peur qu'on ne s'arrêtât à cette naissance humaine, sans vouloir croire que le Sauveur sortît de plus haut, il ajoute : *et sa sortie est dès le commencement, dès les jours éternels* (2). L'évangéliste et le prophète s'accordent à raconter comme d'une voix ces deux nativités du Sauveur; l'une dans l'éternité, et l'autre dans le temps; l'une comme Dieu, et l'autre comme homme : et la seule différence qu'il y a entre eux, c'est que l'un, comme historien, commence par la naissance éternelle, d'où il descend à la temporelle; et l'autre, conduit d'abord par le Saint-Esprit à la crèche de Bethléem où il contemple Jésus-Christ nouvellement né du sein de sa Mère, s'élève jusqu'au sein du Père éternel où il étoit engendré devant tous les temps. Mais dans ce progrès admirable, ni l'un ni l'autre ne trouve, pour ainsi parler, en son chemin cette troisième nativité qu'on veut être si parfaite; et le concile de Nicée, qui les suit tous deux, n'en fait non plus nulle mention, mais passe seulement, comme eux, de la naissance éternelle à la temporelle. Car aussi n'y ayant en Jésus-Christ que deux natures, il pouvoit bien naître deux fois, mais non pas davantage : et le faire naître deux fois selon sa nature divine, comme si le Père éternel n'avoit

(1) *Matth.* II. 6. — (2) *Mich.* V. 2.

pas pu tout d'un coup l'engendrer parfait, c'est attribuer au Père et au Fils tant de changement, et tout
ensemble tant d'imperfection et tant de foiblesse,
qu'une telle absurdité n'a pu entrer dans l'esprit
d'aucun homme de bon sens, pour ne pas dire d'un
si grand concile.

Il est vrai que nous trouvons dans la lettre d'Arius
à saint Alexandre son évêque, que quelques uns, dont
les noms ne sont pas venus jusqu'à nous, furent assez
insensés pour avoir dit en parlant du Fils de Dieu,
qu'*étant auparavant, il avoit été dans la suite
engendré et créé pour être Fils :* mais nous lisons
dans le même endroit, qu'*Alexandre les rejeta en
pleine Eglise* (1) : et maintenant M. Jurieu prétend
qu'une si ridicule imagination que saint Alexandre
avoit rejetée en pleine Eglise, ait été confirmée en
plein concile, le même Alexandre présent, et ayant
dans ce saint concile une autorité si éminente.

Le ministre est donc convaincu d'avoir calomnié,
non plus des docteurs particuliers, mais tout un
concile œcuménique ; et encore quel concile ? Celui
que les chrétiens ont toujours le plus révéré, et celui
qu'on reçoit expressément dans la profession de foi
des Prétendus Réformés, puisqu'on y lit ces paroles :
Nous avouons les trois symboles, *des Apôtres, de
Nicée et d'Athanase, pour ce qu'ils sont con-
formes à la parole de Dieu* (2). Mais aujourd'hui
un ministre de cette société, et celui à qui on remet
d'un commun accord la défense de la cause, entreprend de convaincre le symbole de Nicée d'avoir pris
le prétendu sens de Tertullien, pour induire l'inégalité
des Personnes : et, afin qu'il ne restât rien d'entier
dans ce saint concile, il veut que ses anathèmes
*aient confirmé* une seconde naissance du Fils de
Dieu comme Dieu, pour suppléer au défaut et à l'imperfection qu'il reconnoît dans la première. C'est
ainsi qu'il reçoit la foi de Nicée comme conforme à
l'Ecriture.

(1) *Ap. Ath. de Syn. et Hil. lib.* IV *de Trin.* — (2) *Art.* 5.

Il ne faut donc pas s'étonner si la foi de Nicée lui paroît informe, puisqu'on y trouve encore tant d'arianisme. Mais celle des autres conciles ne lui paroîtra pas plus parfaite, puisqu'on les commence toujours par y confirmer la foi de Nicée, et à la poser pour fondement. Ne lui parlons pas davantage sur cette matière. Car enfin, après avoir fait arianiser non seulement les saints Pères et l'Eglise des trois premiers siècles, mais encore le concile de Nicée; entêté comme il est de sa seconde naissance, il la trouvera partout. Il soutiendra à David que c'étoit de cette naissance qu'il vouloit parler, lorsqu'il faisoit dire au Père éternel : *Je t'ai engendré devant l'aurore* (1); car la première naissance n'étoit qu'une conception et un vain effort du Père qui n'avoit pu tout-à-fait enfanter son Fils. Saint Jean ne s'en sauvera pas ; et, lorsqu'il a dit : *Au commencement le Verbe étoit*, il faudra encore l'entendre de la seconde nativité ; puisque dans la première il n'étoit pas Verbe, et qu'il n'étoit qu'une sapience qui attendoit à devenir Verbe avec le temps. Et, sans exagération, il faut bien qu'il trouve en son cœur ces interprétations soutenables ; puisqu'il veut que ces prétendus arianisans ne puissent pas être réfutés par l'Ecriture; ou c'est qu'il ne pense pas à ce qu'il écrit, et qu'il ne faut plus prendre garde à ses vains discours.

## ARTICLE IX.

### *Sur la distinction que fait le ministre entre la foi de l'Eglise et la théologie des Pères.*

Il est maintenant aisé de voir combien il impose au monde par sa belle distinction de théologie et de foi, dont il fait tout le dénoûment de son système. Il n'ose dire que l'Eglise ait varié dans sa foi, du moins sur des articles si fondamentaux; et il impute les erreurs des Pères, non pas à leur foi qui ne changeoit

(1) *Ps.* cix. 3.

pas, mais à leur théologie toujours variable. Il voudroit me faire accroire que cette rare distinction de théologie et de foi m'est inconnue. « Il faut, dit-il (1), » avoir le cœur fait comme l'évêque de Meaux, pour » se moquer comme il fait de la distinction que j'ai » dit qui est entre la foi de l'Eglise et la théologie » de ses docteurs. » Visiblement il donne le change. Où a-t-il pris que je me moquasse d'une distinction si reçue? Je la reçois comme tout le monde : je reconnois de la différence entre la foi qui propose aux fidèles des vérités révélées, et la théologie qui tâche de les expliquer; et je sais (car aussi qui ne le sait pas?) que ces explications ne sont pas de foi. Ce que j'ai dit à M. Jurieu, ce que je lui dis encore, et ce qu'il fait semblant de ne pas entendre, c'est que cette distinction ne lui sert de rien. Car je lui demande, encore un coup, comme j'ai fait dans le premier Avertissement (2), si ce qu'il appelle théologie des anciens, « étoit une explication qui laissât en son » entier le fond des mystères, ou bien une explication qui les détruisît en termes formels? Ce n'étoit » pas, poursuivois-je, une explication qui laissât en » son entier le fond des mystères; puisqu'on lui a » démontré que selon lui c'étoient les choses les plus » essentielles, que les anciens ignoroient »; comme sont dans les lettres de l'année passée la distinction éternelle des trois Personnes divines; et encore dans celle-ci leur égalité parfaite et l'immutabilité de l'être de Dieu. C'est donc le fond des mystères et des vérités catholiques que le ministre fait nier aux anciens : et il faut ou ne rien prouver, ou attribuer ces explications, c'est-à-dire ces ignorances et des erreurs si grossières non point aux particuliers, mais à l'Eglise elle-même; puisque c'étoient des variations non pas des particuliers, mais de l'Eglise en corps, dont il s'agissoit entre nous.

C'est à quoi il faudroit répondre, et non pas soutenir toujours que la foi de l'Eglise étoit entière,

____

(1) *Pag.* 170. — (2) *I. Avert. p.* 28.

pendant que la théologie du siècle y étoit directement
opposée. Encore s'il n'attribuoit cette fausse théologie
qu'à quelques Pères : « Mais, dit-il (1), je n'en
» excepte aucun ; c'étoit la théologie de tous les
» anciens avant le concile de Nicée » ; et c'étoit la
théologie même du concile de Nicée : puisque, loin
de la condamner, ce grand concile la confirme par
ses anathèmes.

ARTICLE X.

*La mauvaise foi du ministre dans les passages
qu'il produit des saints docteurs des trois premiers siècles.*

Une si visible calomnie faite en matière si grave
au plus saint concile qu'ait vu la chrétienté depuis
les apôtres, et à toute l'Eglise catholique qu'il re-
présentoit, vous peut faire juger, mes Frères, de
celles qu'il aura faites aux saints docteurs du troisième siècle. Il voudroit ici m'obliger à lui répondre
passage à passage, *et à reprendre les textes des
Pères qu'il a produits* contre moi (2) : mais pourquoi ce long examen ? Pour réfuter ce qu'il disoit,
que les Personnes n'étoient pas distinctes de toute
éternité, ou que le Verbe n'étoit qu'un germe et une
semence qui devoit s'avancer avec le temps à une
existence actuelle ? mais il le réfute lui-même à présent, et il se dédit de ces absurdités. Que veut-il
donc que je réfute ? Son *développement* qui ne vaut
pas mieux, et dont il se dédira quand cet écrit lui en
aura fait voir l'extravagance, s'il peut trouver quelque autre moyen de sauver les variations de l'ancienne Eglise ? Quand il saura bien ce qu'il veut dire,
et que son système aura pris sa dernière forme, il
sera temps de le réfuter, si le cas le demande : mais
après tout je lui soutiens que cette discussion
n'est pas nécessaire entre nous. Il impute mon silence à foiblesse ; et il me reproche qu'au lieu de ré-

______

(1) *Tab. Lett.* VI, *p.* 25. — (2) *Ibid. p.* 284, 288.

pondre à ses passages et à toutes ses conséquences qu'il a réfutées lui-même, je n'en sors que par un *hélas* (1)! en vous disant d'un ton plaintif: « Hélas ! » où en êtes-vous, si vous avez besoin qu'on vous » prouve que les articles les plus essentiels, même » la Trinité et l'Incarnation, ont toujours été recon- » nus par l'Eglise chrétienne ! » Il est vrai, voilà mes paroles (2); voilà cet *hélas !* dont il se moque. Il ne veut pas qu'il me soit permis de déplorer les tristes effets de la Réforme, qui ouvre tellement son sein à toutes sortes d'erreurs, qu'elle a besoin qu'on lui prouve les premiers principes. Mais si l'*hélas !* lui déplaît, voyons comme il répondra au raisonnement.

En vérité, étois-je obligé à prouver à M. Jurieu et aux Prétendus Réformés ce qu'ils supposent avec moi comme indubitable ? Le ministre ne le dira pas. Je ne suis pas obligé de prouver aux Luthériens la présence réelle, ni aux Sociniens la venue et la mission de Jésus-Christ, ni aux Calvinistes la Trinité et l'Incarnation : autrement, ce seroit vouloir disputer sans fin, contre le précepte de l'apôtre, et renverser les fondemens qu'on a posés. Cela est clair : passons outre. Le mystère de la Trinité étant, comme il est, le fondement de la foi, par conséquent il est un de ceux qu'on a toujours crus. M. Jurieu en convient. « C'est, dit-il (3), une calomnie que le ministre » Jurieu ait nié que les mystères de la Trinité et de » l'Incarnation fussent connus aux Pères. » Et il ajoute, « qu'il s'agit uniquement de savoir comment » les anciens ont expliqué la manière de la géné- » ration du Fils. » Voilà donc sa résolution : que les Pères ont connu le fond du mystère, en sorte que leur erreur ne tombe que sur les manières de l'expliquer. Et si je montre au ministre que l'erreur qu'il leur attribue ne regarde pas les manières, mais le fond; il ne faudra pour le réfuter sans autre discus-

(1) *Tab. Lett.* VI, *p.* 288. — (2) *I. Avert. p.* 33. — (3) *P.* 209.

sion, que l'opposer à lui-même : mais la chose est déjà faite et incontestable. Le mystère de la Trinité, c'est l'éternelle co-existence de trois Personnes distinctes, égales et consubstantielles ; et quelque partie qu'on rejette de cette définition, on nie le fond du mystère : or est-il que le ministre Jurieu a fait nier clairement aux Pères des trois premiers siècles, la distinction, la co-existence, et l'égalité des trois Personnes divines, comme on a vu ; par conséquent il leur fait nier le fond du mystère.

Dites-moi, qu'y a-t-il de foible dans ce raisonnement ? Est-ce qu'il faut toujours tout prouver à tout le monde, et même tout ce dont on convient ? C'est s'opposer directement à saint Paul, qui ne veut pas que les disputes soient *interminables, mal entendues et sans règles :* mais qui ordonne en termes exprès que *nous persistions dans les mêmes sentimens* (1), et que nous marchions ensemble dans les mêmes choses *où nous sommes déjà parvenus, demeurant fermes dans la même règle en attendant que Dieu révèle le reste* (2) à ceux qui ne l'ont pas encore connu. J'ai donc dû, mes très-chers Frères, marcher avec vous dans la foi de la distinction, de l'égalité, de l'éternelle coexistence des trois Personnes divines, comme dans la foi d'un mystère toujours confessé dans l'Eglise : et m'obliger à vous prouver la perpétuité de cette foi, c'est m'obliger à vous traiter comme si vous étiez Sociniens ; c'est contre le même saint Paul *vous ramener au commencement de Jésus-Christ, et jeter de nouveau le fondement que nous avions posé ensemble* (3).

C'est encore la même erreur à M. Jurieu de vouloir me faire prouver que Dieu soit spirituel, qu'il soit immuable, et que ces attributs divins aient toujours été crus comme essentiels à la religion ; car par sa Confession de foi il doit le croire autant que nous, comme on a vu (4). La même Confession de foi

(1) *I. Tim.* 1. 4, 2. 11. 23. — (2) *Phil.* 111. 15, 16. — (3) *Heb.* vi. 1. — (4) *Conf. Art.* 1.

reconnoît aussi *l'égalité de trois Personnes* (1) ;
et c'est là encore un de ces fondemens, dont le ministre suppose avec moi que l'Eglise n'a jamais douté.
S'il le fait aujourd'hui révoquer en doute , non par
deux ou trois docteurs, mais par tous ceux des trois
premiers siècles, et même par le concile de Nicée,
et qu'il ébranle tous les fondemens que nous avons
posés jusqu'à présent ensemble, je suis en droit de le
rappeler à nos principes communs. Qu'il prenne donc
son parti ; qu'il se déclare ouvertement contre la perpétuité de la foi de l'immutabilité, de la spiritualité,
de la perfection toujours égale des trois Personnes
divines ; alors je le combattrai comme Socinien : mais
tant qu'il sera Calviniste, je ne suis obligé à lui opposer que sa propre Confession de foi. Si j'en ai fait davantage, c'est par abondance de droit, et pour l'ins-
truction de ceux qui cherchent la vérité de bonne
foi.

C'est néanmoins sur ce fondement, et parce que
je n'ai pas voulu faire un volume pour prouver par
tous les anciens ce qui devoit être constant entre
nous, que le ministre me reproche mon ignorance (2).
Mais puisqu'il me force à entrer dans cette carrière ;
sans m'engager à une trop longue discussion, j'espère trouver le moyen de faire toucher au doigt sa
mauvaise foi. Qu'ainsi ne soit : il nous vante saint
Hippolyte ; et non seulement il n'est pas pour lui,
mais encore il lui fera perdre tous ceux qu'il croyoit
avoir, puisqu'il nous donne le dénoûment pour les
expliquer. Il en produit ces paroles de l'Homélie qu'il
a composée, *De Deo uno et trino :* « Quand Dieu
» voulut, et de la manière qu'il voulut, il fit pa-
» roître, dans le temps qu'il avoit défini, son Verbe,
» par lequel il a fait toutes choses. » En entendant
ces paroles suivant la nouvelle idée d'une seconde
naissance , le ministre présuppose le Verbe déjà
né pour la première fois et actuellement existant de
toute éternité : il ne faut donc pas lui prouver ce

_____________

(1) *Art.* 6. — (2) *Tab. Lett.* vi, *p.* 265.

qu'il avoue avec nous; et il n'y a qu'à lui faire voir que cette seconde naissance n'est que la manifestation au dehors du Verbe divin, et précisément la même chose que nous appelons aujourd'hui l'opération au dehors, par laquelle Dieu manifeste au dehors et lui et son Verbe. La preuve en est sensible par ces paroles : « Quand Dieu voulut, et de la manière qu'il » voulut, il fit paroître son Verbe » ; et s'il reste quelque équivoque dans le mot de faire paroître, qui dans le grec quelquefois signifie produire, elle est ôtée par toute la suite ; car le martyr continue : «Celui » qui fait ce qu'il veut, quand il pense, il accomplit » *son dessein;* quand il parle, il le montre; quand » il forme *son ouvrage,* il met au jour sa sagesse » ; et un peu après : « Il engendroit donc le Verbe ; et » comme il l'avoit en lui-même où il étoit invisible, » il l'a fait visible en créant le monde. » L'engendrer en cet endroit n'est donc autre chose que le faire paroître au dehors : ce n'est là ni un nouvel être ni rien de nouveau dans le Verbe : c'est de même qu'un architecte, qui ayant en son esprit son idée comme le plan intérieur de son bâtiment, que personne ne voyoit que lui dans sa pensée, le rend visible à tout le monde, l'enfante, pour ainsi dire, et le met au jour quand il commence à élever son édifice. Tel est cet enfantement et cette génération du Verbe. Tout y regarde la créature à qui il devient visible, de la même manière que *les perfections invisibles de Dieu sont vues dans ses œuvres* (1). Le Verbe ne change non plus que son Père, même dans cette manifestation; et cette manifestation est attribuée spécialement au Verbe divin, parce qu'il est l'idée éternelle de cet architecte invisible : à quoi il faut ajouter, en suivant la comparaison, que comme l'architecte parle et ordonne, et que tout se range à sa voix qui n'est que l'expression, et comme la production au dehors de sa pensée ; ainsi Dieu est représenté dans l'Ecriture comme proférant une parole, qui n'est

_______

(1) *Rom.* 1, 20.

autre chose que son Verbe manifesté et exprimé au dehors. C'est aussi ce qui fait dire à saint Hippolyte, que Dieu en prononçant cette parole, qui fut la première qu'il ait proférée, *Que la lumière soit, engendra de sa lumière,* qui étoit le fond de son essence, *la lumière* qui étoit son Verbe, c'est-à-dire, comme on vient de voir, le produisit au dehors ; et pour user de ses propres termes, *produisit à la créature son Seigneur :* car sans doute il n'en étoit le Seigneur qu'après qu'elle fut ; et, à parler proprement, le rien n'a pas de Seigneur. Par là, continue le saint, « Dieu rendit visible au monde celui qui n'étoit » visible qu'à lui, et que le monde ne pouvoit » pas voir ; afin qu'en le voyant après qu'il est » apparu, il fût sauvé. » Voilà donc le dénoûment que j'avois promis : toute cette production n'est que la manifestation du Verbe ; c'est la manière dont on expliquoit alors ce que nous appelons à présent l'opération au dehors, sans altération et sans changement de ce qui étoit au dedans. Et lorsque le martyr ajoute après, *que Dieu par ce moyen eut un assesseur distingué de lui,* il fait une allusion manifeste à cette sagesse dont avoit parlé Salomon, qui fut *son inséparable assistante quand il préparoit les cieux et qu'il arrangeoit le monde qu'elle composoit avec lui* (1); non que ce Verbe ou cette sagesse commençât alors : c'est ce qu'on ne voit nulle part; elle commença seulement d'être *l'assistante* du Père, c'est-à-dire, d'être associée à son opération extérieure, que le saint appelle toujours manifestation, en disant que ce Verbe qui est au dedans *la pensée et le sens de Dieu,* à la manière qu'on a expliquée (2), *en se produisant au monde avoit été montré le Fils de Dieu.* C'est par où conclut le martyr; où il est infiniment éloigné de ce nouvel être qu'on veut lui faire donner au Verbe : puisque tout son discours aboutit non à le faire être ou à le faire changer en quelque sorte que ce soit,

(1) *Prov.* VIII. 27, 30. — (2) Ci-dessus, *p.* 43.

mais à montrer qu'il avoit paru tel qu'il étoit, comme étant cette Sagesse *qui renouvelle toutes choses en demeurant toujours la même* (1) ; et, afin de nous en tenir aux expressions de notre martyr, comme étant ce Verbe toujours parfait, dont avant comme après son Incarnation, « la divinité est infinie, incom-
» préhensible, impassible, inaltérable, immuable, puis-
» sante par elle-même, et le seul bien d'une perfection et
» d'une puissance infinie (2) » ; à qui pour cette raison il adresse en un autre endroit cette parole : « Vous
» êtes celui qui êtes toujours : vous êtes comme
» votre Père sans commencement et co-éternel au
» Saint-Esprit (3). » Faites-lui dire après cela que le Verbe change, ou que comme un germe imparfait il attend sa perfection d'une seconde naissance ?

Voilà donc déjà un passage dont le ministre abusoit, qui devient un dénoûment de la question : en voici un autre dont il abuse encore davantage (4), et dont néanmoins nous tirerons une nouvelle lumière. C'est celui d'Athénagore, philosophe athénien, et l'auteur d'une des plus belles et des plus anciennes apologies de la religion chrétienne. Pour l'entendre, il faut supposer que ce philosophe chrétien, ayant à répondre au reproche de l'athéisme qu'on faisoit alors aux fidèles, donne aux païens une idée du Dieu parfaitement un que les chrétiens servoient en trois Personnes ; et leur expose, sur le mystère de la Trinité, ce qu'ils en pouvoient porter d'abord. Son discours a trois parties. Il commence à exposer, dans la première, qu'il n'y a point d'inconvénient que Dieu ait un Fils ; parce qu'il ne faut pas s'en imaginer la naissance à la manière de celle des enfans des dieux dans les fables. « Mais le Fils de Dieu, dit cet au-
» teur (5), est le Verbe ou la raison du Père en idée,
» en opération ou en efficace ; car par ce Verbe ont
» été créées toutes choses : le Père et le Fils n'étant

______

(1) *Sap.* VII. 27. — (2) *Hipp. cont. Ber et Hel. in collect.
Anast. Ed. Fabric. Hamb.* 1716, *p.* 226.—(3) *De Antich. Bibl.
PP.* t. XII, *n.* 605. — (4) *Lett.* VI *de* 1682, *p.* 43. — (5) *Ath.
Leg. pro Christ. n.* 1 ; *ad calc. Op. S. Just. p.* 286 *et seq.*

» qu'un, et le Fils étant dans le Père comme le Père
» est dans le Fils, par l'unité et par la vertu de l'Es-
» prit; c'est ainsi que l'intelligence ou la pensée et la
» parole du Père est le Fils de Dieu. » Voilà une
belle génération que ce docte Athénien nous représente
dans la première partie de ce passage. Si l'on veut
voir maintenant la traduction du ministre, dans sa
lettre de 1689 (1), tout y paroîtra défiguré : on y
verra l'unité du Père et du Fils supprimée, et ce qui
regarde le Saint-Esprit tellement déguisé, qu'on ne
l'y reconnoît plus. Mais, comme il s'est réveillé et
qu'il a réformé sa version dans son Tableau (2), par-
donnons-lui cette faute, qui demeure seulement en
témoignage de la négligence extrême avec laquelle il
avoit d'abord jeté ce passage sur le papier. Voici la
suite et la seconde partie du discours d'Athénagore,
qui, après avoir parlé plus en général de la personne
du Fils et de la manière dont le monde avoit été créé
par lui, achève d'en donner l'idée autant qu'il falloit
en ce lieu, par des paroles que le ministre traduit en
cette sorte : « Que si, par la pénétration de votre
» esprit, vous croyez être capables de contempler ce
» que c'est que le Fils, je vous le dirai en peu de
» paroles. La première génération est au Père, qui
» n'est point engendré. Car dès le commencement
» Dieu étant un entendement éternel, a eu son Verbe
» en soi-même ; parce qu'il étoit toujours raisonnable.
» Mais il étoit ( ce Verbe ) comme couché et courbé
» sur les choses matérielles destituées de forme :
» quand il a mêlé les choses spirituelles avec les plus
» grossières, s'avançant en forme et en acte, c'est-à-
» dire, ajoute le traducteur, en venant à une exis-
» tence actuelle. » Telle est la traduction du ministre.
Il n'y a point de difficulté dans la première période ;
mais le reste n'a ni sens, ni construction : jamais philosophe n'avoit tenu de discours si peu suivi, et
jamais, pour un Athénien, rien n'avoit été plus
obscur. Car que veut dire *ce Verbe couché et courbé*

(1) *Lett.* VI, *p.* 43. — (2) *Tab. Lett.* VI, *p.* 130.

sur la matière, dont aussi il n'y a nulle mention dans l'auteur? Pourquoi, au lieu *des choses légères,* mettre les choses *spirituelles,* dont il n'étoit pas question? Et que signifie ce mélange *des choses spirituelles avec les grossières?* Que veut dire aussi cette belle phrase : *La première génération est au Père, qui n'est point engendré?* Il est encore bien certain que l'original n'a point *engendré,* mais *fait :* ce que je ne prouve pas, parce que le ministre en convient, et qu'il a encore réformé cette fausseté dans son Tableau (1). Mais le reste, à quoi il n'a pas touché, est inexcusable, comme on le va découvrir dans notre version que voici : « Si vous croyez pouvoir com-» prendre ce que c'est que le Fils, je vous dirai qu'il » est la première production de son Père, non pas » qu'il ait été fait, puisque dès le commencement » Dieu étant une intelligence éternelle, et étant tou-» jours raisonnable, il avoit toujours en lui-même sa » raison (ou son Verbe) : mais à cause que ce Verbe » ayant sous lui, à la manière d'un chariot (qu'il » devoit conduire), toutes les choses matérielles, la » nature informe et la terre, les choses légères étant » mêlées avec les épaisses (et la nature étant encore » en confusion), il s'étoit avancé pour en être l'acte et » la forme. » Il n'y a rien là que de suivi; car, après avoir observé que le Fils étoit la production de son Père, il étoit naturel d'ajouter qu'il en étoit la pro-duction, non pas comme une chose faite, γενόμενον, ce que le ministre avoit supprimé; mais comme étant toujours naturellement en qualité de raison, en Dieu, qui est tout intelligence. Le reste ne suit pas moins bien. La matière ou les premiers élémens, comme un chariot encore mal attelé et sans conducteur, étoient soumis au Verbe de Dieu, qui en alloit prendre les rênes : et *toutes choses étant mêlées,* le Verbe s'étoit avancé, non pour acquérir *l'existence actuelle,* que le ministre à toute force vouloit lui donner (car il l'avoit éternelle et parfaite dans le sein de Dieu, comme

_______________

(1) P. 130.

la raison et le Verbe de cette éternelle intelligence ),
mais pour être *l'acte et la forme*, le moteur, le
conducteur et l'âme, pour ainsi parler, de la nature
confuse. Rien ne se dément là-dedans : c'est une allusion manifeste au commencement de la Genèse, où
nous voyons pêle-mêle le ciel et la terre, avec le
souffle porté dessus; ce qu'Athénagore exprimoit par
le mélange confus des choses légères et épaisses.
Quand le Verbe s'avance ensuite pour débrouiller ce
mélange, c'est encore une allusion à la parole que
Dieu prononça pour faire naître la lumière, le firmament et le reste; car tous les anciens sont d'accord
que cette parole est le Verbe même comme exprimé
au dehors par son opération extérieure, ainsi qu'on a
vu. De cette sorte, tout étoit confus avant que le
Verbe parût, et tout se range en son lieu à sa présence.
C'est donc lui qui, étant déjà le Verbe de Dieu comme
*son idée et son efficace*, ainsi qu'Athénagore le venoit
de dire, devient *l'idée ou la forme et l'acte* de cette
matière confuse vers laquelle il s'avance pour l'arran-
ger ; ce qui est infiniment éloigné de cette existence
actuelle qu'on veut lui donner à lui-même.

On voit dans ces expressions ce qu'on a vu dans
celles de saint Hippolyte, c'est-à-dire, cette opération
au dehors qui est spécialement attribuée au Verbe,
pour montrer que Dieu n'agit point par une aveugle
puissance, mais toujours par intelligence et par sagesse ; et c'est ce qui est encore exprimé dans les paroles
suivantes, qui font la troisième partie du passage
d'Athénagore. Après avoir exposé comme le Verbe
s'avance par son opération vers la matière confuse
pour la former, il prouve son exposition par l'Ecriture en cette sorte : *Et*, dit-il, *l'esprit prophétique
s'accorde avec mon discours, lorsqu'il dit* ( ou
lorsqu'il fait dire au Verbe, dans les Proverbes de
Salomon ) : *Le Seigneur m'a créé le commencement de ses voies* (1). Le ministre traduit cet endroit,
dont il croit pouvoir se servir pour son dessein, à

_______________

(1) *Prov.* VIII. 21.

cause du terme de création qui sembloit induire dans le Verbe une nouvelle existence au commencement de l'univers, ainsi que le ministre le pensoit alors ; mais il supprime le reste du passage d'Athénagore, qui auroit fait voir le contraire. Cet auteur poursuit donc ainsi : « L'esprit prophétique s'accorde avec mon dis- » cours, lorsqu'il dit : Dieu m'a créé... Et, quant à ce » qui regarde ce même esprit prophétique qui agit » dans les hommes inspirés, nous disons qu'il est une » émanation de Dieu, et qu'en découlant de lui ( sur » les prophètes qu'il inspire ), il retourne à lui par » réflexion, comme le rayon du soleil. » C'est en effet le propre de l'inspiration de nous ramener à Dieu, qui en est la source, comme de l'Esprit qui la donne ; par où l'on voit clairement que, sans parler de l'émanation éternelle du Saint-Esprit, où les païens à qui il écrit n'auroient rien compris, Athénagore fait connoître cette Personne divine par son émanation et son effusion temporelle sur les prophètes, c'est-à-dire, par l'opération qu'elle y exerce ; comme il venoit de faire connoître le Verbe par celle qu'il exerçoit dans la création de l'univers : ce qu'il finit en disant : « Qui » ne sera donc étonné qu'on nous fasse passer pour » athées, nous qui reconnoissons Dieu le Père, Dieu » le Fils et le Saint-Esprit ? »

Le ministre n'a qu'à dire maintenant que le Saint-Esprit n'étoit pas, ou qu'il n'étoit pas parfait avant qu'il inspirât les prophètes, ou que, par cette inspiration, qui n'est qu'une effusion du Saint-Esprit au dehors, il acquiert quelque nouvel être ou quelque nouvelle manière d'être ; et, s'il a honte de le penser et de faire changer le Saint-Esprit, à cause qu'il change en mieux les prophètes qu'il inspire, il doit entendre de la même sorte cette création, c'est-à-dire cette production au dehors du Verbe, qui étoit tou-jours, et qui, sans changer lui-même, a changé toute la nature en mieux.

On voit maintenant assez clairement tout le des-sein d'Athénagore, qui, pour empêcher les païens de nous mettre au rang des athées, entreprend de leur donner quelque idée du Dieu que nous servons en trois Personnes, dont il ajoute qu'il falloit connoître *l'unité et les différences* (1); et, comme ils ne pouvoient pas entrer dans le fond d'un si haut mystère, ni dans l'éternelle émanation du Fils et du Saint-Esprit, il se contente de faire connoître ces deux divines Personnes par les opérations que l'Écriture leur attribue au dehors, c'est-à-dire, le Fils par la création, et le Saint-Esprit par l'inspiration prophétique.

C'étoient là deux grands caractères du Fils et du Saint-Esprit : l'un, comme sagesse du Père, est reconnu pour l'auteur de la création, qui est un ouvrage de sagesse ; et l'autre, comme son esprit, est reconnu pour l'auteur de l'inspiration prophétique, qui est aussi le caractère qu'on lui donne partout, et même dans le symbole de Constantinople, où sa divinité est définie : *Je crois*, dit-on, *au Saint-Esprit, qui a parlé par les prophètes;* et c'est pourquoi Athénagore le caractérise, comme font aussi les autres Pères, par le titre d'Esprit prophétique. Il ne pouvoit donc rien faire de plus convenable que de désigner ces deux Personnes par leurs opérations extérieures, ni parmi ces opérations en choisir deux plus marquées que la création de l'univers et l'inspiration des prophètes : ce qui fait voir plus clair que le jour que cette production du Verbe divin n'est en ce lieu que l'opération par laquelle il se déclare au dehors; et c'est encore ici un dénoûment de la doctrine des Pères.

Je ne m'arrêterai point au défaut de la version des Septante, qui font dire à la Sagesse divine, dans cet endroit des Proverbes de Salomon : *Dieu m'a créée.* On sait qu'il ne s'agissoit, comme Eusèbe de Césarée l'a bien remarqué, que d'une lettre pour une autre, d'un iota pour un éta, ι pour η; et d'un ἔκτισε, qui signifie m'a créée, pour un ἔκτησε, qui signifie m'a possédée. L'hébreu porte, comme saint Jérôme l'a rétabli dans notre Vulgate : *Le Seigneur m'a possé-*

____
(1) *Prov.* VIII. 21.

dée, c'est-à-dire, selon la phrase de la langue sainte, *m'a engendrée :* ce qui convenoit parfaitement à la sagesse engendrée ; qui étoit le Fils de Dieu ; qui dit aussi, dans la suite : *Les abîmes n'étoient pas encore quand j'ai été conçue dans le sein de Dieu ; et j'ai été enfantée devant les collines, devant que la terre eût été formée, et que Dieu l'eût posée sur ses fondemens* (1). La génération du Fils de Dieu se présentoit clairement dans ces paroles, et redressoit les idées que le terme de création auroit pu donner ; et c'est pourquoi les anciens n'hésitoient pas à appeler constamment le Fils de Dieu, non pas un ouvrage, mais un Fils, non pas une créature, mais une personne engendrée avant tous les siècles. Mais l'ἔκτισε, le *créé* de l'ancienne version en engagea quelques uns, non à mettre le Fils de Dieu au rang des créatures, mais à dire que la sagesse, éternellement conçue dans le sein de Dieu, avoit été créée en quelque façon, lorsqu'elle s'étoit imprimée, et, pour ainsi dire, figurée elle-même dans son ouvrage, à la manière qu'un architecte forme dans son édifice une image de la sagesse et de l'art qui le fait agir : car c'est en cette manière qu'en contemplant attentivement une architecture bien entendue, nous disons que cet ouvrage est sage, qu'il y a là de la sagesse, c'est-à-dire de la justesse, de la proportion, et dans la parfaite convenance des parties, une belle et sage simplicité. En cette sorte, outre la sagesse créatrice, on reconnoît dans l'univers une sagesse créée et une expression si vive du Verbe de Dieu, qu'on diroit qu'il s'est transmis lui-même tout entier dans son ouvrage, ou que cet ouvrage n'est autre chose que le Verbe produit au dehors.

On voit donc en toutes manières que la doctrine des anciens docteurs n'est, au fond, que la même chose que la nôtre ; puisque ce qu'on appelle parmi nous l'opération extérieure de Dieu agissant par son Verbe, c'est ce qu'ils appeloient dans leur langage la sortie du Verbe, son progrès, son avancement vers la créature,

(1) *Prov.* VIII. 24, 25.

sa création au dehors à la manière qu'on vient de voir; et en ce sens une espèce de génération et de production, qui n'est en effet que sa manifestation, et précisément la même chose que saint Athanase a depuis si divinement expliquée dans sa cinquième oraison contre les Ariens (1).

Si je n'avois autre chose à faire, je montrerois au ministre sa témérité, lorsqu'il accuse Athénagore et les autres Pères *d'être sortis de la simplicité de l'Ecriture en tentant d'expliquer le mystère* (2). Car on peut voir aisément qu'ils n'ont fait que suivre les Proverbes de Salomon, et les livres Sapientiaux, comme on les appelle, dont saint Jean avoit ramassé toute la théologie en un seul mot lorsqu'il avoit dit : *Au commencement la parole étoit.* Je pourrois aussi remarquer, contre ceux qui les font tant platoniser, qu'en ce qui regarde le Verbe, ils en trouvent plus dans un chapitre de ces livres divins, qu'on n'en pourroit recueillir de tous les endroits dispersés dans les dialogues de Platon : ce que je dis non pas pour nier qu'il ne convînt à ces saints docteurs de présenter aux païens des idées qui paroissoient assez convenables à une philosophie qui tenoit le premier rang parmi eux, mais pour montrer au ministre qu'ils avoient de meilleurs originaux devant les yeux.

Au reste, pour en revenir aux passages qu'il a cités des saints docteurs, on peut juger par les deux qu'on a vus, avec quelle témérité il a produit tous les autres. Une autre marque de son imprudence, pour ne rien dire de pis, est qu'en nommant les défenseurs de sa double nativité, il déclare qu'*il n'en excepte aucun des Pères* (3), jusqu'à citer pour cette doctrine saint Irénée, où il ne s'en trouve pas le moindre vestige, et saint Justin qui n'en dit non plus un seul mot (4). Ce n'est pas que je veuille dire qu'il soit sans difficulté. Il y a des difficultés aisées à résoudre par les

<hr>

(1) *Athan. Orat.* 5. *in Arian. nunc Orat.* 4, *n.* 12, *t.* 1, p. 625. — (2) *Lett.* VI *de* 1689, *p.* 43. — (3) *P.* 25. — (4) *Tab. Lett.* VI, *p.* 283.

principes qu'on a posés, ou par d'autres qui ne sont
pas de ce lieu; des difficultés en tout cas qui regardent M. Jurieu et les Prétendus Réformés aussi bien
que nous; en sorte qu'ils n'ont pas droit d'exiger de
nous que nous ayons à les leur résoudre. Mais pour
cette difficulté de M. Jurieu qui regarde les deux naissances, lui-même il ne produit aucun passage de ce
saint. Il est vrai qu'il cite pour cette doctrine, quoiqu'à
tort, Tatien, disciple de ce martyr, *et il dit qu'il
l'avoit apprise de son maître* (1). Mais s'il avoit
tout appris d'un si excellent docteur, il en auroit donc
appris la détestable hérésie des Encratites, dont ce
malheureux disciple a été le chef depuis le martyre de
son maître (2).

Il m'insulte néanmoins par ces grands noms; et
lorsque je lui reproche qu'il a corrompu la foi de la
Trinité, « M. de Meaux doit savoir, dit-il (3), que
» ces éloges ne tombent pas sur moi, mais sur ses
» saints et sur ses martyrs. » Il les appelle mes martyrs, comme il a coutume de me dire avec le même
dédain, *son Père Pétau* (4); mais en quelque sorte
qu'il me les donne, en colère ou autrement, je les
reçois. Il nomme ensuite parmi mes saints et mes
martyrs, saint Justin, saint Irénée, saint Hippolyte,
dont on a vu que les deux premiers ne disent rien de ce
qu'il prétend, et le troisième en dit ce qu'on vient
d'entendre, c'est-à-dire ce qui doit confondre le ministre.

Venons à saint Cyprien. Le ministre le comprend-
dra-t-il parmi les auteurs de cette double nativité ?
Oui, et non. Il l'y comprendra; car il dit : *et moi je
n'en excepte aucun.* Il ne l'y comprendra pas; car
il est forcé d'avouer *qu'il y a d'autres auteurs,
comme par exemple saint Cyprien, où cette
théologie ne se trouve pas;* mais il ne les exempte
pas pour cela de cette double génération; puisque
*cela vient,* dit-il, *de ce qu'ils n'ont pas eu l'occa-*

(1) *Jur. Lett.* vi de 1689. — (2) *Epiph. hær.* 46. —
(3) *P.* 285. — (4) *P.* 284, 296.

*sion d'en parler*. Mais saint Cyprien a eu la même occasion d'en parler que les autres ; puisque, comme les autres, il a expliqué de Jésus-Christ cette parole des Proverbes : *Dieu m'a créé*, qu'il traduisoit de même manière qu'on le faisoit en son temps (1) Il n'en a pourtant pas conclu cette double génération de Jésus-Christ comme Dieu ; et s'il le fait naître deux fois, c'est à cause qu'*ayant été dès le commencement le Fils de Dieu, il devoit naître encore une fois selon la chair* (2) ; par où il s'arrête manifestement à le faire naître deux fois ; une fois comme Fils de Dieu, et une autre fois comme Fils de l'homme : et s'il n'a jamais parlé de cette troisième naissance, que le ministre tout seul veut imaginer comme véritable dans le sens littéral, ce n'est pas manque d'occasion, mais c'est que ni lui ni les autres ne songeoient seulement pas à cette chimère.

Il nous allègue une autre raison du silence de quelques Pères sur cette double génération ; ou *c'est peut-être*, dit-il, *qu'ils étoient plus modérés que les autres*. Mais si à titre de modération ou autrement, il n'ose pas se promettre de trouver dans tous les anciens sa seconde nativité, il ne falloit donc pas trancher si net ; *et moi je n'en excepte aucun :* car c'est là trop visiblement assurer ce qu'on avoue qu'on ne sait pas, et contre sa propre conscience vouloir trouver des erreurs qu'on puisse imputer à l'Eglise.

C'est ce qui lui fait ajouter, qu'il ne faut pas faire deux classes des anciens auteurs, parce qu'*on ne lit rien chez ceux qui se taisent* de cette double géné-ration, *qui condamne directement, ou indirectement ce que les autres ont écrit là-dessus* (3). Quelle erreur ! Tous ceux qui font Dieu spirituel et immuable, et qui en particulier font le Fils de Dieu incapable de changement, s'opposent directement à cette double génération, qui le fait une portion iné-gale de la substance du Père ; un fils engendré à deux

_______

(1) *Lib.* 11, *test. ad Quir.* c. 1, *p.* 284. — (2) *Ibid.* c. VIII, *p.* 238. — (3) *P.* 252.

fois; formellement imparfait, et venant avec le temps à sa perfection, à la manière d'un fruit qui a besoin de mûrir. Mais où ne trouve-t-on pas cette immutabilité et indivisibilité, puisque nous l'avons montrée partout, et même dans les auteurs, à qui on veut attribuer cette naissance imparfaite? C'est donc qu'eux-mêmes ne la croyoient pas; personne ne la croyoit parmi les Pères : cette seconde nativité n'est qu'une similitude qu'on prend trop grossièrement au pied de la lettre. Il ne faut donc pas demander qu'on montre dans les trois premiers siècles une réfutation expresse d'une chimère qui n'y fut jamais : on ne l'a non plus réfutée dans les siècles suivans; car on n'y songeoit seulement pas; parce qu'on ne trouvoit tout au plus une erreur si insensée, que dans quelques extravagans qu'on ne connoît point, et que jamais on n'a crus dignes d'être réfutés. Si le raisonnement du ministre avoit lieu, il n'y auroit donc qu'à imaginer dans la suite toutes sortes d'extravagances, et à leur donner du crédit, sous prétexte qu'on ne pourroit démontrer qu'elle eût été réfutée. C'est donc une erreur grossière de parler ici de réfutation; et c'est assez que nous montrions à notre ministre, que ses idées ridicules répugnent directement à celles des Pères dès l'origine du christianisme.

Il revient à saint Cyprien : « Et il n'est pas apparent, dit-il (1), que saint Cyprien par exemple, qui vénéroit si fort Tertullien et qui l'appeloit son maître, le regardât comme un ennemi de la divinité de Jésus-Christ. » Mais trouve-t-il bien plus apparent que saint Cyprien regardât son maître comme un ennemi déclaré de la perfection et de l'immutabilité du Fils de Dieu, ou qu'il trouvât bon qu'on l'appelât Dieu en le faisant imparfait, et en lui faisant attendre du temps sa dernière perfection? Il faut donc dire que saint Cyprien n'y aura pas vu ces erreurs non plus que les autres, et qu'il n'aura pas fait à Tertullien un crime d'une métaphore ou d'une similitude. Ainsi

____

(1) *P.* 253.

nous pouvons conclure sans crainte, que le ministre n'entend pas les Pères qu'il a cités, et que c'est par un aveugle entêtement de trouver des variations, qu'il les implique dans l'erreur.

Il met au rang de ses partisans sur la double génération *saint Clément d'Alexandrie* (1), où il n'y en a pas un seul trait. Il cite le Père Pétau (2), qui trouve bien dans ce Père des locutions incommodes, mais non pas sur le sujet que nous traitons. Mais je demande à M. Jurieu : osera-t-il mettre cet auteur parmi ceux qui ne combattent ni directement ni indirectement la prétendue erreur des anciens? Quoi donc ! ne combat-il pas l'inégalité et l'imperfection du Fils, lui qui l'appelle en un endroit *vraiment Dieu et égal au Seigneur de toutes choses* (3); et en d'autres, toujours parfait et parfaitement un avec son Père? Mais poussons à bout cet article de Clément Alexandrin. Après tout, que blâmera-t-on dans cet auteur? Ce qu'on y blâme le plus en cette matière, c'est d'avoir appelé le Fils *une nature très-proche du seul Tout-Puissant.* Mais pesons toutes ces paroles; *une nature; une chose née :* d'où vient le mot de nature en grec comme en latin, φύσις, une chose naturelle à Dieu. Qu'y a-t-il là de mauvais? Le Fils de Dieu n'estil pas de ce caractère; c'est-à-dire, Fils par nature, et non par adoption? Ce qui fait dire à saint Athanase, que le Père n'engendre pas son Verbe par volonté et pas libre arbitre, mais par nature (4); et que la fécondité *est naturelle* dans Dieu (5), quoiqu'elle soit, dans une autre vue, propre et personnelle dans le Père. On a donc pu, et on a dû regarder dans le Fils de Dieu sa naissance comme lui étant naturelle. Le mal seroit, si l'on vouloit dire qu'il est d'une autre nature, c'est-à-dire, d'une autre essence, ou d'une autre substance que son Père; mais ce saint prêtre d'Alexandrie a exclu formellement cette idée, et sur-

_______

(1) *P.* 251. — (2) *Lib.* 1. *de Trin. c.* IV, *n.* 1. *Ibid c.* V, *n.* 7. — (3) *Clem. in Protrept. Vide suprà, p.* 41, 57. — (4) *Orat.* 4 *in Ar. nunc Orat.* 3, *n.* 61 *et seq. t.* 1, *p.* 609 *et seq.* — (5) *Orat.* 3. *ibid.*

tout dans les endroits où il a dit, comme on a vu, que le Père et le Fils sont un, et un de l'unité la plus parfaite. Pendant qu'il pense comme nous, est-ce un crime de ne pas toujours parler de même? Mais il a dit que le Verbe est une nature, ou, comme nous l'entendons, une chose naturelle en Dieu, *et très-proche du seul Tout-Puissant,* προσεχεστάτη. Où est le mal de cette expression? C'est qu'au lieu de dire *très-proche,* il falloit dire un avec lui. Il l'a dit aussi, comme on a vu: regardez-le selon la substance, il est un: regardez-le comme distingué, il est très-proche; et remarquez que ce très-proche doit être traduit, très-uni à Dieu, et une chose qui lui convient très-parfaitement; car tout cela est renfermé dans le terme, προσεχεστάτη. Ce n'est rien d'étranger au Père, puisqu'il est son fils, et son fils qui ne sort jamais du sein paternel, qui est toujours dans le Père, comme le Père est toujours dans le Fils. Qu'y a-t-il là que de vrai? Et pouvoit-on mieux exprimer cet *apud Deum* de saint Jean, qui signifie tout ensemble, et en grec comme en latin, être en Dieu, être avec Dieu, être auprès de Dieu ou chez Dieu; c'est-à-dire, être quelque chose qui lui soit très-proche et très-inséparablement uni? Et pour ce qui est d'avoir appelé le Père *le seul Tout-Puissant,* les moindres théologiens savent que ce n'est rien; puisque Jésus-Christ a dit lui-même: *Or c'est la vie éternelle de vous connoître, ô mon Père, vous qui est le seul vrai Dieu, et Jésus-Christ que vous avez envoyé* (1); où il ne craint point d'appeler son Père le seul vrai Dieu, avec autant d'énergie que ce savant prêtre l'appelle le seul Tout-Puissant. Je n'ai pas besoin ici de rappeler cette doctrine commune, qu'en parlant du Père ou du Fils ou du Saint-Esprit, *le seul* n'est pas exclusif des personnes inséparables de Dieu, mais de celles qui lui sont étrangères: c'est pourquoi saint Clément d'Alexandrie, qui appelle ici le Père *le seul Tout-Puissant,* reconnoît ailleurs, comme on a vu (2), la

_________

(1) *Joan.* XVII. 3. — (2) Ci-dessus, *p.* 41, 57.

toute-puissance du Fils, et l'appelle même formellement *le seul Dieu*, comme le ministre l'avoue (1). « Hommes, dit-il (2), croyez en celui qui est Dieu » et homme ; mortels, croyez en celui qui est mort, » et qui est le seul Dieu de tous les hommes. » Le Père n'en est pas moins Dieu, comme le Fils n'en est pas moins tout-puissant.

Après que ces difficultés sont dissipées, la divinité de Jésus-Christ va luire commme le soleil dans saint Clément d'Alexandrie (3) : « La très-parfaite, très-» souveraine, très-dominante et très-bienfaisante » nature du Verbe est très-proche, très-convenante, » très-intimement unie au seul tout-puissant. C'est » la souveraine excellence qui dispose tout selon la » volonté de son Père ; en sorte que l'univers est » parfaitement gouverné, parce que celui qui le gou-» verne agissant par une indomptable et inépuisable » puissance, regarde toujours les raisons cachées », et les secrets desseins de Dieu. « Car le Fils de Dieu » ne quitte jamais la hauteur d'où il contemple toutes » choses ; il ne se divise, ni ne se partage, ni ne passe » d'un lieu à un autre : il est partout tout entier » sans que rien puisse le contenir, tout pensée, tout » œil, tout plein de la lumière paternelle, et tout » lumière lui-même ; voyant tout, écoutant tout, » sachant tout » ; c'est-à-dire, sans difficulté, le sachant toujours, « et pénétrant par puissance » toutes les puissances ; à qui tous les anges et tous les » dieux sont soumis. » Si le ministre avoit vu cinq cents endroits qu'on trouve dans cet excellent auteur, de cette élévation et de cette force, il n'en méprise-roit pas comme il fait la théologie (4). Elle renverse son système par les fondemens. Si le Fils de Dieu est une chose naturellement très-parfaite et toujours immuable, il n'a donc pas eu besoin de naître deux fois pour arriver à sa perfection. Si son immutabilité exclut jusqu'au moindre changement quant aux lieux

(1) *Jur. p.* 233. — (2) *Clem. in Protrept.* — (3) *Strom.* vii, *init.* — (4) *P.* 233.

et quant aux pensées, c'est en vain qu'on veut lui faire acquérir de nouvelles manières d'être. L'inégalité n'est pas moins excluse ; puisque saint Clément Alexandrin vient de le faire si pénétrant, si puissant, et, s'il est permis de parler en cette sorte, si immense que le Père ne peut l'être davantage. Le ministre a donc cité témérairement cet auteur comme tant d'autres ; et il ne veut qu'éblouir le monde par de grands noms.

Sans entrer dans tout ce détail, qui ne m'étoit pas nécessaire, dès mon premier Avertissement je lui ôtois, en un mot, tous les anciens en le renvoyant à Bullus, de qui il pouvoit apprendre le véritable dénoûment de tous leurs passages. Mais sa mauvaise foi paroit ici comme partout ailleurs. D'abord il n'a pas osé avouer que Bullus me favorisât, ni qu'un si savant protestant lui enlevât tout d'un coup tous ses auteurs sans lui en laisser un seul : et c'est pourquoi il dit d'abord dans son avis à M. de Beauval (1) : « Un œuf » n'est pas plus semblable à un œuf, que les obser- » vations de Bullus le sont aux miennes. » On ne peut pas porter plus loin le mensonge ; et, pour le voir en un mot, il ne faut que considérer que cette seconde nativité de quelques anciens se doit entendre, selon Bullus (2), *non d'une nativité véritable et proprement dite, mais d'une nativité figurée et métaphorique,* qui ne signifioit autre chose que *sa manifestation et sa sortie au dehors par son opération :* ce que Bullus met en thèse positivement, et ce qu'il répète à toutes les pages (3), comme le parfait dénoûment de la théologie de ces siècles. Or, comme cette solution renverse tout le système du ministre, il s'y oppose de toute sa force ; en sorte que Bullus disant que tout cela s'entend en figure, le ministre Jurieu dit au contraire et entreprend de prouver que cela s'entend à la lettre (4) : et voilà comme ces deux auteurs se ressemblent.

(1) *P.* 2. — (2) *Def. fid. Nic.* 3. *sect. c.* v, §. 3, *p.* 337. — (3) *Sect.* 2, *c.* v. §. 1, 7. *c.* v. §. 5, *etc.* — (4) *Jur. Tab. Lett.* vi, *p.* 248, 255, 266.

Par la même raison on pourroit dire que le catholique et le Calviniste ont le même sentiment sur la présence de Jésus-Christ dans l'Eucharistie, parce que si l'un la met en vérité, l'autre la met en figure. Les Sociniens seront aussi de même doctrine que nous, parce que Jésus-Christ est figurément selon eux ce qu'il est proprement selon nous, *Dieu béni aux siècles des siècles* (1) : l'affirmation et la négation, les lumières et les ténèbres ne seront plus qu'un ; et le ministre trouvera tout en toutes choses.

Il a bien fallu se dédire d'une si visible absurdité ; mais c'est toujours de mauvaise foi : car au lieu que, dans l'Avis à M. de Beauval, Bullus et Jurieu étoient *deux œufs* si semblables qu'il n'y avoit nulle différence ; dans la sixième Lettre du Tableau M. Jurieu se contente qu'*il n'y ait pas dans le fond grande différence* (2). Mais quelle plus grande différence veut-il trouver, que celle du sens figuré au sens propre ? que celle qui met en Dieu de l'imperfection et du changement, et celle qui n'y en met pas ? que celle qui introduit des variations dans les sentimens, et celle qui n'en reconnoît que dans les expressions ? que celle qui donne au christianisme une suite toujours uniforme, et celle qui commet les pères avec les enfans, les premiers siècles avec la postérité, qui donne enfin une face hideuse au commencement de la religion et à toute l'Eglise chrétienne ?

### ARTICLE XI.

*Que selon ses propres principes le ministre devoit recevoir le dénoûment de Bullus, et qu'il tombe manifestement dans l'extravagance.*

Mais pourquoi vouloir obliger le ministre Jurieu, un si grand original en matière de théologie, à suivre les sentimens de Bullus ? Je le dirai en un mot : c'est qu'il devoit s'y obliger lui-même, pour n'avoir point à dire cent absurdités qu'on vient d'entendre, avec

(1) *Rom.* IX. 5. — (2) *P.* 241, 265.

cent autres qu'on découvrira dans la suite; et, si l'on veut parler plus à fond, c'est que le sentiment de Eudes portoit, surtout dans un homme qui comme M. Jurieu fait profession de reconnoître la divinité de Jésus-Christ, un caractère manifeste de vérité qu'on ne pouvoit rejeter sans extravagance. Car d'abord tous les endroits dont le ministre abuse étoient constamment des comparaisons, des similitudes, ou si vous voulez, des métaphores; puisque les métaphores ne sont autre chose que des similitudes abrégées, et encore des similitudes tirées des choses sensibles, pour les transporter aux divines. De là venoient ces extensions, ces portions de lumière, et les autres choses semblables que nous avons observées : c'étoit si peu des expressions précises et littérales, qu'on en cherchoit d'autres pour redresser ce qu'elles pouvoient avoir de défectueux; et le caractère de similitude y étoit si marqué, qu'il n'y a rien, comme on a vu, de si ridicule à notre ministre que d'avoir voulu pousser à bout ces comparaisons.

Celles qu'on tire de l'âme, qui est un esprit que Dieu a fait à son image, sont plus pures, mais toujours infiniment disproportionnées à la nature divine. L'architecte, avons-nous dit, répand son idée et tout son art sur son ouvrage : ce qu'il a mis au dehors est en quelque façon ce qu'il avoit conçu au dedans : tout cela peut s'appliquer à Dieu lorsqu'il produit le monde par son Verbe; mais il faut y apporter les distinctions nécessaires : car tout cela, dans le fond, n'est que similitude et métaphore même à l'égard de l'architecte mortel, qui, à la rigueur, garde toujours sa pensée, et ne la met pas hors de lui quand il bâtit : à plus forte raison tout cela n'est que bégaiement et imperfection à l'égard de Dieu.

Mais la comparaison que les Pères pressent le plus est celle de notre pensée et de notre parole, ou comme parle la théologie, de nos deux paroles : l'intérieure par laquelle nous nous entretenons en nous-mêmes, et l'extérieure par laquelle nous nous exprimons au dehors. Tous les Pères ont entendu, après l'Écriture, que le Fils de Dieu étoit son Verbe, sa parole intérieure, son éternelle pensée, et sa raison subsistante, parce que verbe, parole et raison, c'est la même chose : et pour la parole extérieure ils la trouvoient attribuée à Dieu au commencement de la Genèse, lorsqu'il dit : *Que la lumière soit, et la lumière fut ; qu'il se fasse une étendue, ou un firmament, et il se fit une étendue, ou un firmament* (1) ; et ainsi du reste. Il est bien clair que cette expression de la Genèse, qui fait prononcer à Dieu une parole extérieure, est une similitude qui nous représente en Dieu la plus parfaite, la plus efficace, et pour ainsi dire, la plus royale, et en même temps la plus vive et la plus intellectuelle manière de faire les choses, lorsqu'il n'en coûte que de commander, et qu'à la voix du souverain, qui demeure tranquille dans son trône, tout un grand empire se remue. Ainsi Dieu commande par son Verbe : et non seulement toute la nature, et autant l'insensible que la raisonnable, mais encore le néant même obéit. Une si belle similitude méritoit bien d'être continuée ; mais en la continuant il falloit toujours se souvenir de son origine. On a suivi la comparaison en disant que cette parole : *Que la lumière soit*, et les autres de même nature, étoient en Dieu comme en nous l'image de la pensée ; qu'en disant : *Que la lumière soit*, Dieu avoit produit au dehors ce qu'il avoit au dedans, son idée, son intelligence, son Verbe, en un mot, qui est son Fils : qu'il l'avoit *proféré, prononcé, manifesté au dehors*, à la manière que nous l'avons vu (2) ; qu'alors il l'avoit créé, engendré, enfanté en quelque façon, comme un discours que nous prononçons après l'avoir médité, est en quelque sorte la production et l'enfantement de notre esprit. On sent bien naturellement que tout cela est la suite d'une comparaison ; mais le ministre veut tout prendre rigoureusement. En poussant la comparaison, Tertullien dit que cette prononciation extérieure où Dieu profère ce qu'il pensoit,

_______

(1) *Gen.* 1. 3 *et seq.* — (2) Ci-dessus, *p.* 77 *et suiv.*

en disant *Que la lumière soit faite*, et le reste, est la parfaite nativité du Verbe (1) : le ministre conclut de là que le Verbe, en toute rigueur, est vraiment enfanté. Mais comme Tertullien attribue la perfection à cette seconde nativité, à cause qu'en un certain sens et à notre manière d'entendre, une chose est regardée comme plus parfaite, lorsqu'elle se manifeste par son action ; le ministre s'obstine encore à dire au pied de la lettre que le Verbe change, et acquiert sa perfection par cette seconde naissance : et parce que le même auteur ajoute après, que le Verbe par ce moyen est sorti du sein de son Père, ou pour mettre ses propres paroles ( car il ne faut point obscurcir les choses par trop de délicatesse ), *qu'il est sorti de la matrice de son cœur* (2), le ministre conclut encore, qu'avant que Dieu eût parlé, le Verbe étoit dans son sein, mais seulement comme conçu ; au lieu que par sa parole il a été vraiment engendré et mis au jour. Voilà dans Tertullien tout le fondement de ces enveloppemens et développemens tant vantés, et de cette double naissance qu'on veut prendre au pied de la lettre. Et, parce que cet auteur a entassé comparaison sur comparaison, et métaphore sur métaphore, pour trouver parmi les anciens des variations plus que dans les termes, il faudra leur faire tout dire à la lettre, et embrouiller toute leur théologie. Ne voilà-t-il pas une rare imagination et une chose bien difficile à entendre, que le dénoûment de Bullus, qui rejette ces idées ?

Mais enfin, je vais vous forcer à le recevoir ; car cette parfaite nativité de Tertullien n'arrive qu'à ces paroles : *Que la lumière soit faite ;* ce fut alors, et à cette voix, que, dit Tertullien (3), le Verbe *reçut son ornement et sa parfaite nativité ;* ce sont les mots de cet auteur. Mais cette parole : *Que la lumière soit*, ne se fait entendre qu'après qu'il a été dit : *Au commencement, Dieu créa le ciel et la terre* (4). Le ciel et la terre étoient donc, que le Verbe n'étoit pas encore ; ou, en tout cas, il n'avoit

(1) *Adv. Prax.* n. 5, 6, 7. — (2) *Ibid.* — (3) *Ibid.* n. 7. — (4) *Gen.* I. I.

pas son être distinct, comme vous le vouliez en 1689, ou son être développé, comme vous l'avez mieux aimé en 1690? Le Verbe étoit donc alors aussi informe que le monde? Mais par qui donc avoient été faits le ciel et la terre? N'est-ce pas encore par le Verbe? et saint Jean en a-t-il trop dit, lorsqu'il a prononcé : *Toutes choses ont été faites par lui ;* et, pour appuyer davantage, *sans lui, rien n'a été fait de ce qui a été fait* (1)? Mais si vous êtes forcé, par cette parole de saint Jean, à dire que, dès ce premier commencement, le ciel et la terre ont eu par le Verbe tout ce qu'ils avoient d'existence; le Verbe les a-t-il faits avant que d'être lui-même, ou avant que d'être parfait ou formé et développé, comme vous parlez? Est-ce qu'il s'élevoit à sa perfection, à mesure qu'il perfectionnoit son ouvrage? Ou bien est-ce qu'il est venu à trois fois, et non plus à deux : une fois dans l'éternité, foible embryon qui avoit besoin du sein de son Père, d'où, par un premier effort, il commença à le produire, lorsqu'il créa en confusion le ciel et la terre, pour l'enfanter tout-à-fait, lorsqu'il produisit la lumière? Quoi ! vous n'ouvrez pas encore les yeux, et vous n'apercevez pas qu'en toutes ces choses, il n'y a point d'autre dénoûment que des significations mystiques, c'est-à-dire, des similitudes? En vérité, vous êtes outré, et on ne peut plus raisonner avec vous.

Mais pourquoi, me dira-t-on, ne voulez-vous pas que Tertullien ait pu penser des extravagances? Si c'étoit Tertullien tout seul, quoiqu'il n'y ait aucune apparence qu'il en ait pensé de si énormes, ce ne seroit pas la peine de disputer pour ce seul auteur. Mais puisque vous ne voulez excepter de ces folles imaginations aucun auteur des trois premiers siècles; vous mettez, en vérité, trop d'insensés à la tête de l'Eglise chrétienne, et vous donnez à la religion un trop foible commencement.

Au surplus, il ne faut pas s'imaginer que le dénoû-

(1) *Joan.* I. 3.

ment qu'on vient de voir ne serve que pour Tertullien ; au contraire, je n'ai choisi cet auteur qu'à cause que c'est lui qui, par son style ou ferme, ou dur, comme on voudra l'appeler, enfonce le plus ses traits, et appuie le plus fortement sur ces deux naissances, étant même le seul qui nous a nommé cette parfaite nativité qu'on vient d'entendre : de sorte qu'on ne peut douter que le dénoûment qu'on emploie pour Tertullien, à plus forte raison ne serve aux autres, au nombre de cinq ou six qui ont eu à peu près la même pensée ; et en voici une raison qui ne laissera aucune réplique au ministre.

Le même Tertullien, lorsque Dieu proféra ces mots : *Que la lumière soit faite*, dit qu'*il proféra une parole sonore* (1), comme le traduit M. Jurieu (2), *vox et sonus oris ; aer offensus intelligibilis auditu*. Le ministre croit trouver la même chose dans Lactance, dans saint Hippolyte et dans Théophile d'Antioche, qui, selon lui, ont admis cette parole *sonore*, c'est-à-dire sans difficulté, comme il en convient, *une parole externe et proférée à l'extérieur*. Mais a-t-il pris au pied de la lettre les expressions de ces Pères ? Point du tout : il a bien su dire qu'on voit bien que *cela ne se doit pas prendre à la rigueur*, comme a fait le Père Pétau ; on le voit bien par l'absurdité excessive de ce sentiment, qui ne peut jamais être tombé dans une tête sensée. Pourquoi donc n'ouvrir pas les yeux à de semblables absurdités qu'il attribue lui-même à ces Pères ? Pourquoi ne pas recourir à une figure qu'il a déjà reconnue en cette même occasion, dans ces auteurs ? Et pourquoi s'obstiner toujours à leur faire dire, au sens littéral, que le Verbe naisse imparfait dans le sein de Dieu ; que son Père ou n'ait pas pu, ou n'ait pas voulu lui donner sa perfection d'abord ?

La suite même des choses excluoit ce dernier sens. Les mêmes qui ont employé dans leurs interprétations cette parole résonnante, l'ont considérée comme

(1) *Tert. adv. Prax. n.* 7. — (2) *Tab. Lett.* VI, *p.* 260.

un corps et un revêtissement que Dieu donnoit à son
**Verbe**, de même que nos paroles sont une espèce de
corps et de revêtissement que nous donnons à nos
pensées. En suivant la comparaison, et pour donner
plus de substance, ou, si l'on veut, plus de corps à
cette parole résonnante, par laquelle on veut que Dieu
ait créé la lumière; quelques uns de ces auteurs lui
ont attribué une subsistance durable, semblable à
celle que nous donnons à nos pensées et à nos paroles,
lorsque nous les mettons par écrit. Tout cela est-il
vrai à la rigueur? Dieu a-t-il écrit ce qu'il disoit?
Mais a-t-il effectivement parlé? à qui et en quelle
langue? à la matière qui étoit muette et sourde? ou
aux hommes qui n'étoient pas? ou aux anges à qui il
ait donné pour cela des oreilles comme à nous? Forcé
par l'absurdité d'une telle imagination, le ministre
reconnoît ici une figure dont l'esprit est en deux mots,
que Dieu agit au dehors par son Verbe, qui est son
**Fils**; qu'il agit en commandant, c'est-à-dire, avec
un pouvoir absolu que le Verbe par qui il commande,
et qui est lui-même son commandement, ainsi qu'il
est sa parole, est une personne (1); et que la même
vertu par laquelle il a une fois créé le monde, subsiste
éternellement pour le conserver.

Pour pousser à bout le ministre par ses propres
principes, voici, en 1690, comme il prouve que les
anciens ont reconnu le Fils de Dieu éternel, non plus
*en germe et en semence*, comme il disoit en 1689,
car il ne l'a plus osé dire depuis, mais en existence et
en personne : « Ce seroit, dit-il (2), une erreur folle
» de croire, comme ils ont cru, qu'il est engendré de
» la substance du Père, sans croire qu'il soit éternel. »
Il a raison; car, pour en venir à cette folie, il faudroit
croire que la substance de Dieu ne seroit pas éternelle, ou qu'on en pourroit séparer son éternité.
Passons outre : cela est trop clair pour nous arrêter
davantage. Le ministre ajoute ailleurs, en parlant des
mêmes Pères (3), « qu'il faut croire que ceux qui

(1) Ci-dessus, *p.* 49. — (2) *P.* 239. — (3) *P.* 261.

» errent ne sont pas fous ; et que ce seroit l'être, et se
» contredire d'une manière folle, que de dire absolu-
» ment d'une part, que le Fils est une même subs-
» tance, et qu'il est coéternel au Père, et dire cepen-
» dant qu'il aura commencé. » A la bonne heure : il
ne veut donc pas que les anciens soient fous, ni qu'ils
se contredisent d'une manière folle : mais si c'est une
absurdité de croire qu'on soit de même substance
sans être coéternel, ou qu'on soit coéternel, et que
cependant on ait commencé : ce n'en est pas une
moindre ni moins sensible, que de croire qu'on soit
de même substance, sans croire qu'on soit aussi en
tout et partout de même perfection ; que de croire
qu'on soit éternel, sans croire qu'on le soit aussi en
tout ce qu'on est ; que de croire avec tous les Pères
qu'on soit immuable, et qu'on change cependant ; que
la substance soit indivisible, et qu'on n'en tire, au
pied de la lettre, qu'une portion ; ou qu'on s'enveloppe et se développe l'un de l'autre, sans être des
corps et sans changer ; que de croire enfin, qu'on soit
Dieu sans être parfait, et qu'on soit parfait ou heureux,
lorsqu'on manque de quelque chose ; ou qu'il n'arrive
point de changement dans la substance du Père, lorsqu'il survient quelque chose à son Fils, qui est dans son
sein ; ou que le Père ne soit pas d'abord parfaitement
Père, et qu'il laisse mûrir son fruit dans ses entrailles,
comme une mère impuissante ; et toutes les extravagances aussi brutales qu'impies, que nous avons vues.

Je maintiens que les Ariens et les Sociniens n'ont
rien de si insensé que cette doctrine ; car on peut bien
avoir cru, ou avec les orthodoxes, que le Fils de Dieu
fût né de toute éternité par une seule et même naissance, ou qu'il fût né tout-à-fait et tout entier dans
le temps, et vraiment tiré du néant : voilà deux extrémités infiniment opposées, mais qu'on peut tenir sépa-
rément l'une et l'autre, sinon avec vérité, du moins
avec des principes en quelque sorte suivis ; mais qu'en
supposant le Fils de Dieu éternel et de même substance que Dieu, on le supposât en même temps si
imparfait qu'il ne pût venir d'abord tout entier, et

qu'il lui fallût du temps pour le mettre à terme, ou que son Père le changeât lui-même volontairement dans son sein, et l'avançât à sa perfection avec le temps : c'est attribuer au Père et au Fils tant d'impuissance, tant d'imperfection, et un si pitoyable changement, qu'on ne peut l'avoir pensé de cette sorte, comme le ministre le fait penser non à trois ou à quatre inconnus, mais à tous les Pères des trois premiers siècles, sans une folie consommée.

Et sans tant de raisonnemens, qui obligeoit à prendre toujours à la lettre Tertullien (1), le plus figuré, pour ne pas dire le plus outré de tous les auteurs ? Car peut-on expliquer seulement six lignes, dans les endroits dont il s'agit, sans avoir cent fois recours à la figure ? Cette parole sonore que nous avons vue, n'est-ce pas une inévitable figure, de l'aveu du ministre Jurieu ? *Dieu s'agitoit en lui-même,* comme Tertullien le répète par deux fois (2), *et il travailloit en pensant* à faire le monde : le peut-il dire à la lettre, lui qui dit dans les mêmes lieux (3), *que rien n'est difficile à Dieu, et qu'à lui, vouloir et pouvoir, c'est la même chose? Avant que Dieu eût parlé,* dit encore Tertullien, *il médita ce qu'il alloit faire.* N'y pensoit-il pas auparavant, et de toute éternité ? *Aussitôt que Dieu voulut mettre au jour ce qu'il avoit disposé, il proféra son Verbe.* Ne pensa-t-il donc, encore un coup, à son ouvrage, que lorsqu'il donna ses ordres pour l'exécuter ? Qui ne voit manifestement les mêmes façons de parler, qui font dire que Dieu se repent ou qu'il se fâche ? Mais si pour conserver dans ces expressions la majesté infinie du Père céleste, il faut nécessairement sortir du sens littéral et rigoureux, quelle peine peut-on avoir à les adoucir pour l'amour du Fils de Dieu? Mais, en les adoucissant, tout vous échappe : vos deux nativités s'en vont; puisque Tertullien est le seul où vous trouvez la parfaite nativité et la conception du Verbe,

(1) *Adv. Prax. n.* 7. — (2) *Cont. Hermog. n.* 18. *Ibid.* 45. — (3) *Adv. Prax. n.* 10.

5..

et qu'enfin vous n'avez point de plus ferme appui de votre cause.

Mais il objecte que Tertullien a dit des choses encore plus dures ; puisqu'il y a des passages où il dit que *le Père seul étoit éternel*, et que le Fils a eu un commencement (1).

Sans entrer dans la discussion de ces passages, on voit bien que le ministre les allègue à tort ; puisque c'est évidemment contre lui-même : car constamment ce qu'ils contiennent est si excessif, qu'on ne peut le soutenir au pied de la lettre, que dans le sens des Ariens, qui nient l'éternité du Fils de Dieu. Il faut donc ou les abandonner à ces hérétiques, ce que le ministre ne veut pas, ou bien les tempérer par quelque figure, qui est pourtant précisément ce qu'il nous conteste.

Et pour montrer qu'il ne veut qu'amuser le monde, il ne faut qu'entendre ce qu'il dit lui-même sur ces passages de Tertullien : « C'étoit, dit-il (2), un esprit
» de feu qui ne savoit garder de mesure en rien, et
» qui outroit tout. En disputant avec sa chaleur ordi-
» naire contre Hermogène, qui faisoit la matière
» éternelle, il a poussé sans bornes la théologie de son
» siècle sur la seconde génération du Fils, pour mon-
» trer que rien n'étoit, à parler proprement, éternel
» que le Père. Mais il ne faut pas s'imaginer qu'il ait
» eu dessein de nier cette existence éternelle qu'il
» donnoit au Verbe dans le sein et dans le cœur de
» Dieu. » Tout ce discours aboutit à vouloir trouver de la justesse dans les mouvemens d'une imagination qu'on suppose si échauffée. Mais après tout, pour faire sentir au ministre la bizarrerie de ses pensées, demandons-lui ce qu'il prétend faire de Tertullien ? Un Arien qui ne veuille pas que le Fils soit de même substance que son Père ? Cet auteur a dit cent fois le contraire ; et le ministre en convient. Quoi donc ? un fou qui ne crût pas que l'éternité fût de la substance de Dieu, ou qui crût qu'on pût être Dieu sans être éternel ? Il a dit tout le contraire dans le propre livre

(1) Conf... — (2) Tab. Inst. VI, p. 462.

d'où est tiré le passage dont nous disputons. « Par
» où, dit-il (1), connoit-on Dieu et le met-on dans
» son rang, que par son éternité? » Et ailleurs : « La
» substance de la divinité, c'est l'éternité, qui est
» sans commencement et sans fin (2). » Donc le Fils
de Dieu étant Dieu, de même substance que Dieu, il
faut qu'il soit éternel. Enfin, que voulez-vous donc
que Tertullien ait pensé, lorsqu'il a dit que le Fils de
Dieu n'étoit pas sans commencement? C'est, dites-
vous, qu'il n'étoit pas sans commencement selon une
manière d'être, et en qualité de Verbe, quoiqu'il fût
sans commencement dans le fond de sa personne et
en qualité de Sagesse. D'abord cela est absurde, et, à
le prendre au pied de la lettre, contre toutes les idées
des chrétiens. Mais passons tout au ministre. Supposé
que Tertullien, contre ses propres principes et contre
tout ce qu'il a dit dans les endroits qu'on a vus, ait
voulu faire le fils de Dieu muable et né deux fois à la
rigueur, aura-t-il du moins raisonné juste? Point du
tout, dit M. Jurieu (3), il aura toujours *poussé sans
bornes la théologie de son siècle;* et il demeurera
pour certain qu'il n'a pas dû dire que le Fils de Dieu
eût commencé d'être, puisqu'il a, selon lui-même,
une subsistance éternelle. Mais poussons encore plus
avant. Cet auteur n'a-t-il pas dit clairement en plusieurs endroits, et même contre Hermogène, qui est
le livre dont il s'agit, que ce qui est éternel ne change
en rien, ni en substance, ni en qualité, ni en accident, ni enfin en quoi que ce soit? Nous en avons vu
les passages qui ne souffrent point de réplique (4).
Mettez qu'avec ces principes, un homme entreprenne
de dire que celui qui est éternel naisse deux fois au
pied de la lettre, et qu'une seconde naissance lui ôte
ce qu'il avoit, ou lui ajoute ce qu'il n'avoit pas; cela
ne se peut, et l'humanité y résiste. On ne peut pas si
ouvertement se contredire soi-même, ni oublier à
l'instant ce qu'on vient d'écrire. En tout cas, Tertul-

(1) *Cont. Herm. n.* 4. — (2) *Ad Nat. lib.* II, *c.* III. —
(3) *Ibid.* — (4) Ci-dessus, *n.* 24.

lien se sera donc contredit; il se sera donc oublié : il
faudroit donc pour cette fois laisser là ce dur Africain,
sans faire un crime à toute l'Eglise des obscurités de
son style et des irrégularités de ses pensées.

Je ne parle pas en cette sorte de Tertullien dans
l'opinion de ceux qui s'imaginent avoir droit de le
mépriser, à cause que son style est forcé, et qu'il
s'abandonne souvent à sa vive et trop ardente imagination : car il faut avoir perdu tout le goût de la vérité
pour ne pas sentir dans la plus grande partie de ses
ouvrages, au milieu de tous ses défauts, une force de
raisonnement qui nous enlève : et, sans sa triste sévérité, qui à la fin lui fit préférer les rêveries du faux
prophète Montan à l'Eglise catholique, le christianisme n'auroit guère eu de lumière plus éclatante. Je
ne l'abandonne donc pas en cet endroit; et je croirois,
au contraire, pouvoir faire voir, s'il en étoit question,
que tout ce qu'il a de dur dans son livre contre Hermogène, il ne le dit pas selon sa croyance, mais en
poussant son adversaire selon ses propres principes.
Maintenant il me suffit de démontrer l'injustice de
notre ministre, qui ne cite de bonne foi aucun des
Pères qu'il produit, et qui renverse lui-même le témoignage qu'il tire de Tertullien, en voulant le prendre
à la lettre dans un endroit où il avoue qu'il est outré
au-delà de toute mesure.

On a honte des pitoyables raisons qu'il oppose à
Bullus, qui lui montroit le grand chemin : les voici :
La première, *on ne prouve pas les métaphores,*
comme les anciens ont prouvé cette seconde naissance
et ce développement du Verbe; *car les métaphores
sont des faussetés prises et prouvées dans le sens
littéral* (1). Voilà de ces faux principes qu'on jette en
l'air, quand on ne sait ce qu'on dit, et qu'on ne veut
qu'étourdir un lecteur; car le contraire de ce qu'il
avance est incontestable. On prouve les similitudes et
les comparaisons, soit qu'elles soient étendues, soit
qu'elles soient abrégées et réduites en métaphores,

______
(1) *Tab. Lett.* VI, p. 248.

quand on les explique et qu'on en montre les convenances. On prouve tous les jours aux Juifs que Jésus-Christ est cette étoile de Jacob que vit Balaam (1), cette fleur de la tige de Jessé que vit Isaïe (2), cette pierre rejetée d'abord, et puis mise à l'angle, que chanta David (3). Nous prouvons très-bien aux protestans que l'Eglise *est la maison bâtie sur la pierre* (4), c'est-à-dire, qu'elle est inébranlable ; *et la cité élévée sur une montagne* (5), c'est-à-dire, qu'elle est toujours visible. Les protestans eux-mêmes prouvent tous les jours que les sacremens sont des sceaux de la grâce et de l'alliance, contre ceux qui n'y reconnoissent que de simples signes de confédération entre les fidèles. On prouve donc une métaphore et une figure, lorsqu'on prouve qu'une figure explique parfaitement bien une vérité, et qu'elle épuise tout le sens d'un discours. Ainsi les Pères ont très-bien prouvé, non pas que le Verbe, qui est né de toute éternité, naisse de nouveau au commencement des temps ; car cela porte son absurdité dans ses propres termes ; mais que le Verbe, qui étoit caché dans le sein de son Père, a opéré au dehors, et qu'il a été manifesté lorsque Dieu a commandé à l'univers de paroître ; ce qui étoit, en un certain sens, produire son Verbe et mettre au jour sa pensée, comme il a été expliqué souvent.

La seconde raison n'est pas meilleure : « En dis-» putant contre les hérétiques, ou contre les païens » ennemis du mystère de la Trinité, parler métapho-» riquement, ce seroit la dernière imprudence, et une » inexactitude qui ne pourroit se supporter (6). » Au contraire, c'est précisément les esprits grossiers des païens qu'il falloit tâcher d'élever aux vérités intellectuelles par des expressions tirées des sens. Aussi tout est-il rempli de ces expressions dans les livres qu'on a faits pour les instruire ; et il faut n'avoir rien lu ou n'avoir rien digéré pour le nier. J'en dis autant des

(1) *Num.* XXIV 17. — (2) *Isaï.* XI. I. — (3) *Ps.* CXVII. 22. — (4) *Matth.* VII. 24, 25. — (5) *Ibid.* v. 14. — (6) *Ibid.*

hérétiques. On a si peu évité les similitudes, ou, si l'on veut, les métaphores, dans les écrits qu'on a faits pour les confondre, qu'on en a même inséré dans les symboles où on les condamne; puisqu'on a dit dans celui de Nicée : *Dieu de Dieu, lumière de lumière.* Les hérétiques sont grossiers à leur manière, quoiqu'ils soient encore plus opiniâtres. Comme opiniâtres, on les abat par la parole de Dieu ; comme grossiers, on se sert de tous les moyens par où on tâche d'élever les esprits infirmes à la sublimité des mystères. Il n'y a donc rien de plus pitoyable que de raisonner en cette sorte : « Tertullien disputoit contre Praxéas et contre
» des hérétiques qui nioient la Trinité; Théophile dis-
» putoit contre des païens (1) » : donc ils ne devoient point user de métaphores. Mais, au contraire, tout en est plein dans ces ouvrages, et entre autres on y voit en termes précis celle dont nous disputons. C'est dans le livre contre Praxéas que Tertullien attribue la seconde naissance du Fils à cette *parole sonore et extérieure* dont nous venons de parler. Le ministre en produit lui-même le passage (2), et le traduit en ces termes : « Alors, dit Tertullien (3), la parole reçut
» sa beauté et son ornement, savoir, la voix et le son,
» quand Dieu dit : Que la lumière soit; et c'est là la
» parfaite naissance de la parole. » Or, c'est précisément de cette expression de Tertullien que le ministre a prononcé, comme on a vu, qu'il ne la faut pas entendre à la rigueur (4). Il trouve la même expression dans le livre de Théophile contre les païens (5). Ainsi, dans ces deux auteurs, cette seconde naissance est visiblement exprimée par une similitude ; et le ministre songe si peu à ce qu'il dit, qu'il exclut cette figure non seulement des mêmes ouvrages, mais encore des mêmes passages où il l'admet.

La troisième et la dernière raison a déjà été touchée : c'est, dit le ministre (6), « que, sur une simple mé-
» taphore, les anciens ne se seroient pas emportés

---

(1) *Jur. ibid.* — (2) *P.* 245. — (3) *Tert. adv. Prax. c.* VI, VII. — (4) *P.* 250. — (5) *Ibid.* — (6) *Tab. Lett.* VI, *p.* 248.

» à dire des choses si dures, en disputant contre l'é-
» ternité de la matière. » Ces anciens, qui ont dit ces
duretés au sujet de l'éternité de la matière se réduisent
à Tertullien, qui semble dire que le Fils de Dieu *a
eu un commencement, et qu'il n'y a que le Père
qui soit éternel :* et le ministre prétend que, pour
sauver cet esprit outré, comme il l'appelle, et couvrir
les absurdités vraies ou apparentes de son discours, il
faut lui en faire dire de plus excessives ; n'y en ayant
point de pareilles à celles de ces deux naissances, ni
qui soient pleines d'ignorances, de contradictions et
d'erreurs plus insensées.

On voit donc qu'il n'y avoit rien de plus naturel
que le sentiment de Bullus, et que le ministre y étoit
entré en quelque façon. J'ai même remarqué qu'en
attribuant à l'ancienne Eglise les absurdités de ces deux
naissances, il n'a pu s'empêcher d'en faire paroître une
secrète peine (1) : c'est pourquoi, bien qu'il eût dit et
redit qu'il vouloit prendre à la lettre et sans figure ces
portions et ces extensions de la nature divine, il a fallu
y ajouter des *pour ainsi dire*, qui adoucissoient la
rigueur d'un dogme affreux. Cette seconde naissance
s'est faite *par voie d'expulsion, pour ainsi dire* (2);
*Dieu, pour ainsi dire, développant ce qui étoit
renfermé dans ses entrailles* (3). Et encore qu'il se
propose dans tout son ouvrage de faire voir des changemens véritables, et de nouvelles manières d'être
réellement attribuées à Dieu par les saints Pères
(autrement, ses variations prétendues de l'ancienne
Eglise s'en iroient à rien), il a fallu dire que ces manières d'être *sont en quelque sorte nouvelles* (4);
c'est-à-dire qu'il a senti que son lecteur seroit offensé
des imperfections et des nouveautés qu'il faisoit attribuer à Dieu par les anciens Pères. A la bonne heure;
qu'il achève donc de se corriger, et qu'il laisse en
repos les premiers siècles, qui font l'honneur du
christianisme. On voit bien qu'il le faudroit faire, et

(1) Ci-dessus, *p.* 102. — (2) *P.* 257. — (3) *P.* 258. —
(4) *P.* 266.

donner gloire à Dieu en se rétractant ; mais il faudroit donc se résoudre à ne plus parler des variations de l'ancienne Eglise ; et ce dangereux principe de M. de Meaux, que la religion ne varie jamais, demeureroit inébranlable.

Il s'élève ici contre moi une accusation, dont voici le titre à la tête de l'article IV : *Fourberies de l'Evêque de Meaux* (1) Mais quelque rude que soit ce reproche, le ministre n'est pas encore content de lui-même ; et, examinant la conduite que j'ai tenue avec lui dans mon premier Avertissement : « On a peine, dit-il (2), » à nommer une telle conduite ; mais il faut s'y » résoudre : on ne sauroit donc l'appeler autrement » qu'une friponnerie insigne. » Vous le voyez ; il a peine à lâcher ce mot, tant les injures lui coûtent à prononcer ; mais après qu'il a surmonté cette répugnance, il répète plus aisément la seconde fois : *la friponnerie de l'évêque de Meaux ;* et on voit qu'il a de la complaisance pour cette noble expression. Le fondement de son discours est d'abord que je le renvoie au Père Pétau et à Bullus tout ensemble, pour apprendre les vrais sentimens des Pères des trois premiers siècles : « Pour achever son portrait, dit-il (3), » M. de Meaux ne pouvoit mieux faire que de joindre, » comme il a fait, Bullus à Pétau, comme travaillant » à la même chose ; puisque Bullus s'est occupé » presque uniquement à réfuter Pétau pied à pied. » Ceux qui ont lu ces deux auteurs sont épouvantés » d'une telle hardiesse (4) », de faire aller ensemble deux auteurs si directement opposés.

Il dissimule que ce que j'allègue du Père Pétau n'est pas son second tome, que Bullus réfute, mais une préface postérieure dont Bullus ne parle qu'une seule fois et en passant ; et, si j'avois à me plaindre de la candeur de Bullus, ce seroit pour avoir poussé le Père Pétau, sans presque faire mention de cette préface où il s'explique, où il s'adoucit, où il se ré-

(1) *Tab. Lett.* VI. — (2) *Ibid. p.* 292. — (3) *P.* 293. — (4) *P.* 290.

tracte, si l'on veut; en un mot, où il enseigne la vérité à pleine bouche.

Quelle réplique à un fait si important? C'est une *friponnerie*, et, dit M. Jurieu (1), *on ne peut rien imaginer de plus infâme* que d'épargner le Père Pétau, et d'accuser ce ministre *qui dit beaucoup moins*. Mais pourquoi alléguer toujours le Père Pétau, qui a dit la vérité tout entière dans un écrit postérieur? Que M. Jurieu l'imite; qu'il s'explique d'une manière dont la foi de la Trinité ne soit point blessée; nous oublierons ses erreurs; mais puisqu'au lieu de se corriger, plus il s'excuse, plus il s'embarrasse, et qu'il s'obstine à soutenir dans la Trinité de la mutabilité, de la corporalité et de l'imperfection, et ce qui est, en cette matière, le plus manifeste de tous les blasphèmes, une réelle et véritable inégalité; ou qu'il craigne la main de Dieu avec ses faux dogmes, ou qu'il cesse de les soutenir, et de favoriser les impies.

Le ministre répond ici : «Que nous importe, après » tout, ce qu'a dit le Père Pétau dans sa préface (2)?» Mais c'est le comble de l'injustice; car c'est de même que s'il disoit : Que nous importe, quand il s'agit de condamner un auteur, de lire ses derniers écrits, et de voir à quoi à la fin il s'en est tenu? Mais enfin, pour en venir à cette préface, « le Père Pétau, dit le » ministre (3), y prouve la tradition constante de la » foi de la Trinité dans les trois premiers siècles, » comme un Socinien, ou du moins un Arien la » pourroit prouver. » Il faut avoir oublié jusqu'au nom de la bonne foi et de la pudeur pour écrire ces paroles. Bullus, le grand ennemi du Père Pétau, lui fait voir dans le seul endroit qu'il cite de cette préface (4), que le Père Pétau y a reconnu, dans saint « Justin, une profession de la foi de la Trinité, à laquelle » il ne se peut rien ajouter, aussi pleine, aussi entière, » aussi efficace qu'on l'auroit pu faire dans le concile

____

(1) *P.* 292. — (2) *P.* 293. — (3) *Ibid.* — (4) *Def. fid. Nic.* sect. 2, c. IV, LIII, *p.* 109. *Præf. in t.* II, *Theol. Dogm.* c. III. *n.* 1.

» de Nicée : d'où s'ensuit dans le Fils de Dieu la com-
» munion et l'identité de substance avec son Père,
» sans aucun partage, et, en un mot, la consubs-
» tantialité du Père et du Fils. » Le ministre ne rou-
git-il pas, après cela, d'avoir osé dire que le Père Pétau
défend le mystère de la Trinité comme auroit pu faire
un Arien et un Socinien? Mais sans nous arrêter à ce
passage, il ne faut qu'ouvrir la préface du Père Pétau,
pour voir qu'il entreprend d'y prouver que les anciens
« conviennent avec nous dans le fond, dans la subs-
» tance, dans la chose même, du mystère de la
» Trinité, quoique non toujours dans la manière de
» parler »; qu'ils sont sur ce sujet *sans aucune
tache* (1); qu'ils ont enseigné de Jésus-Christ « qu'il
» étoit tout ensemble un Dieu infini, et un homme
» qui a ses bornes; et que sa divinité demeuroit tou-
» jours ce qu'elle étoit avant tous les siècles, infinie,
» incompréhensible, impassible, inaltérable, im-
» muable, puissante par elle-même, subsistante,
» substantielle, et un bien d'une vertu infinie (2) :
» ce qui étoit, ajoute le Père Pétau, une si pleine
» confession de foi de la Trinité, qu'aujourd'hui
» même, et après le concile de Nicée, on ne pouvoit
» la faire plus claire (3). » Voilà, selon M. Jurieu,
établir la foi de la Trinité *comme pouvoit faire un
Arien.* Enfin le Père Pétau remarque, même dans
Origène, *la divinité de la Trinité adorable* (4);
dans saint Denis d'Alexandrie, *la coéternité et la
consubstantialité du Fils;* dans saint Grégoire
Thaumaturge, *un Père parfait d'un Fils parfait,
un Saint-Esprit parfait, image d'un Fils parfait;*
pour conclusion, *la parfaite Trinité;* et, en un mot,
*dans ces auteurs, la droite et pure confession de
la Trinité* (5): en sorte que, lorsqu'ils semblent s'é-
loigner de nous, c'est selon ce Père (6), ou bien avant
la dispute, comme disoit saint Jérôme (7), *moins de*

(1) *Præf.* c. 1, n. 10, 12, c. 11, c. 111, *etc.* — (2) *Ibid.* c. 1v.
n. 2. — (3) *Ibid.* — (4) *Ibid.* n. 3. — (5) *Ibid.* n. 4, 5. —
(6) *Ibid.* c. 111. n. 6. — (7) *Hier. Apol.* 1, *nunc Apol.* 11 *ad
Rufin.* t. 1v, *part. II, col.* 409 *et seq.*

*précaution dans leurs discours, le substantiel de la foi demeurant le même* jusque *dans Tertullien, dans Novatien, dans Arnobe, dans Lactance* même, et dans les auteurs les plus durs (1); ou, en tout cas des ménagemens, des condescendances, et, comme parlent les Grecs, des économies qui empêchoient de découvrir toujours aux païens, encore trop infirmes, *l'intime et le secret du mystère avec la dernière précision et subtilité* (2). Par conséquent il est constant, selon le Père Pétau, que toutes les différences entre les anciens et nous dépendent du style et de la méthode, jamais de la substance de la foi.

Voilà d'abord une réponse qui ferme la bouche; mais d'ailleurs, quand ce savant jésuite ne se seroit pas expliqué lui-même d'une manière aussi pure et aussi orthodoxe qu'on vient de l'entendre, à Dieu ne plaise qu'il soit rien sorti de sa bouche qui approche des égaremens de M. Jurieu. Ce ministre croit me mettre aux mains avec les savans auteurs de ma communion, en proposant à chaque page le grand savoir *du Père Pétau et de M. Huet* (3), et me reprochant en même temps « que si j'avois traversé, comme eux,
» le pays de l'antiquité, je n'aurois pas fait des
» avances si téméraires; mais qu'aussi je ne savois
» rien d'original dans l'histoire de l'Église, et que ni
» je n'avois vu par moi-même les variations des
» anciens, ni bien examiné les modernes qui ont
» traité de cette matiere. » C'est ainsi qu'il m'oppose ces deux savans hommes. Mais quelle preuve nous donne-t-il de leur grand savoir dans les ouvrages des Pères? J'en rougis pour lui : *c'est qu'ils* les ont faits ce qu'ils ne sont pas, de son aveu propre; c'est-à-dire, *le Père Pétau formellement Arien, et M. Huet guère moins* (4). C'est ainsi qu'il met le savoir de ces deux fameux auteurs en ce qu'ils ont imputé aux Pères des erreurs dont lui-même il les

(1) *Hier. Apol.* 1, nunc *Apol.* 11 ad *Rufin. t.* 1v, *part. II,* col. 5, *n.* 1, 3, 4. — (2) *Ibid.* col. 3, *n.* 3. *I. Avert. p.* 58. — (3) *P.* 278. — (4) *Tab. Lett.* 11, *p.* 291.

excuse. Pour moi, je ne veux disputer du savoir ni avec les vivans, ni avec les morts; mais aussi c'est trop se moquer de ne les faire savans que par les fautes dont on les accuse, et de ne prouver leurs voyages dans ces vastes pays de l'antiquité, que parce qu'ils s'y sont souvent déroutés. Je lui ai montré le contraire du Père Pétau par sa savante préface. Pour ce qui regarde M. Huet, avec lequel il veut me commettre, il se trompe : je l'ai vu dès sa première jeunesse prendre rang parmi les savans hommes de son siècle; et depuis j'ai eu les moyens de me confirmer dans l'opinion que j'avois de son savoir, durant douze ans que nous avons vécu ensemble. Je suis instruit de ses sentimens, et je sais qu'il ne prétend pas avoir fait arianiser ces saints docteurs, comme le ministre l'en accuse. A peine a-t-il prononcé quelque censure, qu'il l'adoucit un peu après. Il entreprend de faire voir dans les locutions les plus dures de son Origène même (1), comme sont celles de créature, et dans les autres, « qu'on le » peut aisément justifier; que la dispute est plus dans » les mots que dans les choses; que si on le condamne » en expliquant ses paroles précisément et à la rigueur, » on prendra des sentimens plus équitables en péné-» trant sa pensée. » Il est même très-assuré qu'il ne traitoit pas exprès cette question, et qu'il n'a parlé des autres Pères que par rapport à Origène, ou pour l'éclaircir ou pour l'excuser. Enfin, il est si peu clair que ce prélat fasse Origène ennemi de la consubstantialité du Fils de Dieu, que pour justifier ce Père sur cette matière, le protestant anglais qui nous a donné son Traité de l'Oraison, nous renvoie également à *M. Huet et à Bullus* (2). Je n'en dirai pas davantage : un si savant homme n'a pas besoin d'une main étrangère pour le défendre; et si quelque jour il lui prend envie de réfuter les louanges que le ministre lui donne, il lui fera bien sentir que ce n'est pas à lui

______

(1) *Origen. c.* 2, *q.* 2, *n.* 10, 17, 24, 28. — (2) *Quòd Origenes de Filii* ὁμοουσίω *rectè sensit, consulatur Cl. Huetius in Origen. et Bullus noster. Nota ad p.* 58 *lat. interpret.*

qu'il faut s'attaquer. Mais, après tout, quand il seroit
véritable que le Père Pétau autrefois, et **M. Huet**
aujourd'hui, auroient aussi maltraité les anciens que
le prétend M. Jurieu, leur ont-ils fait dire, comme
lui, que la nature divine est changeante, divisible **et**
corporelle ? Ont-ils dit que la perfection de l'Etre
divin, sa spiritualité et son immutabilité n'étoient pas
connues alors ? *que l'opinion constante et régnante*
étoit opposée à la foi de la Providence, et les autres
impiétés par où le ministre fait voir qu'on ôtoit à
Dieu, dans les premiers siècles, non seulement ses
Personnes, mais, ce qui est pis, son essence propre,
et les attributs les plus essentiels à la nature divine,
que les païens même connoissoient ? Quand donc le
ministre assure que j'épargne les savans de mon parti,
et que je le poursuis en toute rigueur, lui qui en a dit
infiniment moins (1), il jette en l'air ses paroles sans
en connoître la force, puisqu'il n'y a rien eu jusqu'ici
qui ait égalé ses égaremens sur ce sujet. Il se vante
« d'avoir dit en propres termes, *dans ses lettres*
» *de* 1689, que les anciens faisoient la Trinité éter-
» nelle, tant à l'égard de la substance que des Per-
» sonnes (2). » Mais il y a dit précisément le contraire, puisqu'il y a dit, comme on a vu (3), que le
Fils de Dieu n'étoit dans le sein du Père que « comme
» un germe et une semence qui s'étoit changée en
» personne un peu devant la création. » Lorsqu'il
blâme le Père Pétau d'avoir dit « que le Fils de Dieu
» n'étoit pas une personne distincte du Père dès
» l'éternité (4) », il le blâme de sa propre erreur ; et
lui-même l'assuroit ainsi il n'y a pas encore deux ans,
comme on a vu (5). Si le Père Pétau est blâmable,
selon lui, d'avoir fait arianiser quelques Pères, *non-*
*nulli, ou de les avoir tous comptés, très-peu*
*exceptés, entre ces prétendus Ariens* (6), que dira-
t-on du ministre, qui, méprisant tout tempérament et

(1) *Jur. Lett.* vi, p. 291. — (2) *P.* 292. — (3) Ci-dessus,
p. 15, 16, 17. — (4) *P.* 249. — (5) Ci-dessus, p. 15, 16, 17.
— (6) *P.* 251.

tout correctif, ose dire à pleine bouche : *et moi, je n'en excepte aucun ?* Il n'en excepte ni n'en exempte aucun d'avoir dit que le Fils de Dieu, comme Verbe, avoit deux *nativités actuelles et véritables,* l'une *imparfaite* dans l'éternité, et l'autre *parfaite* dans le temps (1) ; ainsi qu'il avoit acquis dans le temps un être *développé et parfait, et que de Sagesse de Dieu il étoit devenu son Verbe* (2) ; qu'il étoit donc imparfait, aussi bien que le Saint-Esprit, de toute éternité ; et que, sur ce fondement, les anciens non seulement avoient dit, *mais avoient dû dire* (3) qu'il y avoit entre les Personnes divines une véritable et réelle inégalité ; en sorte que l'une fût inférieure à l'autre, non seulement à raison de son origine, mais encore à raison de sa perfection. Où étoit donc la vérité de la foi, quand tous les Pères enseignoient unanimement cette doctrine, *sans en excepter un seul ?* Ceux qui en ont dit, à ce qu'il prétend, infiniment moins que lui, se sont-ils emportés à cet excès ?

Mais voici enfin le comble de l'aveuglement et l'endroit fatal au ministre. Ceux qui ont fait, selon lui, arianiser les Pères, en ont-ils conclu comme lui, que la doctrine arienne fût tolérable, ou qu'elle n'eût jamais été condamnée dans les conciles, ou enfin qu'elle ne pût être réfutée par l'Ecriture ? Tout au contraire, ils ont regardé ces sentimens comme condamnables et condamnés effectivement dans le concile de Nicée. M. Jurieu est l'unique et l'incomparable, qui non content de faire enseigner en termes formels à tous les Pères des trois premiers siècles, *sans en excepter aucun,* la divisibilité et la mutabilité de la nature divine avec l'imperfection et l'inégalité des Personnes, ose dire encore dans la sixième lettre de 1689, que ce n'est pas là *une variation essentielle :* et en 1690, « que l'erreur des anciens est une méchante philoso- » phie, qui ne ruine pas les fondemens (4) ; que cette » théologie, pour être un peu trop platonicienne, ne

_________

(1) *P.* 255, 257, 261, 262. — (2) *Ibid. p.* 283. — (3) *P.* 264, 284. — (4) *Tab. Lett.* VI, *art.* 4, *p.* 276.

» passera jamais pour être hérétique , ni même pour
» dangereuse dans un esprit sage (1) »; qu'elle n'a jamais été condamnée dans aucun concile ; que le concile de Nicée avoit expressément marqué dans son
symbole, *qu'il ne vouloit pas condamner l'inégalité que les anciens docteurs avoient mise* entre
le Père et le Fils (2), et que loin de condamner la seconde nativité qu'ils attribuoient au Verbe, *ils la
confirment par leur anathème* (3) : enfin non seulement que cette doctrine n'avoit point été condamnée,
mais encore qu'elle n'étoit pas condamnable, puisqu'elle ne pouvoit même *être réfutée par les Ecritures*. Voilà ce qu'a dit celui qui prétend en avoir dit
*infiniment moins* que les autres, pendant qu'il s'é-
lève au-dessus d'eux tous par des singularités qui lui
sont si propres, qu'on n'en a jamais approché parmi
ceux qui font profession de la foi de la Trinité. Je ne
lui fais donc point d'injustice de le distinguer, je ne
dirai pas du Père Pétau, qui s'est réduit en termes
formels à des sentimens si orthodoxes, mais encore
de son Senltet et des autres protestans qui ont le plus
maltraité ces Pères ; puisqu'aucun d'eux n'a jamais
pensé à exempter de la censure des conciles et de toute
condamnation, la doctrine qu'ils leur attribuent. On
voit maintenant ce que c'est que *ces insignes friponneries* que le ministre ne rougit pas de m'imputer ; et
on voit sur qui je pourrois faire retomber ce reproche,
si je n'avois honte de répéter des expressions si brutales, qu'au défaut de l'équité et de la raison une
bonne éducation auroit supprimées.

(1) *P.* 297. — (2) *P.* 271. — (3) *P.* 273.

# SECONDE PARTIE.

## *Que le ministre ne peut se défendre d'approuver la tolérance universelle.*

Ce qu'il y a de plus rare dans le sentiment de M. Jurieu, c'est que cette bizarre théologie, qu'on ne peut ni réfuter, ni condamner, ni proscrire, et qu'aucun homme de bon sens ne peut juger ni hérétique ni même dangereuse, tout d'un coup ( je ne sais comment ), devient entièrement intolérable : « A Dieu ne plaise, » dit-il (1), que je voulusse porter ma complaisance » pour cette théologie des anciens, jusqu'à l'adopter » ni même à la tolérer AUJOURD'HUI. » Il veut donc dire qu'autrefois on auroit pu *adopter*, ou tout au moins *tolérer* cette théologie des anciens; mais *aujourd'hui, à Dieu ne plaise :* c'est-à-dire, qu'il la repousse jusqu'à l'horreur. Qui comprendra ce mystère ? Comment cette théologie est-elle si tolérable et si intolérable tout à la fois, si dangereuse et si peu dangereuse ? Et pour trancher, en un mot, pourquoi ne pas tolérer encore aujourd'hui une doctrine qui n'est condamnée par aucun concile; qui est approuvée au contraire par celui de Nicée; qui ne peut être réfutée par l'Ecriture ; qui n'a contre elle ni les Pères, ni la tradition ou la foi de tous les siècles, puisqu'on lui donne d'abord les trois premiers siècles à remplir ? Voici la conséquence que le ministre a tant redoutée : c'est ici qu'il se rend le chef des Tolérans ses capitaux ennemis; et ils se vantent eux-mêmes que jamais homme ne les a plus favorisés, que ce ministre qui s'échauffe tant contre leur doctrine. C'est en effet ce qu'on va voir plus clair que le jour.

Le ministre propose la difficulté dans la septième

(1) *Tab. Lett.* VI, *p.* 268.

lettre de son Tableau, et pour y répondre dans les formes, il dit trois choses. La première, qu'il ne s'en-suit pas, pour avoir toléré des erreurs en un temps, et avant que les matières soient bien éclaircies, qu'on les doive tolérer dans un autre, et après l'éclaircisse-ment. La seconde, que les anciens docteurs n'ont été ni Ariens, ni Sociniens ; et ainsi que la tolérance qu'on a eue pour eux ne donnera aucun avantage à ces hé-rétiques. La troisième, qu'ils n'ont erré que par igno-rance et par surprise, et plutôt comme philosophes qu'autrement (1).

Mais dans toutes ses réponses il s'oublie lui-même. Dans la première, son principe est vrai, on tolère avant l'éclaircissement ce qu'on ne peut plus tolérer après ; je l'avoue ; c'est notre doctrine. Quand nous l'avancions autrefois, les protestans nous objectoient que nous faisions de nouveaux articles de foi. Nous répondions : Cela est faux ; nous les éclaircissons, nous les déclarons ; mais nous ne les faisons pas, à Dieu ne plaise. Après s'être long-temps moqué d'une si solide réponse, il y faut venir à la fin, comme à tant d'autres doctrines, que la Réforme avoit d'abord re-jetées si loin. Avouons donc à M. Jurieu que son prin-cipe est certain, et prions-le de s'en souvenir en d'au-tres occasions : mais en celle-ci visiblement il a oublié ce qu'il vient de dire. Une erreur est bien éclaircie, lorsqu'elle est bien réfutée par les Ecritures, que la foi de tous les siècles y paroît manifestement opposée, et qu'à la fin elle est condamnée par l'autorité de l'E-glise et de ses conciles. Or M. Jurieu vient de nous dire, qu'encore à présent l'erreur qu'il attribue aux trois premiers siècles ne peut être ni réfutée par l'E-criture, ni convaincue du moins par la tradition et par le consentement de tous les siècles ; et que, loin d'être condamnée par aucun concile, elle ne l'est pas même dans celui de Nicée, où la matière a été traitée, dé-libérée, décidée expressément ; qu'au contraire elle y a été confirmée. Il n'est donc encore arrivé à cette

____

(1) *Tab. Lett.* VII, *p.* 351.

2. BOSSUET. AVERTISSEMENS.                                  6

matière aucun nouvel éclaircissement, par où l'erreur des trois premiers siècles soit moins tolérable qu'alors. Bien plus, ce n'est pas même une erreur contre la foi; puisque M. Jurieu nous apprend qu'elle ne peut être détruite que par les idées philosophiques que nous avons *aujourd'hui*. Or la foi n'est pas *d'aujourd'hui*; elle est de tous les temps : la foi n'attend pas à se former ni à se régler par les idées philosophiques : et il est autant tolérable d'être mauvais philosophe, pourvu qu'on soit vrai fidèle, maintenant que dans les siècles précédens : et la raison est que la foi tient lieu de philosophie aux chrétiens. Ainsi M. Jurieu ne sait ce qu'il dit, et on ne sait sur quoi appuyer son intolérance; par conséquent voilà en un mot sa première raison par terre; la seconde ne tiendra pas plus long-temps.

Les Pères n'étoient, dit-il, ni Sociniens ni Ariens; donc, pour les avoir tolérés, on ne doit pas pour cela avoir la même condescendance pour ces hérétiques. Il est aisé de lui répondre selon ses premières lettres. Les anciens à la vérité n'étoient ni Ariens ni Sociniens à la rigueur; mais ils disoient toutefois que les trois Personnes divines n'étoient pas égales; qu'elles n'étoient pas distinctes les unes des autres de toute éternité; que le Fils de Dieu n'étoit qu'un germe et une semence devenue personne dans la suite : et enfin, que la Trinité ne commença d'être qu'un peu avant la création de l'univers; ce qui emportoit une partie très-essentielle de l'arianisme et du socinianisme. Il les eût pourtant tolérés avec ces erreurs, comme on a vu : il eût donc toléré une partie essentielle de l'erreur arienne et socinienne.

Mais on dira qu'il s'est mieux expliqué dans les lettres de cette année. Point du tout : car il persiste dans la même erreur sur l'inégalité des personnes; puisqu'il y soutient encore que les anciens, dont il reconnoit que la doctrine est irréprochable, font le Fils et le Saint-Esprit inférieurs au Père en opération et en perfection; de vrais ministres au-dessous de lui, produits dans le temps, et si librement, selon quelque chose

qui est en eux, qu'ils pouvoient n'être pas produits à
cet égard ; imparfaits dans l'éternité, et acquérant avec
le temps leur entière perfection ; le Fils de Dieu en
particulier devenu Verbe dans le temps, de sagesse
qu'il étoit auparavant. Voilà ce que dit encore le ministre dans ces lettres, où il prétend redresser son système. Il est vrai qu'il s'est redressé en quelque façon
sur la distinction des personnes : parlons franchement ;
il s'est dédit : et, au lieu que la Trinité n'étoit pas distincte d'abord, et selon ses premières lettres ; par les
secondes elle est seulement développée. Mais il ne se
tire pas mieux d'affaire par cette solution ; puisque de
son propre aveu la divinité y demeure divisible, corporelle, et, sans contestation, muable ; ce qui est une
partie des plus essentielles de l'erreur socinienne, ou
quelque chose de pis.

Il est ici arrivé à M. Jurieu ce qui lui arrive toujours,
comme à tous ceux qui se trompent et qui s'entêtent
de leur erreur. Occupé et embarrassé de la difficulté
où il est, il oublie les autres. Il songe à parer le coup
de l'arianisme des Pères ; et comme si la saine doctrine
consistoit toute en ce point, dans les autres il la laisse
sans défense, et également exposée à des coups mortels. Parlons net : la spiritualité et l'immutabilité de
l'Etre divin ne sont pas moins essentielles à la perfection de Dieu, que la divinité de son Verbe. Si donc
vous souffrez l'erreur qui attaque ces deux attributs
divins, de l'un à l'autre on vous poussera sur tous les
points ; et, dussiez-vous en périr, il vous faudra avaler
tout le poison de la tolérance. Votre seconde raison
n'est donc pas meilleure que la première. Il ne vous
reste que la troisième, qui est sans comparaison la pire
de toutes.

« Quand il seroit vrai, dites-vous (1), ce qui est
» très-faux, que ces anciens par ignorance ( il ajoute
» après, ou par surprise ) seroient tombés dans une
» erreur approchante de l'arianisme, il ne seroit point
» vrai que ce fût la foi de l'Eglise d'alors ; ce seroit la

_____________

(1) *Lett.* VII, *p.* 355.

6.

» théologie des philosophes chrétiens. » Songez-vous bien, M. Jurieu, à ce que vous dites? Les Tolérans vont vous accabler. Dans une hérésie aussi dangereuse que l'arianisme, ou dans les erreurs approchantes, vous tolérez les Pères à cause de leur ignorance : c'est pour la même raison et en plus forts termes, que les Tolérans vous demandent que vous tolériez les peuples. Si dans la grande lumière du christianisme, les docteurs de l'Eglise ont pu ignorer dans la nature divine sa parfaite immutabilité, et dans les Personnes divines l'entière égalité entière, pourquoi ne voulez-vous pas qu'un peuple grossier puisse ignorer innocemment les mêmes choses ou d'autres aussi sublimes? Mais si l'immutabilité de Dieu, qui est si claire à la raison humaine, a été cachée aux maîtres de l'Eglise, pourquoi les disciples seront-ils tenus à en savoir davantage? et avec quelle justice les obligerez-vous à concevoir des mystères plus impénétrables? Que faire dans cette occasion, puisqu'il faut changer de principes, ou donner gain de cause aux Tolérans? Mais voici encore pour vous un autre embarras. Dites-moi, que prétendiez-vous quand vous avez étalé ces grossières erreurs des anciens? Assurément vous vouliez combattre cette dangereuse et ignorante maxime de l'Evêque de Meaux « que l'Eglise ne varie jamais dans l'exposition » de la foi : et que la vérité catholique, venue de » Dieu, a d'abord sa perfection (1). » Pour détruire cette maxime, il falloit trouver quelque chose qu'on pût appeler la foi de l'Eglise et la vérité catholique, où vous puissiez montrer quelque changement; et pour cela vous accusez d'erreurs capitales tous les anciens *sans en excepter aucun.* Il faut maintenant changer de langage : cela étoit bon contre l'Evêque de Meaux; mais contre les Tolérans ce n'est plus de même : et quand toute l'antiquité seroit tombée dans une erreur approchante de l'arianisme, « ce ne seroit » pas, selon vous, la foi de l'Eglise d'alors, mais

(1) *Hist. des Var. Préf. p.* 5, 8. *Tab. Lett.* vi, *art.* 4, *p.* 277.

» seulement la théologie des philosophes chré-
» tiens (1). »

Le ministre se sera sans doute ébloui lui-même,
comme il tâche de faire les autres, par cette nouvelle
expression, *la théologie des philosophes*. Mais que
lui sert d'exténuer par ce foible titre la qualité des
saints Pères? Les Tolérans, qu'il veut contenter par
ce grossier artifice, sauront bien lui reprocher que ces
philosophes chrétiens c'étoient les prêtres, c'étoient
les évêques, les docteurs et les martyrs de l'Eglise :
enfin c'étoient *ces savans de* M. Jurieu, qui, dans
ces siècles d'ignorance « où le savoir étoit si rare entre
» les chrétiens, entraînoient la foule dans leur opi-
» nion (2). » En un mot, ou c'étoit ici par la bouche
de ces saints docteurs une exposition de la foi de toute
l'Eglise ; et le ministre ne peut s'empêcher du moins
de la tolérer : ou c'étoit l'exposition de quelques particuliers ; et il n'a point prouvé contre moi les variations de l'Eglise.

Mais voici la dernière ressource. Au milieu de ces
pitoyables erreurs de tous les docteurs de l'Eglise,
sans en excepter aucun, il veut que la foi demeure
pure ; et, dit-il (3), « ces spéculations vaines et guin-
» dées des docteurs de ce temps-là n'empêchoient pas
» la pureté de la foi de l'Eglise, c'est-à-dire, du peu-
» ple ; cela ne passoit pas jusqu'à lui. » Jamais il ne
voudra voir la difficulté : car premièrement, quelle
foiblesse de mettre l'Eglise et la pureté de la foi dans
le peuple seul ! « Cela, dit-il (4), n'empêchoit pas la
» pureté de la foi de l'Eglise, c'est-à-dire, du peu-
» ple » : comme si les pasteurs et les docteurs, et
encore des docteurs martyrs, n'étoient pas du moins
une partie de l'Eglise, si ce n'étoit pas la principale.
*Cela*, dit-il, *ne passoit pas jusqu'au peuple*. Mais
quoi ! ne lisoit-il pas les livres de ces docteurs ? Et qui
a dit à M. Jurieu que ces docteurs n'enseignoient pas
de vive voix ce qu'ils mettoient par écrit ? Je veux bien

_________

(1) *Tab. Lett.* vii, *p.* 555. — (2) *Lett.* vii *de* 1689. *p.* 43.
— (3) *P.* 269. — (4) *Ibid.*

croire que les docteurs ne prêchoient pas au peuple *leurs spéculations vaines et guindées*, comme les appelle le ministre : mais venons un fait. Par où passoit dans le peuple la perfection et l'immutabilité de Dieu avec l'égalité de ses personnes, pendant que ses docteurs ne les croyoient pas, et n'en avoient qu'une idée confuse et fausse ? Est-ce peut-être que durant ces temps, et dans ces siècles que le ministre veut appeler les plus purs, le peuple se sauvoit déjà, comme il l'imagine dans les siècles les plus corrompus, en croyant bien pendant que l'on prêchoit mal, et en discernant le bon grain d'avec l'ivraie ? S'il est ainsi, ces siècles, dont on nous vante d'ailleurs la pureté, sont les plus impurs de tous ; puisque les erreurs qu'on y enseignoit étoient plus mortelles ; puisque c'étoit l'essence de Dieu et l'égalité des Personnes qu'on y attaquoit ; puisqu'enfin on y renversoit tous les fondemens. Ces siècles avoient donc besoin d'un réformateur, et le ministre en convient par ces paroles : « Car, dit-il (1), » il n'eût fallu qu'un seul homme pour faire revenir » les anciens Pères, et pour les avertir seulement de » l'incompatibilité de leur théologie avec la souve- » raine immutabilité de Dieu. » Mais enfin cet homme manquant, que pouvoient-ils faire ? l'Écriture ne leur montroit pas ce divin attribut : ils ne furent pas assez philosophes pour le bien entendre : le peuple moins philosophe encore n'y voyoit pas plus clair : que résultoit-il de là, sinon que Dieu passa pour changeant, et la Trinité pour imparfaite ?

Le ministre croit m'étonner en me demandant si je prêche à mon peuple les notions, les relations, les propriétés des trois divines Personnes ; et il est assez ignorant pour se moquer en divers endroits de ces expressions de l'École (2). Mais que veut-il dire ? Veut-il nier qu'au lieu qu'il est commun au Père et au Fils, par exemple, d'être Dieu et d'être éternel, il ne soit pas propre au Père d'être Père, comme au Fils d'être

_______

(1) *Lett.* VII, *p.* 356. — (2) *Tab. Lett.* VI, *p.* 268, 270, 285.

Fils, et que cela ne s'appelle pas des propriétés ; ou
qu'être Père, être Fils, et être l'Esprit du Père et
du Fils, ne soient pas des termes relatifs ; ou que les
Personnes divines n'aient pas des caractères pour se
distinguer, ou que ce ne soient pas caractères qu'on
appelle notions ? S'il lisoit les anciens docteurs
dans un autre esprit que celui de contention et de dispute, il auroit vu dans saint Athanase, dans saint Augustin, dans tous les Pères, et dès le commencement
de l'arianisme dans saint Alexandre d'Alexandrie, ces
relations, ces propriétés, ces notions et ces caractères particuliers des personnes. Il s'imagine que nous
croyons avoir compris le mystère, quand nous avons
expliqué ces termes : au lieu que dans l'usage de l'E-
cole ce ne sont pas là des idées qui rendent les choses
claires, ce qui est réservé à la vie future ; mais des
termes pour en parler correctement et éviter les erreurs. C'est pourquoi, lorsqu'il me demande si je
prêche tout cela au peuple dans mes catéchismes ;
sans doute je prêche au peuple et aux plus petits de
l'Eglise, selon le degré de capacité où ils sont parvenus, que le Père n'a point de principe, c'est-à-dire,
en autres termes, qu'il est le premier, et qu'il ne faut
point remonter jusqu'à l'infini : c'est cela et les autres
choses aussi assurées qu'on appelle les notions, sans
en faire un si grand mystère ; et le ministre, qui s'en
moque sans songer à ce qu'il dit, les doit prêcher
comme nous, en d'autres termes peut-être, mais toujours dans le même sens. Sans donc s'arrêter à ces
chicanes, il faudroit une fois répondre à notre demande, qui est-ce qui prêchoit au peuple l'égalité des
personnes et l'immuable perfection de l'Etre divin,
pendant que tous les docteurs croyoient le contraire ?
Le ministre dit à pleine bouche : « Nous trouvons dans
» les premiers siècles une beaucoup plus grande pu-
» reté que dans les âges suivans, et nous nous faisons
» honneur de notre conformité avec eux (1). » Cela
est bon pour s'en faire honneur, et pour faire croire

_______

(1) *Tab. Lett.* vi, *p.* 296, 297.

au peuple qu'on a réformé l'Eglise sur le plan de ces premiers siècles. Mais cependant s'il faut trouver des variations dans la foi de l'ancienne Eglise, c'est là qu'on les cherche ; s'il faut donner des exemples des plus pauvres théologiens qui furent jamais, c'est là qu'on les prend. Ils ont si peu profité du bonheur d'être si voisins des temps apostoliques, qu'aussitôt après que les apôtres ont eu les yeux fermés, ils ont obscurci les principaux articles de la religion chrétienne par une fausse et impure philosophie. Pour comble d'aveuglement, ils ne lisoient que Platon, et ne lisoient point l'Ecriture, ou ils la lisoient sans application, et sans y apercevoir ce qu'elle avoit de plus clair, c'est-à-dire, les fondemens de la religion.

Pour ne rien omettre de considérable, il reste à examiner si en bonne théologie, et sans blesser la foi, le ministre a pu approuver ce qu'il attribue à Tertullien, que Dieu *a fait son image* et son Verbe (1), qui est son Fils. Il y a là deux questions : l'une si Tertullien l'a dit ; l'autre quand il l'auroit dit, s'il étoit permis de le suivre. Le dernier n'a pas de difficulté par les principes communs des protestans comme des catholiques ; puisque nous recevons les uns et les autres le symbole de Nicée, où il est dit expressément du Fils de Dieu, *engendré, et non fait*. Dire donc qu'il a été fait, c'est aller contre la foi de Nicée qui nous sert de fondement aux uns et aux autres. J'en pourrois demeurer là, si le ministre en m'insultant à cet endroit sur *mon esprit déclamatoire*, dont il veut qu'on trouve ici *un* si grand *exemple* (2), n'avoit mérité qu'on découvrît son injuste fierté. Disons-lui donc qu'il n'y avoit rien de plus manifeste que ce qu'il a voulu embrouiller ici. Dès le premier mot de saint Jean, le Verbe est celui *par qui a été fait tout ce qui a été fait* (3). Il est donc visiblement exclus par là du nombre des choses faites. Comme remarque saint Athanase, on nous dit bien qu'*il a été fait*

(1) Lett. vi de 1689, p. 44. I. Avert. p. 13. — (2) P. 286. — (3) Joan. 1. 3.

*Christ,* qu'il a été fait *Seigneur* (1), qu'*il a été fait homme ou fait chair* (2) ; mais jamais qu'il a été fait Verbe, ni qu'il a été fait Fils : au contraire, *il étoit Verbe* et *il a été fait homme,* par une visible opposition entre ce que le Verbe étoit naturellement, et ce qu'il a été fait par la volonté de Dieu. Mais il faut ici répéter ce qu'un Proposant de quatre jours n'ignore pas, et que le ministre sait bien en sa conscience, puisqu'il a même bien su que quarante ans, comme il le compte, après les apôtres, Athénagore *avoit nié que le Fils fût sorti du sein de son Père comme une chose faite* (3), *assurant,* au contraire, *qu'il a été engendré* (4), comme l'Ecriture le dit perpétuellement. Il cite aussi de saint Irénée ce passage mémorable où il oppose *les hommes qui ont été faits,* au Verbe dont *la co-existence est éternelle* (5). Ainsi il voit bien qu'il a tort, et que le langage contraire à celui qu'il tient est établi dans l'Eglise dès l'origine du christianisme. Pourquoi donc a-t-il approuvé, après tant de témoignages, et après la foi de Nicée, ce qu'il fait dire à Tertullien, que Dieu a fait son Fils et son Verbe ? C'est parce qu'il ne songe pas à ce qu'il dit, et qu'en matière de foi il n'a nulle exactitude. Et pourquoi le soutient-il ? C'est parce qu'il ne veut jamais avouer sa faute. Il nous allègue pour toute raison que souvent *faire* signifie *engendrer* en notre langue (6) : ce qu'il prouve par cette noble façon de parler, *que les hommes font des enfans, et les animaux des petits.* Ainsi, malgré l'Ecriture, malgré la tradition, malgré la foi de Nicée, il dira quand il lui plaira (j'ai honte de le répéter), que Dieu a fait un Fils, et portera jusque dans le ciel la plus basse façon de parler de notre langue ; au lieu qu'il falloit songer qu'il s'agit ici, non d'une phrase vulgaire, mais du langage ecclésiastique qui, formé sur l'Ecriture et l'usage de tous les siècles, doit être sacré aux chrétiens, surtout depuis qu'il est

(1) *Act.* 11. 36. — (2) *Joan.* 1. 14. — (3) *Tab. Lett.* vi, *p.* 25. — (4) *Ibid.* 232. — (5) *Iren. lib.* 11, c. 43, *al.* 25, *n.* 3, *p.* 153. — (6) *Ibid. p.* 286.

6..

consacré par un aussi grand concile que celui de Nicée. Cependant je suis un déclamateur, parce que je veux obliger un professeur en théologie à parler correctement; et il fait semblant de croire que c'est sur cette seule témérité que je me plains qu'on lui souffre tout dans son parti, comme si tout ce qu'il écrit depuis deux ans, principalement sur cette matière, n'étoit pas plein d'erreurs si insupportables qu'il n'y a qu'à s'étonner de ce qu'on les souffre.

Pour ce qui regarde Tertullien, quand il lui seroit échappé d'employer une fois ou deux le mot de *faire*, au lieu de celui d'*engendrer*, il faudroit mettre cette négligence parmi celles que saint Athanase a remarquées dans les écrits de quelques anciens (1), *où une bonne intention supplée à une expression trop simple et trop précautionnée.* Car au reste, Tertullien, dans le livre le plus suspect, qui est celui contre Hermogène, a bien montré qu'à l'exemple des autres Pères, il exceptoit le Fils de Dieu du nombre des choses faites, comme celui par qui tout étoit fait (2); et il ne dit pas absolument dans son livre contre Praxéas ce que le ministre lui a fait dire, que Dieu *a fait* son Fils et son Verbe. On peut bien dire, comme je l'ai remarqué (3), que Dieu est fait, non absolument, mais, comme dit le Psalmiste, *qu'il est fait notre recours et notre refuge* (4). Il est clair par toute la suite que le *faire* de Tertullien (5) se dit en ce sens. Ce que le ministre ajoute, qu'ici *faire* signifie *former*, n'est pas meilleur, et ne sert qu'à faire voir de plus en plus qu'on se jette d'un embarras dans un autre, quand on veut toujours avoir raison; car on ne dira non plus dans le langage correct que Dieu ait formé son Fils ni son Saint-Esprit, parce que cela ressent quelque chose qui étoit informe auparavant: et il n'y a que M. Jurieu qu'une telle idée accommode. On dit, avec l'Écriture, que le Fils est engendré; qu'il est né; et par un terme plus général qui convient

(1) *Orat.* 3 et 4. — (2) *Cap.* xix et seq. — (3) *I. Aver* p. 13. — (4) *Ps.* ix. 10. — (5) *Adv. Prax. n.* 9.

aussi au Fils, on dit que le Saint-Esprit procède. Dieu, qui dispense comme il lui plait, selon les règles de sa sagesse, la révélation de ses mystères, n'a pas voulu que nous en sussions davantage sur la procession du Saint-Esprit. On ne dit pas qu'il est né, car il seroit Fils; et le Fils de Dieu ne seroit pas unique comme il l'est selon l'Ecriture; et c'est pourquoi le ministre ne devoit pas dire, en parlant du Fils ou du Saint-Esprit, que les anciens *les faisoient produits librement à l'égard de leur seconde naissance* (1): car jamais, ni dans l'Ecriture, ni dans les auteurs ecclésiastiques, il n'entendra parler de la nativité du Saint-Esprit, ni de la première, ni de la seconde; puisqu'il en veut donner jusqu'à deux à celui qui n'en a pas même une seule. Un homme qui tranche si fort du théologien, et qui s'érige en arbitre de la théologie de son parti, où il dit tout ce qu'il lui plaît sans être repris, ne devoit pas ignorer ces exactitudes du langage théologique formé sur l'Ecriture et sur l'usage de tous les siècles.

Ainsi manifestement il ne lui reste aucune réplique contre les Tolérans. Il n'y a plus de proposition si hardie et si téméraire contre la personne du Fils de Dieu, qui ne doive passer; s'il est permis non de tolérer, mais d'approuver expressément celle qui le met au rang des choses faites. Si le symbole de Nicée n'est pas une règle, on dira et on pensera impunément tout ce qui viendra dans l'esprit; on sera contraint de se payer des plus vaines subtilités; et ce qu'on aura souffert au ministre Jurieu, le grand défenseur de la cause, sera la loi du parti.

Enfin, ma preuve est complète. Il est plus clair que le jour que le ministre n'a pu établir les variations qu'il cherchoit dans l'ancienne Eglise, sans renverser tous les fondemens de sa propre communion. Son argument foudroyant s'en va en fumée : il ne faut plus qu'il cherche de variations dans la véritable Eglise, puisque celle-ci qu'il croyoit la plus certaine

______
(1) *Tab. Lett.* VI, *p.* 265.

lui échappe ; et tous ses efforts n'ont abouti qu'à donner gain de cause aux Tolérans : ainsi il tombe à leurs pieds défait par lui-même, et percé de tous les coups qu'il a voulu me porter.

Cependant, pour étourdir le lecteur, il met les emportemens et les vanteries à la place des raisons. Car, à l'entendre, je suis accablé sous ce terrible argument : « M. de Meaux n'y répond, dit-il (1), » que par des puérilités et par des injures. Il a fait » précisément comme une bête de charge, qui, tom- » bant écrasée sous son fardeau, crève, et en mou- » rant jette des ruades pour crever ce qu'elle atteint. » Je n'ai rien à lui répliquer, sinon qu'il a toujours de nobles idées. Vous pouvez juger par vous-mêmes, mes chers Frères, si je me donne une seule fois la liberté de m'épancher en des faits particuliers, ou de sortir des bornes d'une légitime réfutation. Mais pour lui, qui le peut porter à raconter tant de faits visiblement calomnieux qui ne font rien à notre dispute, si ce n'est qu'il veut la changer en une querelle d'injures ? « Son zèle, dit le ministre ( c'est de moi qu'il » parle ), paroît grand pour la divinité de Jésus » Christ : qui n'en seroit édifié ? Il y a pourtant des » gens qui croient que tout cela n'est qu'une comé » die ; car des personnes de la communion de l'É » vêque de Meaux lui ont rendu méchant témoignage » de sa foi. » Mais par quelle règle de l'Evangile lui est-il permis d'inventer de tels mensonges ? Est-ce qu'il croit que dès qu'on n'est pas de même religion, ou qu'on écrit contre quelqu'un sur cette matière, il n'y a plus, je ne dirai pas de mesures, d'honnêteté et de bienséance, mais de vérité à garder ; en sorte qu'on puisse mentir impunément, et imputer tout ce qu'on veut à son adversaire ? ou bien, quand on n'en peut plus, qu'on soit en droit pour se délasser, de lui dire qu'il ne croit pas la divinité de Jésus-Christ, et qu'il fait de la religion une comédie ? « Des gens de ma » communion me rendent mauvais témoignage sur

(1) *Tab. Lett.* VI, *p.* 280.

» ma foi. » Qui sont-ils ces gens de ma communion ? Depuis vingt ans que je suis évêque, quoique indigne, et depuis trente ou trente-cinq ans que je prêche l'Evangile, ma foi n'a jamais souffert aucun reproche : je suis dans la communion et la charité du Pape, de tous les évêques, des prêtres, des religieux, des docteurs, et enfin de tout le monde sans exception ; et jamais on n'a ouï de ma bouche ni remarqué dans mes écrits une parole ambiguë, ni un seul trait qui blessât la révérence des mystères. Si le ministre en sait quelqu'un, qu'il le relève : s'il n'en sait point, lui est-il permis d'inventer ce qu'il lui plaît ? Et qu'il ne s'imagine pas en être quitte pour avoir ici ajouté : « Je ne » me rends pas garant de ces ouï-dire : seulement » puis-je dire que le zèle qu'il fait paroître pour les » mystères ne me persuade pas qu'il en soit per- » suadé (1). » Voilà son style. Un peu après, sur le sujet du landgrave, il ose m'accuser de choses que l'honnêteté et la pudeur ne me permettent pas de répéter. Comme il sait bien que ce sont là des discours en l'air et des calomnies sans fondemens, il apaise sa conscience, et se prépare un échappatoire, en disant : « Je n'en sais rien : je veux croire qu'on lui » fait tort (2). » Il me semble que j'entends celui *qui en frappant de sa lance, et en jetant les traits de ses calomnies, s'il est surpris dans le crime de nuire frauduleusement à son prochain, dit : Je l'ai fait en riant* (3). Celui-ci, après avoir lancé ses traits avec toute la violence et toute la malignité dont il est capable, et après les avoir trempés dans le venin de la plus noire calomnie, dit à peu près dans le même esprit : *Je n'en sais rien, je ne le garantis pas :* mais s'il n'en savoit rien, il falloit se taire, et n'alléguer pas, comme il fait, pour toute preuve des *ouï-dire;* ou quand il lui plaît, *la réputation* (4), à qui il fait raconter ce qu'il veut, et qu'on n'appelle pas en jugement.

(1) *Tab. Lett.* VI, *p.* 300. — (2) *Ibid.* — (3) *Prov.* XXVI. 19. — (4) *P* 281, 301.

Mais puisqu'il ne veut pas nommer ses auteurs ni ces gens *de ma communion*, qui lui ont *rendu de si mauvais témoignages de ma foi*, je veux apprendre ce secret au public. Un religieux, curé dans mon diocèse dont je l'ai chassé, non pas, comme il s'en est vanté, à cause qu'il penchoit à la Réforme prétendue, car je ne lui ai jamais remarqué ce sentiment; mais parce que souvent convaincu d'être incapable de son emploi, il m'a supplié lui-même de l'en décharger : ce curé, ne pouvant souffrir la régularité de son cloître où je le renvoyois, s'est réfugié entre les bras de M. Jurieu, qui s'en vante dans sa lettre pastorale contre M. Papin : « Plus d'ecclésiastiques, dit-il (1), » se sont venus jeter entre nos bras depuis la persé- » cution, qu'il n'y en a eu en quatre-vingts ans de » paix. » Nous en connoissons quelques uns de ces malheureux ecclésiastiques, qui nous avouent tous les jours avec larmes et gémissemens, qu'en effet ils ont été chercher dans le sein de la Réforme de quoi contenter leur libertinage. Parmi les ecclésias- tiques que M. Jurieu se glorifie d'avoir reçus entre ses bras, celui-ci, tout misérable qu'il est, a été l'un des plus importans ; et c'est lui qui, sous la main de ce ministre, a publié un libelle contre moi, où il avance entre autres choses dignes de remarque, *que je ne crois pas la transsubstantiation*, à cause, dit-il, qu'il m'a vu à la campagne, et dans ma chapelle do- mestique, entendre la messe quelquefois avec un habil- lement un peu plus aisé que ceux qu'on porte en public, quoique toujours long et régulier, et que ma robe ( car il descend jusqu'à ces bassesses ) n'étoit pas assez boutonnée à son gré; d'où il conclut et répète trois ou quatre fois, qu'il n'est pas possible que je croie aux mystères ni à la transsubstantiation. Voilà cet homme de ma communion, qui, à son grand malheur, n'en est plus : le voilà, dis-je, celui qui rend un si mauvais témoignage de ma foi : c'est le même qui a raconté à M. Jurieu tout ce qu'il rapporte de ma

_____________

(1) *Lett. past. cont. Pap. p.* 1.

conduite ; c'est le même qui lui a dit encore *que je menois les gens à la messe, à coups de barre* (1) : car il rapporte dans son libelle qu'il m'a vu en pleine rue menacer et charger d'injures les Prétendus Réformés qui ne vouloient pas m'en croire, avec un emportement qui tenoit de la fureur. M. Basnage a relevé cette historiette, fausse en toutes ses parties, et l'a jugée digne d'être placée dans sa préface à la tête de sa Réponse aux Variations. Il est vrai qu'il se dédit dans cette préface de la circonstance d'un *garde-fou*, sur lequel dans le corps de l'ouvrage il me faisoit monter comme sur un théâtre pour y crier des injures aux passans qui refusoient de se convertir (2). Mais enfin, au garde-fou près, il soutient tout le reste comme vrai. « On m'a vu forcer un malade à profa-
» ner les mystères les plus augustes, et à recevoir les
» sacremens contre sa conscience » ; moi qui n'ai donné les mystères qu'avec les épreuves et les précautions que Dieu sait et que tout le monde a vues. Les ministres prennent plaisir à exagérer mes violences et ma feinte douceur avec aussi peu de vérité que le reste qu'on vient d'entendre ; pour éloigner, s'ils pouvoient, ceux à qui je tâche dans l'occasion, et lorsque Dieu me les adresse, d'enseigner la voie du salut en toute simplicité ; et tout cela sur la foi d'un apostat qui peut-être leur a déjà échappé, et dont en tout cas je puis leur répondre qu'ils seront bientôt plus las que moi, qui l'ai supporté avec une si longue patience. Nous ne laisserons pas cependant de purger l'aire du Seigneur ; et puisque ces Messieurs se glorifient d'en ramasser la paille, ils pourront recueillir encore d'un si grand nombre de bons et de fidèles pasteurs, trois ou quatre loups dont j'ai délivré le troupeau de Jésus-Christ ; et il ne tiendra qu'à M. Jurieu d'enrichir de leurs faux rapports le récit qu'il a commencé de ma conduite.

Je ne dirai rien davantage sur ces calomnies : tout le monde s'en plaint dans son parti, où il se rend

_______________

(1) *Tab. Lett.* VI. — (2) *Basn. t.* 1, *I. part. c.* 1, *p.* 1, 4.

redoutable par ce moyen : venons à des matières plus importantes. Il me reste encore à traiter la partie la plus essentielle de cet Avertissement, qui est l'état de nos controverses et de la religion protestante. Mais pour donner du repos à l'attention du lecteur, je réserve cette matière à un discours séparé. Il est digne par son sujet d'être examiné et travaillé avec soin. Il paroîtra pourtant bientôt, s'il plaît à Dieu : et ceux qui ont de la peine à me voir si long-temps aux mains avec un homme aussi décrié, même parmi les honnêtes gens de son parti, que le ministre à qui j'ai affaire, peuvent s'assurer qu'après avoir ajouté ce dernier éclaircissement aux matières très-essentielles qu'il m'a donné lieu de traiter, je ne reprendrai plus la plume contre un tel adversaire, et je lui laisserai *multiplier ses paroles,* et *répandre* à son aise *ses confusions.*

# ÉTAT PRÉSENT

# DES CONTROVERSES,

## ET DE LA RELIGION PROTESTANTE.

### TROISIÈME ET DERNIÈRE PARTIE DU SIXIÈME AVERTISSEMENT CONTRE M. JURIEU.

MES CHERS FRÈRES,

Les égaremens de votre ministre nous ont menés plus loin que je ne pensois : il ne faut pas le quitter sans en examiner les causes ; puisque même cette recherche nous conduit naturellement à la troisième partie de ce dernier Avertissement, où nous avons promis de représenter l'état présent de nos controverses et de toute la religion protestante.

Je dis donc que ce qui produit les variations, les incertitudes, les égaremens de ce ministre, et tous les autres excès de sa licencieuse théologie, c'est la constitution de la Réforme, qui n'a ni règle ni principe ; et que par la même raison que tout le corps n'a rien de certain, la doctrine des particuliers ne peut être qu'irrégulière et contradictoire.

Il ne faut point se jeter ici dans une longue controverse, mais seulement se souvenir que la Réforme a été bâtie sur ce fondement, qu'on pouvoit retoucher toutes les décisions de l'Eglise, et les rappeler à l'examen de l'Ecriture, parce que l'Eglise se pouvoit tromper dans sa doctrine, et n'avoit aucune promesse de l'assistance infaillible du Saint-Esprit : de sorte que ses sentimens étoient des sentimens humains, sans qu'il restât sur la terre aucune autorité vivante et parlante, capable de déterminer le vrai sens de l'Ecriture, ni de fixer les esprits sur les dogmes qui composent le christianisme. Tel a été le fondement, tel a été le génie de la Réforme ; et Calvin l'a parfaitement expliqué, lorsque s'objectant à lui-même que, par la doctrine qu'il enseignoit, tous les jugemens de l'Eglise, et ses conciles les plus anciens, les plus authentiques devenoient sujets à la révision, en sorte « que tout le monde indifféremment pût recevoir ou » rejeter ce qu'ils auront établi » : il répond que « leur » décision pouvoit servir de préjugé ; mais néan- » moins dans le fond qu'elle n'empêchoit pas l'exa- » men (1). »

Je n'ai pas besoin d'examiner si cette doctrine est bonne ou mauvaise : ce qu'il y a de bien certain, c'est qu'aussitôt que Luther et Calvin la firent paroître, on leur prédit qu'en renversant le fondement sur lequel se reposoit la foi des peuples, les anciennes décisions de l'Eglise ne tiendroient pas plus que les dernières ; puisque si l'autorité en étoit divine, elle attiroit un respect égal à tous les siècles ; et si elle ne l'étoit pas, l'antiquité des premières ne les mettoit pas à couvert des inconvéniens où toutes les choses humaines étoient exposées.

Par ce moyen il étoit visible que les articles de foi s'en iroient les uns après les autres ; que les esprits une fois émus, et abandonnés à eux-mêmes, ne pourroient plus se donner de bornes : ainsi, que l'indifférence des religions seroit le malheureux fruit des disputes qu'on excitoit dans toute la chrétienté, et enfin le terme fatal où aboutiroit la Réforme.

L'expérience fit bientôt voir la vérité de cette prédiction. Les innovations de Luther attirèrent celles de Zuingle et de Calvin : on avoit beau dire de part et d'autre que l'Ecriture étoit claire, on n'en disputoit

(1) *Instit. liv.* IV, c. 9.

pas avec moins d'opiniâtreté , et personne ne cé-
doit (1). Quand les Luthériens, qui étoient la tige de
la Réforme , désespérant de ramener, par la prétendue
évidence des livres divins, ceux qui la divisoient dans
sa naissance , voulurent en venir à l'autorité , et faire
des décisions contre les nouveaux Sacramentaires,
on leur demanda de quel droit , et s'ils vouloient
ramener l'autorité de l'Eglise dont ils avoient tous
ensemble secoué le joug (2). Le bon sens favorisoit
cette réplique : Melancton, qui sentoit le foible de
son Eglise prétendue, empêchoit autant qu'il pouvoit
qu'on ne fît ces décisions, que la propre constitution
de la Réforme rendroit toujours méprisables : il ne
voyoit cependant aucun moyen ni de terminer les disputes ni de les empêcher de s'accroître, si loin qu'il
portât ses regards par sa prévoyance : il ne découvroit
« que d'affreux combats de théologiens, et des guerres
» plus impitoyables que celles des Centaures (3). »
Les disputes sociniennes avoient déjà commencé de son
temps : mais il connut bien , au mouvement qu'il
remarquoit dans les esprits, qu'elles seroient un jour
poussées beaucoup plus loin : « Bon Dieu, disoit-
» il (4), quelle tragédie verra la postérité, si on
» vient un jour à remuer ces questions, si le Verbe,
» si le Saint-Esprit est une personne ! » Il s'en est bien
remué d'autres : presque tout le christianisme a été
mis en question : les Sociniens inondent toute la
Réforme , qui n'a point de barrière à leur opposer ;
et l'indifférence des religions s'y établit invinciblement
par ce moyen.

Pour en être persuadé il ne faut qu'entendre M. Jurieu, et écouter les raisons qui l'obligent à entreprendre ce parti. C'est premièrement le nombre infini
de ceux dont il est formé. Car il y range les Tolérans,
peuple immense dans la Réforme, qu'il appelle des
Indifférens ; parce qu'ils vont à la Tolérance universelle des religions sous la conduite d'Episcopius et de
Socin.

(1) *Hist. des Var. liv.* II. — (2) *Var. liv.* VIII. — (3) *Lib.*
IV. *Ep.* 14. *Var. liv.* V, *p.* 237. — (4) *Ibid.*

On sait assez sur ce point la pente de l'Angleterre et de la Hollande. Mais nous apprenons de M. Jurieu que nos Prétendus Réformés n'étoient pas exempts d'un si grand mal. Ils n'osoient le faire paroître dans un royaume où les catholiques les éclairoient de trop près pour leur permettre de donner un libre essor à leurs sentimens. Mais enfin, dit M. Jurieu, « le rideau » a été tiré, l'on a vu le fond de l'iniquité; et ces » Messieurs se sont presque entièrement découverts, » depuis que la persécution les a dispersés en des lieux » où ils ont cru pouvoir s'ouvrir avec liberté (1). » Voilà un aveu sincère, qui fait bien voir à la France ce qu'elle cachoit dans son sein, pendant qu'elle y portoit tant de ministres. Nous en soupçonnions quelque chose; et M. d'Huisseau, ministre de Saumur, célèbre dans la Réforme pour en avoir recueilli la discipline, publia il y a quinze ou vingt ans une *Réunion du christianisme* sur le pied de la tolérance universelle, sans en exclure aucuns hérétiques, pas même les Sociniens. Ce ministre fut déposé; et encore qu'on fût averti de bien des endroits, que ce feu couvoit sous la cendre plutôt qu'il n'étoit éteint dans la Réforme, nous avions peine à croire qu'il y fût si grand. Mais aujourd'hui M. Jurieu nous ouvre les yeux : il nous apprend que M. Pajon, ministre d'Orléans, fameux dans son parti par sa réponse aux Préjugés légitimes de M. Nicole contre les Calvinistes (2), et ceux qui établissoient avec lui toute l'opération de la grâce dans la seule proposition de la parole de Dieu, en niant l'opération et l'influence du Saint-Esprit dans les cœurs, étoient de ces Sociniens et de ces Indifférens cachés, qui, dit-il, « formoient, dans les Églises réformées de France, » depuis quelques années, ce malheureux parti où » l'on conjuroit contre le christianisme (3). » Ce n'étoit donc plus seulement contre l'Église romaine; c'étoit contre le christianisme en général que la

_______________

(1) *Tab. Lett.* 1, *p.* 8. — (2) *Examen des Préjugés légitimes.* — (3) *Tab. du Socin. Lett.* 1, *p.* 5.

Réforme s'armoit secrètement. Le ministre voudroit bien nous faire accroire que la persécution qu'on faisoit à la Prétendue Réforme, l'empêchoit de réprimer ces ennemis cachés de la religion chrétienne : mais au contraire c'étoit manifestement la crainte des catholiques qui les tenoit dans le silence ; car n'y ayant que le calvinisme qui fût toléré dans le royaume, les nouveaux Pélagiens, les nouveaux Paulianistes, et, en un mot, les Sociniens et les Indifférens avoient tout à craindre. Ils n'avoient donc garde de paroître tant qu'ils étoient parmi nous ; et aussi n'ont-ils éclaté qu'à leur dispersion, quand ils se sont trouvés dans des pays, *où*, comme dit M. Jurieu, *ils ont eu la liberté de parler* (1) ; c'est-à-dire, dans les pays où la Réforme dominoit.

Voilà donc manifestement *cette cabale toute socinienne*, comme l'appelle M. Jurieu (2), *qui ne tendoit pas à moins qu'à ruiner le christianisme :* la voilà, dis-je, fortifiée par le soutien qu'elle trouve dans les pays protestans, où les réfugiés de France ont été dispersés. « Les jeunes gens, dit notre mi- » nistre (3), venus tout nouvellement de France, » gros de la tolérance universelle de toutes les héré- » sies et de leur esprit de libertinage, ont cru que » c'étoit ici le vrai temps et le vrai lieu d'en accou- » cher. » C'est ainsi que la jeunesse étoit élevée parmi nos Prétendus Réformés. Elle *étoit grosse* de l'indifférence des religions ; et ce monstre, que les lois du royaume ne lui permettoient pas d'enfanter en France, a vu le jour, aussitôt que cette jeunesse *libertine*, comme l'appelle M. Jurieu (4), a respiré en Hollande un air plus libre.

Combien est puissante cette secte dans le pays où écrit M. Jurieu, on peut le juger par la préface de son livre, *Des deux Souverains.* « Aujourd'hui, » dit-il (5), le monde est plein de ces Indifférens, et

(1) *Tab. du Socin. Lett.* 1, *p.* 8. — (2) *Ibid. p.* 5, 6. — (3) *Tab. Lett.* viii, *p.* 479. — (4) *Ibid.* — (5) *Des Droits des deux Souverains. Avis au Lecteur.*

» particulièrement DANS CES PROVINCES : les Sociniens
» et les Remontrans le sont de profession : MILLE
» AUTRES le sont d'inclination. » Il ne faut donc point
s'étonner si les réfugiés français sont enfin *accouchés*
de ce nouveau dogme dans un pays si favorable à sa
naissance ; et on peut croire que le ministre ne par-
leroit pas de cette manière d'un pays qui lui a donné
une retraite si avantageuse, si la force de la verité ne
l'y obligeoit.

C'est en vain qu'il s'efforce ailleurs de diminuer
cette cabale de la jeunesse française, en supprimant le
grand nombre de ministres qui la composent. « Le
» nombre, dit-il (1), n'en est pas grand, et le soup-
» çon ne doit pas tomber sur tant de bons pasteurs
» qui sont sortis de France. » Mais le mal éclate malgré lui ; ce qui lui fait dire à lui-même, « qu'on fait
» publiquement les éloges de ces livres qui établissent
» la charité dans la tolérance du paganisme, de l'ido-
» lâtrie et du socinianisme » : et encore : « Notre
» langue n'étoit pas encore souillée de ces abomina-
» tions ; mais DEPUIS NOTRE DISPERSION, la terre est
» couverte de livres français qui établissent ces héré-
» sies (2). » Ainsi les Indifférens n'osoient se déclarer étant en France, et on voit toujours que la dispersion a fait éclore le mal qu'ils tenoient caché.
Depuis ce temps, poursuit-il (3), « on voit passer
» dans les mains de tout le monde les pièces qui éta-
» blissent cette tolérance universelle, laquelle en-
» ferme la tolérance du socinianisme : et on voit
» sensiblement les tristes progrès que ces méchantes
» maximes font sur les esprits. » Le mal gagne déjà
les parties nobles : « quand, dit-il (4), le poison
» commence à passer aux parties nobles, il est temps
» d'aller aux remèdes : outre que le nombre de ces
» Indifférens se multiplie PLUS QU'ON NE L'OSE
» DIRE » : par où on voit tout ensemble non seulement la grandeur du mal, mais encore *qu'on n'ose le*

_______

(1) *Tab. Lett.* VI, *p.* 8. — (2) *Ibid. p.* 48. — (3) *Ibid.* —
(4) *Ibid. p.* 9.

*dire;* de peur de faire paroître la foiblesse de la Réforme, que sa propre constitution entraîne dans l'indifférence des religions. Cependant, quoiqu'on dissimule et qu'on n'ose pas avouer combien *ces Indifférens* s'accroissent au milieu de la Réforme, on est forcé d'avouer que ce n'est rien de moins qu'un torrent dont il faut arrêter le cours. « Ce qui est très-» certain, poursuit le ministre (1), c'est qu'il est » temps de s'opposer à ce TORRENT IMPUR, et de décou-» vrir les pernicieux desseins des disciples d'Episco-» pius et de Socin : il seroit à craindre que nos jeunes » gens ne se laissassent corrompre : et il se trouve-» roit que notre dispersion auroit servi à nous faire » ramasser LA CRASSE ET LA LIE des autres religions. »

Il est bien aisé d'entendre ce qui l'a jeté dans cette crainte. En un mot, c'est qu'il appréhende que la dispersion déjà prête à enfanter, comme il disoit, l'indifférence des religions, n'achève de se gâter dans les pays où la liberté de dogmatiser n'a point de bornes, et par là, ne vienne en effet à ramasser en Angleterre et en Hollande *la crasse des fausses religions,* dont on sait que ces pays abondent. Car d'abord, pour ce qui regarde l'Angleterre, « ces dispersés l'ont trou-» vée, dit-il (2), sous des princes papistes ou sans » religion, qui étoient bien aises de voir l'indifférence » des religions et l'hérésie s'introduire parmi les » protestans, afin de les ramener plus aisément à » l'Eglise romaine. » C'est bien fait de charger de tout les princes *papistes;* car l'indifférence des religions étoit sans doute le meilleur moyen pour induire les esprits à la religion catholique, c'est-à-dire, à la plus sévère et la moins tolérante de toutes les religions. Mais laissons M. Jurieu raisonner comme il lui plaira; laissons-lui caractériser à sa mode les deux derniers rois d'Angleterre ; qu'il fasse, s'il peut, oublier à tout l'univers ce que Hornebec et Hornius, auteurs protestans, ont écrit des Indépendans et des principes d'indifférence qu'ils ont laissés dans

(1) *Tab. Lett.* VI, *p.* 11. — (2) *Ibid. p.* 8.

cette île ; et qu'il impute encore à l'Eglise romaine cette effroyable multiplicité de religions qui naissoient tous les jours, non pas sous ces deux rois que le ministre veut accuser de tout le désordre, mais durant la tyrannie de Cromwel, lorsque le puritanisme et le calvinisme y ont été le plus dominans. Sans combattre les raisonnemens de notre ministre, je me contente du fait qu'il avoue. Quoi qu'il en soit, l'indifférence des religions avoit la vogue en Angleterre, quand les dispersés y sont arrivés ; et, si nous pressons le ministre de nous en dire la cause, il nous avouera franchement que c'est qu'on y estime Episcopius.

« C'est, dit-il(1), ce qui a donné lieu aux Hétérodoxes
» de deçà la mer de calomnier l'Eglise anglicane. Ils
» ont dit qu'on y expliquoit publiquement Episcopius
» dans leurs universités ; et qu'on n'y faisoit pas de
» façon de tirer les Sociniens du nombre des héré-
» tiques. C'est, poursuit M. Jurieu, ce qui m'a été dit
» à moi-même, par une infinité de gens. Cette fausse
» accusation est le fruit du commerce trop étroit que
» quelques théologiens anglais ont eu avec les œuvres
» d'Episcopius. » A la fin donc, il avouera que c'est par principes, à l'exemple d'Episcopius, que l'Angleterre devient indifférente. Ce n'est pourtant que *quelques théologiens anglais.* Car il faut toujours exténuer le mal, et couvrir, autant qu'on pourra, la honte de la Réforme chancelante, qui ne sait plus ce qu'elle veut croire, ni presque même si elle veut être chrétienne ; puisqu'elle embrasse une indifférence qui, selon M. Jurieu, ne tend à rien de moins qu'à renverser le christianisme. En effet, quoi qu'il puisse dire de ce petit nombre de théologiens, défenseurs d'Episcopius, le nombre en est assez grand pour faire penser *à une infinité de gens,* qui en ont assuré M. Jurieu, que l'Angleterre ne faisoit point de façon de déclarer son indifférence, *et de tirer les Sociniens du nombre des hérétiques.*

Voilà pour ce qui regarde l'Angleterre, où l'on voit

_______________

(1) *Tab. Lett.* VI, *p.* 10.

que les dispersés indifférens ont trouvé le champ assez libre : voyons ce qu'ils auront trouvé en Hollande. « Ils ont abusé, dit notre ministre (1), de la tolé- » rance politique qu'on avoit ailleurs pour les diffé- » rentes sectes » : nous entendons ce langage de la liberté de ces pays-là, qui a fait dire, comme on vient de voir, à M. Jurieu *que tout est plein d'Indifférens dans ces provinces* (2). M. Bas- nage n'en a pas moins dit, puisqu'il nous assure *que l'hérétique n'a rien à craindre* dans ces bienheu- reuses contrées (3) : et *sans besoin d'édits pour s'y maintenir,* tout y est tranquille pour lui. Mais cette *tolérance politique* dont on prétend que les disper- sés ont abusé, va bien plus loin qu'on ne pense; puis- que, selon M. Jurieu (4), ceux qui l'établissent « ne » vont pas à moins qu'à ruiner les principes du véri- » table christianisme..... à mettre tout dans l'indiffé- » rence, et à ouvrir la porte aux opinions les plus » libertines » : ce que le même ministre confirme en ajoutant un peu après (5), que « par là on ouvre la » porte au libertinage, et qu'on veut se frayer le che- » min à l'indifférence des religions. »

Ainsi, la tolérance civile, c'est-à-dire, l'impunité accordée par le magistrat à toutes les sectes, dans l'esprit de ceux qui la soutiennent, est liée nécessaire- ment avec la tolérance ecclésiastique; et il ne faut pas regarder ces deux sortes de tolérances comme oppo- sées l'une à l'autre; mais la dernière comme le pré- texte dont l'autre se couvre. Si on se déclaroit ouver- tement pour la tolérance ecclésiastique, c'est-à-dire, qu'on reconnût tous les hérétiques pour vrais membres et vrais enfans de l'Eglise, on marqueroit trop évidem- ment l'indifférence des religions. On fait donc semblant de se renfermer dans la tolérance civile. Qu'importe, en effet, à ceux qui tiennent toute religion pour indif- férente, que l'Eglise les condamne? Cette censure

_______________

(1) *Tab. Lett.* 1, *p.* 8. — (2) *Droits des deux Souver.*
*Préf.* ci-dessus, *p.* 141. — (3) *Basn. t.* 1, *c.* 6. *p.* 492 —
(4) *Tab. Lett.* VIII, *p.* 369. — (5) *Ibid. p.* 402.

2. **Bossuet. Avertissemens.**　　　　　7

n'est à craindre qu'à ceux qui ont des églises, des
chaires ou des pensions ecclésiastiques à perdre : quant
aux autres Indifférens, pourvu que le magistrat les
laisse en repos, ils jouiront tranquillement de la liberté
qu'ils se donnent à eux-mêmes, de penser tout ce
qu'il leur plaît, qui est le charme par où les esprits
sont jetés dans ces opinions libertines. C'est pourquoi
ils font tant de bruit, lorsqu'on excite contre eux le
magistrat : mais leur dessein véritable est de cacher
l'indifférence des religions, sous l'apparence miséri-
cordieuse de la tolérance civile.

C'est ce qui fait dire à M. Jurieu, « que de tous les
» voiles derrière lesquels se cachent les Indifférens,
» le dernier et le plus spécieux c'est celui de la tolé-
» rance civile (1). » Elle ne fait donc pas, encore un
coup, dans la Réforme un parti opposé à celui de l'indifférence des religions, mais *le voile sous lequel
se cachent* les Indifférens, et le masque dont ils se
déguisent.

Mais si cela est, comme il est certain, et que le
ministre le prouve par des argumens démonstratifs (2),
on peut juger combien est immense le nombre des
Indifférens dans la Réforme; puisqu'on y voit les défenseurs de la tolérance civile se vanter publiquement
*qu'ils sont mille contre un* (3). Et que ce ne soit
pas à tort qu'ils s'en glorifient, l'embarras de M. Jurieu
me le fait croire : car écoutons ce qu'il leur répond :
« ils se font, dit-il (4), un plaisir de voir je ne sais
» combien de gens qui paroissent les flatter ; et cela
» leur fait dire qu'ils sont mille contre un : mais de-
» puis quel temps et en quel pays? Je leur soutiens
» qu'avant les Sociniens et les Anabaptistes, il n'y a
» pas eu un seul docteur de marque, qui ait appuyé
» leur sentiment. » Il ne s'agit pas de savoir ce qu'on
pensoit sur la tolérance avant les Sociniens et les Anabaptistes, c'est-à-dire, si je ne me trompe, avant que
le nombre en fût grossi au point qu'il est : il s'agit de

(1) *Tab. Lett.* VIII, *art.* 1, *p.* 398. — (2) *Ibid. et suiv.* —
(3) *Ibid.* 475, 495. — (4) *Ibid.*

répondre, s'il est vrai que les Tolérans soient aujour-
d'hui *mille contre un*, comme ils s'en vantent : le
ministre n'ose le nier, et ne s'en tire qu'en biaisant.
« Nous sommes, disent-ils, mille contre un : c'est,
» répond-il (1), une fausseté ; et je ne connois pas
» de gens fort distingués qui soient dans ce senti-
» ment. » Quelque beau semblant qu'il fasse, et malgré le démenti qu'il leur donne, il biaise encore : les
Indifférens qu'il attaque se vantent, à ce qu'il dit, de
la multitude, et il leur répond sur *les gens de marque*,
sur la distinction des personnes. Mais si on lui demandoit comment il définiroit ces gens distingués, il biai-
seroit encore beaucoup davantage ; et on ne voit que
trop, quoi qu'il en soit, que l'indifférence prend une
force invincible dans la Réforme, et que c'est là ce
*torrent impur* auquel M. Jurieu s'oppose en vain.

Mais les actes du synode Vallon, tenu à Amsterdam, le 23 août et les jours suivans de l'an 1690,
achèvent de démontrer combien ce torrent est enflé
et impétueux. Trente-quatre ministres de France, réfugiés en Angleterre, se plaignent à ce synode « du
» scandale que leur causent ces ministres réfugiés, qui,
» étant infectés de diverses erreurs, travaillent, disent-
» ils (2), à les semer parmi le peuple. Ces erreurs,
» poursuivent-ils, ne vont à rien moins qu'à renver-
» ser le christianisme ; puisque ce sont celles des Péla-
» giens et des Ariens, que les Sociniens ont jointes à
» leurs systèmes, dans ces derniers siècles. » On voit
qu'ils parlent en mêmes termes que le ministre Jurieu,
et qu'ils reconnoissent comme lui la ruine du christianisme dans ces erreurs. Mais le reste s'explique encore
beaucoup mieux. « Il y en a, continuent-ils, qui sou-
» tiennent ouvertement ces erreurs : il y en a d'autres
» qui se cachent sous le voile d'une tolérance sans
» bornes. Ceux-ci ne sont guère moins dangereux que les
» autres, et l'expérience a fait voir jusqu'ici que ceux
» qui ont affecté une si grande charité pour les Soci-

_________

(1) *P.* 558. — (2) *Lettres écrites au Syn. d'Amst. par
plus. Min. réfug. à Londres. Tab. Lett.* VIII, *p.* 559.

» niens, ont été Sociniens eux-mêmes, ou n'ont
» point eu de religion. » Enfin, le péril est si grand,
» et la licence est venue à un tel point, qu'il n'est
» plus permis aux compagnies ecclésiastiques de dissi-
» muler, et que ce seroit rendre le mal incurable que
» de n'y apporter que des remèdes palliatifs. »

Il ne faut donc plus cacher l'état triomphant où
l'indifférence, qui est une branche du socinianisme,
se trouve aujourd'hui dans la Réforme, sous le nom
et sous la couleur de la tolérance ; puisque les ministres qui sont à Londres crient à ceux qui sont en
Hollande, qu'il est temps d'en venir aux derniers
remèdes : et, ce qu'il y a de plus remarquable dans
leur plainte, c'est que nous ne voyons point, dans
cette lettre de Londres, la souscription de plusieurs
ministres des plus fameux que nous connoissons : on
sait d'ailleurs que ces trente-quatre qui ont signé la
lettre ne font qu'une très-petite partie des ministres
réfugiés en Angleterre. Le silence des autres fait bien
voir quel est le nombre qui prévaut, et ce que la
France nourrissoit, sans y penser, de Sociniens ou
d'Indifférens cachés, pendant qu'elle toléroit la
Réforme.

Telle est la plainte que les trente-quatre réfugiés
d'Angleterre portent au synode d'Amsterdam contre
les Indifférens : mais la réponse que fait le synode
montre encore mieux combien est grand ce parti;
puisqu'on en parle comme *d'un torrent* dont il faut
arrêter le cours (1). On voit même qu'en Angleterre
ces réfugiés dont on se plaint *poussent leur hardiesse
jusqu'à débiter leurs impiétés en public, les prê-
chant ouvertement;* ce qui montre combien ils se
sentent soutenus : et en effet on n'entend point dire
qu'ils soient déposés.

Il ne faut pas s'imaginer que ce mal ne soit qu'en
Angleterre. Les réfugiés de ce pays-là écrivent au
synode Vallon, qu'il y en a en Hollande *de ce caractère* (2); et le synode lui-même parle ainsi dans sa

_______

(1) *Tab. Lett.* VI, *p.* 563. — (2) *P.* 560.

décision : « Nous apprenons par les Mémoires et les
» instructions de plusieurs Eglises, que quelques
» esprits inquiets et téméraires sèment dans le public
» et dans le particulier des erreurs capitales, et d'au-
» tant plus dangereuses que sous le nom affecté de
» la charité et de la tolérance, elles tendent à faire
» glisser dans l'âme des simples le poison du socinia-
» nisme et l'indifférence des religions. » Les avis ne
viennent donc pas d'Angleterre seulement, mais
encore *de plusieurs Eglises* des Pays-Bas protestans : le mal se répand partout en-deçà et au-delà
de la mer; et on exhorte les fidèles *à résister coura-
geusement à ce torrent* (1). C'est donc toujours *un
torrent* dont le cours menace la Réforme : le synode
aussi n'épargne rien de ce qui dépend *de sa lumière
et de son autorité :* il suspend, il excommunie; il
suscite de tous côtés des observateurs pour veiller
sur ce qui se dit, non seulement dans les chaires,
mais encore dans les conversations; il autorise autant
qu'il se peut les dénonciateurs; il fait, en un mot, ce
que la Réforme a tant blâmé dans la conduite de
Rome, et ce qu'elle a tant appelé une tyrannie, une
gêne des consciences. Encore n'est-ce pas assez; et
voici à quoi les exhorte M. Jurieu. « Il est juste,
» leur dit-il (2), afin que peu de gens soient suspects,
» que vous employiez des voies sûres et non équi-
» voques pour distinguer les innocens des coupables.
» Les mesures que vous avez prises dans votre der-
» nière assemblée ( c'est celle dont on vient de voir
» la sévérité ), quelque bien concertées qu'elles
» paroissent, ne se trouvent pas encore suffisantes
» pour découvrir les ennemis de nos vérités, et pour
» soumettre ces esprits qui méprisent vos derniers
» règlemens avec tant de hauteur. C'est pourquoi
» j'espère, poursuit-il, que dans votre prochaine
» assemblée vous prendrez des résolutions encore
» plus fortes et plus efficaces pour arrêter le mal » :
par où nous voyons tout ensemble et le peu d'effet

(1) *P.* 567. — (2) *Tab. Lett.* viii, *p.* 397.

du synode d'Amsterdam, et les nouvelles rigueurs qu'on prépare, non plus pour punir les Tolérans déclarés, mais pour les discerner et les découvrir comme gens qui se cachent. La Réforme change de méthode : tout s'y échauffe; ceux qu'on ne pourra convaincre d'être hérétiques, seront recherchés, seront punis comme suspects, et rien ne sera à couvert de l'inquisition que M. Jurieu veut établir.

On demandera peut-être ici quel rapport il y a ou de l'indifférence au sociniasnisme ou du socinianisme à l'indifférence : c'est ce que M. Jurieu explique très-nettement, lorsqu'il dit que la méthode des Sociniens, qu'il entreprend de combattre, est d'insinuer d'abord, « qu'il ne s'agit de rien d'important entre eux et les » autres protestans qui ont abandonné le papisme : » que ce sont des disputes très-légères, et qu'on peut » croire là-dessus tout ce que l'on veut (1). Quand » cela est fait, continue-t-il, et qu'ils ont persuadé » que le socinianisme est une religion où l'on peut » se sauver, il ne leur est pas difficile d'achever et » de pousser les esprits dans la religion socinienne : » parce que le socinianisme est une religion de plain-» pied, qui lève toutes les difficultés et aplanit toutes » les hauteurs » : ce qui fait, conclut-il, « qu'on est » bien aise de trouver un lieu où l'on puisse se sau-» ver, sans être obligé de croire tant de choses qui » incommodent l'esprit et le cœur. » On ôte tous les mystères, on éteint les feux éternels, et on ne cherche qu'à se mettre au large. C'est ainsi que l'indifférence et le socinianisme sont liés; et il est aisé de comprendre que ce torrent débordé de Sociniens ou d'Indifférens dont la Réforme se plaint elle-même et qu'elle ne peut retenir, entraîne naturellement les esprits *à cette religion de plain-pied qui aplanit toutes les hauteurs* du christianisme.

Pour exténuer un mal à qui la Réforme prépare déjà d'extrêmes remèdes, le ministre voudrait nous faire accroire qu'il nous est commun avec elle. « La

(1) *P* 12, 13.

» communion de Rome a senti, dit-il (1), ce tor-
» rent d'impiété qui a presque inondé toute l'Eglise :
» ce qui a obligé ses auteurs à écrire plusieurs ou-
» vrages pour prouver la vérité de la religion chré-
» tienne. » Sur ce fondement il nous donne « des
» Déistes à la cour et des Sociniens dans l'Eglise en
» assez grand nombre » : en sorte que nous n'avons
rien à reprocher à la Réforme de ce côté-là. Pour
rendre les choses égales, il faudroit encore nous
nommer les royaumes catholiques où l'on prêche publiquement le socinianisme et l'indifférence; les conciles qu'on y tient contre ces erreurs, et les moyens
extraordinaires dont on croit y avoir besoin pour en
exterminer les sectateurs. Du moins peut-on assurer
que les Sociniens font peu de bruit dans le monde, et
pour moi qui pourrois peut-être en rencontrer quelques uns, s'il y en avoit dans l'Eglise autant que dit
le ministre, je n'en puis pas nommer un seul. Mais
après tout et pour le prendre de plus haut, la question n'est pas de savoir si le nombre des Indifférens,
c'est-à-dire, celui des impies, s'augmente dans la
chrétienté, et s'il peut y en avoir de cachés parmi
nous : ce qu'il faut examiner, c'est d'où cette race est
venue, de quel principe elle est née, et pourquoi elle
se déclare hautement parmi les protestans. D'abord
on avouera, pour peu qu'on ait de bonne foi, que
l'Eglise romaine y est opposée par sa propre constitution. Une Eglise qui pose pour fondement qu'il n'y
a de vie ni de salut que dans sa communion, sans
doute est opposée par sa nature à l'indifférence des
religions. Une Eglise qui a pour règle de la foi, qu'elle
doit avoir aujourd'hui celle qu'elle avoit hier, qui
croit que celle d'hier est celle de tous les siècles passés
et futurs, en sorte que la vérité régnera éternellement
dans sa communion, et qu'il y a une promesse divine qui l'en assure, est incompatible par son propre
fond avec toutes les nouveautés ; et d'autant plus
opposée à celle des Sociniens et des Tolérans ou Indif-

(1) *Tab. Lett.* 1, *p.* 11, 12.

férens, que leurs innovations sont plus hardies. Qu'on vienne dire à une telle Eglise qu'elle ne doit pas adorer le Fils de Dieu autant que le Père, ou que Jésus-Christ n'est pas proprement un rédempteur qui ait vraiment satisfait pour elle et payé un prix infini ; ou que l'enfer n'est pas éternel comme la béatitude qui nous est promise ; ou qu'on puisse trouver son salut autre part qu'avec Jésus-Christ et son Eglise : elle bouchera ses oreilles pour ne point ouïr de tels blasphèmes, et repoussera de toute sa force ces novateurs avec un concours universel : il faut qu'ils sortent ou qu'ils se cachent si bien, qu'il ne leur reste d'asile que celui de l'hypocrisie, qui se condamne elle-même à des ténèbres éternelles. Voilà où en sont réduits tous les novateurs dans l'Eglise catholique. Qu'on laisse reposer les peuples sur cette foi et sur la promesse divine, jamais les nouveautés ne seront seulement écoutées. Mais que l'on commence à dire avec la Réforme, qu'il y a sept ou huit cents ans, plus ou moins, que l'erreur et l'idolâtrie régnent dans l'Eglise, c'en est fait : la chaîne est rompue ; la promesse est anéantie ; on ne tient plus à la succession. L'antechrist, qui ne commençoit qu'au septième ou huitième siècle, si l'on veut, prendra naissance au cinquième et en la personne de saint Léon : si l'on veut, la corruption aura commencé au concile de Nicée : ce sera plus tôt, si l'on veut, et dès le temps qu'on a condamné Paul de Samosate qui nioit la préexistence du Fils de Dieu : il n'y a plus de digues à opposer à cette pente secrète qui porte l'esprit de l'homme à cette religion *de plain-pied* qui supprime tout l'exercice de la foi ; et tout devient indifférent.

Qu'ainsi ne soit ; mettons aux mains un de ces protestans indifférens, Sociniens, Pajonistes, Arminiens, si l'on veut (car tous ces noms symbolisent fort), avec quelque bon Réformé, avec M. Jurieu lui-même ; et voyons s'il pourra le vaincre par les principes communs de la Réforme. Cet Indifférent a trois règles : la première : *Il ne faut connoître nulle autorité que celle de l'Ecriture ; celle-là seule est divine ;*

ne me parlez ni d'Eglise ni d'antiquité ni de synode :
ce sont tous moyens papistiques ; et la Réforme m'apprend que tout cela n'est pas ma règle. La seconde règle de notre Indifférent : *L'Ecriture pour obliger doit être claire;* ce qui ne parle qu'obscurément ne décide rien et ne fait qu'ouvrir le champ à la dispute : telle est la seconde règle de l'Indifférent. La troisième et la dernière : « Où l'Ecriture paroît enseigner des
» choses inintelligibles et où la raison ne peut atteindre,
» comme une Trinité, une Incarnation, et le reste :
» il faut la tourner au sens dont la raison peut s'accommoder, quoiqu'on semble faire violence au
» texte. » Tout roule sur ces trois maximes : mais voyons un peu plus dans le détail comment les Indifférens les emploient, et si les vieux Réformés pourront les nier ou en éviter les conséquences.

Par la première maxime, *Nulle autorité que celle de l'Ecriture,* ils excluent d'abord toutes les Confessions de foi de la Réforme, parce qu'elles sont faites, reçues, autorisées par des hommes sujets à errer comme les autres. Quand donc les trente-quatre réfugiés d'Angleterre pressent le synode d'Amsterdam de réduire les Proposans et les ministres *à la Confession belgique;* premièrement, ils ne disent rien; car ils ne veulent les y soumettre que dans *les articles capitaux,* sans expliquer quels y sont (1). Secondement, ils demandent qu'on impose *à ces Proposans et à ces ministres* un joug humain, et qu'on leur ôte la liberté que l'Evangile réformé leur a donnée de tout examiner, et même les résolutions et les décisions les plus authentiques de l'Eglise.

Cette raison met à couvert nos Indifférens de la décision du synode même, lorsqu'il leur défend « de rien
» supporter de ce qui pourra contrevenir à la doctrine
» enseignée dans la parole de Dieu, dans la Confes-
» sion de foi, et dans le synode national de Dor-
» drect (2) » : car d'abord la parole de Dieu visiblement n'est mise là que pour la forme : autrement, de

(1) *P.* 561. — (2) *P.* 567.

deux choses l'une : ou le synode leur défendroit de supporter les Luthériens contre le décret de Charenton et le sentiment unanime de la Réforme calvinienne, ou elle les forceroit à confesser que la présence réelle, l'ubiquité et le reste, qu'il faut passer aux Luthériens, n'est pas contraire à la parole de Dieu ; puisque s'il y étoit contraire, selon les termes de ce synode, on ne pourroit plus le supporter.

Il en faudra donc venir à dire que la parole de Dieu n'est mise là qu'à condition de l'entendre selon les interprétations des Confessions de foi et du synode de Dordrect : ce qui est manifestement la doctrine que la Réforme a improuvée dans les catholiques, et une restriction de la liberté qu'elle a donnée d'interpréter l'Ecriture chacun selon son esprit particulier.

Que si M. Jurieu répond, selon les principes de son système, que ces Confessions de foi n'obligent pas en conscience, mais à titre de *confédération volontaire et arbitraire*, comme il parle (1), où l'on a pu recevoir et d'où aussi l'on peut exclure qui l'on veut ; il demeurera pour certain qu'on en peut croire en conscience tout ce qu'on voudra, et que le refus qu'on feroit d'y souscrire ne pourroit avoir que des effets politiques qui n'auroient aucune liaison avec le salut.

Qu'ainsi ne soit : selon ce ministre, on pouvoit régler de telle manière ces confédérations des Eglises, par exemple, de Genève et de Suisse, que les Pélagiens et Semi-Pélagiens n'en auroient pas été exclus : « et ce qui est bien certain, dit-il, c'est qu'on » n'a pas eu dessein de damner ceux qui embrasse- » roient le semi-pélagianisme (2) » : en les excommuniant on ne les exclut que de cette confédération particulière, de cette Eglise et de ce troupeau particulier, et non pas en général de la société de l'Eglise et encore moins du salut. On est donc encore libre en conscience de croire ce qu'on voudra de ces Confes-

<hr>

(1) *Proj. l'g* p. 6. *Syst.* p. 246 et suiv. 254 et suiv. *Hist. des Var.* liv. XV. p. 166 et suiv. — (2) *Var.* p. 81, 82.

sions de foi : quoiqu'elles se soient déclarées contre les Semi-Pélagiens, on peut encore être ou n'être pas de cette secte. Ainsi il en faut toujours revenir au fond ; et les censures lancées sur le fondement de ces *confédérations arbitraires* ne regardent qu'une police extérieure de l'Eglise, qui ne gêne en aucune sorte la liberté intérieure de la conscience.

Il en faut dire autant de tous les synodes, et même de celui de Dordrect, le plus authentique de tous. A quelque autorité qu'on s'efforce de l'élever dans la Réforme, le plus rigide des Intolérans, c'est-à-dire, M. Jurieu, se contente qu'on lui accorde que ce synode « a pu obliger, non TOUS LES MEMBRES DE LA SO- » CIÉTÉ, mais au moins tous ses docteurs, prédica- » teurs et autres gens qui se mêlent d'enseigner, sans » pourtant obliger à la même chose les autres Eglises » et les autres communions (1). » Ses décrets ne sont donc pas une règle de vérité proposée à tout le monde, mais une police extérieure du calvinisme, qui selon les principes de la Réforme ne peut lier les consciences.

Ainsi les Indifférens ont gagné leur cause contre les synodes et les Confessions de foi : et, à parler sincèrement, il ne faudroit les presser que par l'Ecriture, selon les anciens principes de la Réforme.

Venons au second principe des Indifférens : *L'Ecriture pour obliger doit être claire.* Ce principe n'est pas moins indubitable dans la Réforme que le précédent ; puisque c'est sur ce fondement qu'elle a tant dit que l'Ecriture étoit claire, et qu'il n'y avoit personne, pour occupé ou pour ignorant qu'il fût, qui n'y pût trouver les vérités nécessaires, en considérant par lui-même attentivement les passages, et les conférant avec soin les uns avec les autres. C'est par là qu'on flattoit le monde et qu'on soutenoit la Réforme : mais c'est maintenant ce qui la perd. Car l'expérience a fait sentir aux simples fidèles, et même aux plus présomptueux, aux plus entêtés, qu'en effet

_________

(1) *Jur. sur les Méthodes.* sec'. 1ᵉ, p. 159, 160.

ils n'entendoient pas ce qu'ils s'imaginoient entendre : ils se sont trouvés si embarrassés entre les raisonnemens des vieux Réformés et ceux des Arminiens, des Sociniens, des Pajonistes, pour ne point parler ici des catholiques et des Luthériens, qu'on a été obligé de leur avouer qu'au milieu de tant d'ignorances, de tant de distractions et d'occupations nécessaires, l'examen de discussion leur étoit aussi peu possible, que d'ailleurs il leur étoit peu nécessaire.

C'est ce que M. Jurieu a expressément avoué : car, non content d'avoir enseigné dans son Système que la discussion n'est nécessaire ni à ceux qui sont déjà dans l'Église, ni à ceux qui veulent y entrer, et *qu'il ne la peut conseiller* ni aux uns ni aux autres (1), il ajoute en termes formels, *qu'un simple n'en est pas capable* (2) : et encore plus expressément : « Cette voie de trouver la vérité n'est pas celle de » l'examen; car je suppose avec M. Nicole qu'elle est » absurde, impossible, ridicule, et qu'elle surpasse » entièrement la portée des simples (3). »

Il ne faut pourtant pas ôter à nos Prétendus Réformés le mot d'examen dont on les a toujours amusés. Outre l'examen de discussion, on sait que M. Jurieu en a trouvé encore un autre, qu'il appelle, « d'at- » tention ou d'application de la vérité à l'esprit, qui, » dit-il (4), est le moyen ordinaire par lequel la foi » se forme dans les fidèles. Cela consiste, dit-il, dans » ce que la vérité, qui proprement est la lumière du » monde intelligible, vient s'appliquer à l'esprit, tout » de même que la lumière sensible s'applique aux » yeux corporels » : ce qu'il explique en un autre endroit encore plus précisément (5), lorsqu'il dit « que ce qui fait proprement le grand effet pour la » production de la foi, c'est la vérité même qui » frappe l'entendement comme la lumière frappe les . » yeux. »

(1) *Syst. liv.* II, c. 22, *p.* 401, 403 *et suiv.* — (2) *Ibid. liv.* III, c. 5, *p.* 472. — (3) *Ibid. liv.* II, c. 13, *p.* 337. — (4) *Ibid.* c. 19, *p.* 380, 381 *et suiv.* — (5) *P.* 383.

A la vérité, on ne voit pas bien pourquoi *cette application de la vérité* s'appelle examen; puisque les yeux bien assurément n'ont point à examiner si c'est la lumière qu'ils découvrent, et qu'ils ne font autre chose que s'ouvrir pour la recevoir. Mais sans disputer des mots ni raffiner sur les réflexions dont M. Jurieu prétend que cette application de la vérité est accompagnée, souvenons-nous seulement que « cet examen. qu'il appelle d'attention ou d'applica- » tion, n'est rien que le goût de l'âme qui distingue » le bon du mauvais, le vrai du faux, comme le palais » distingue l'amer du doux (1). »

C'est ce qu'il appelle ailleurs la voie *d'adhésion* ou *d'adhérence* (2), et plus ordinairement la voie *d'impression*, *de sentiment* ou *de goût*, qu'il reconnoît être la même dont s'étoit servi M. Claude (3). Par cette voie on rend aux Réformés la facilité dont on les a toujours flattés de se résoudre par eux-mêmes, et on leur donne un moyen aisé de trouver tous les articles de la foi, non plus par la discussion qu'on reconnoît impossible et peu nécessaire pour eux, mais par sentiment et par goût (4). Il ne faut que leur proposer un amas de vérités, un sommaire de la doctrine chrétienne : alors indépendamment de toute discussion, et même, ce qu'il y a de plus remarquable, « indépendamment du livre où la doctrine » de l'Evangile et de la véritable religion est con- » tenue (5) », c'est-à-dire, constamment de l'Ecriture, la vérité leur est claire; « on la sent comme on » sent la lumière quand on la voit, la chaleur quand » on est auprès du feu, le doux et l'amer quand on » en mange. » C'est ce qu'a dit M. Jurieu, c'est ce qu'a dit M. Claude, et c'est à quoi se réduit toute la défense de la Réforme.

Ce moyen est aisé sans doute : mais par malheur la même expérience qui a détruit la discussion, détruit

(1) *P.* 383, *liv.* 11, *c.* 24, *p.* 413. — (2) *Ibid. c.* 20, 21, 25; *liv.* III, *c.* 5, 9, 10. — (3) *Ibid. liv.* III, *c.* 2, 3, 5. — (4) *Syst. liv.* 11, *c.* 25, *p.* 428, 453 *et suiv. Var. liv.* xv, *p.* 203 *et suiv.* — (5) *Ibid. p.* 453.

encore ce prétendu goût, ce prétendu sentiment. Ne disons donc point aux ministres ce que nous leur avons déjà objecté (1), que tout cela se dit en l'air et sans fondement, contre les propres principes de la Réforme, avec un péril inévitable de tomber dans le fanatisme : laissons les raisonnemens, et tenons-nous-en à l'expérience. Ce qu'il y aura de gens sensés et de bonne foi dans la Réforme avoueront franchement qu'ils ne sentent pas plus ce goût, cette évidence de la vérité *aussi claire que la lumière du soleil,* dans les mystères de la Trinité, de l'Incarnation et les autres, qu'ils ont senti par la discussion le vrai sens de tous les passages de l'Écriture : on flattoit leur présomption en leur disant qu'ils entendoient l'Écriture par la discussion des passages : on les flatte d'une autre manière en leur disant qu'ils goûtent et qu'ils sentent la vérité des mystères avec autant de clarté qu'on sent le blanc et le noir, l'amer et le doux. Rien ne peut les empêcher de s'apercevoir de l'illusion qu'on leur fait, ni de sentir qu'on n'a fait que changer les termes; que ce qu'on appelle goût et sentiment n'est au fond que leur prévention et la soumission qu'on leur inspire pour les sentimens qu'ils ont reçus de leur Église et de leurs ministres; qu'on les mène en aveugles, et que quelque nom qu'on donne à la recherche qu'on leur propose de la vérité, soit celui de discussion ou celui de sentiment et de goût, on les remet par un autre tour sous l'autorité dont on leur a fait secouer le joug.

En cet état un Socinien ou rigide ou mitigé vient doucement, et sans s'échauffer, vous proposer son troisième et dernier principe, qui renferme toute la force, ou plutôt tout le venin de la secte : je le répète : « Où l'Écriture paroît enseigner des choses » que la raison ne peut atteindre par aucun endroit, » il la faut tourner au sens dont la raison s'accom- » mode, quoiqu'on semble faire violence au texte. » Je soutiens qu'un Prétendu Réformé tombe néces-

___

(1) *Var. liv.* xv, *p.* 166 *et suiv.*

sairement dans ce piége : car, dit-il, la Trinité et
l'Incarnation sont mystères impénétrables à ma raison : tout mon esprit, tous mes sens se révoltent
contre : l'Ecriture, qu'on me propose pour me les
faire recevoir, fait le sujet de la dispute : la discussion m'est impossible, et mes ministres l'avouent :
l'évidence de sentiment dont ils me flattent n'est qu'illusion : ils ne me laissent sur la terre nulle autorité
qui puisse me déterminer dans cet embarras : que
reste-t-il à un homme dans cet état, que de se laisser
doucement aller *à cette religion de plain-pied, qui
aplanit toutes les hauteurs*, comme disoit M. Jurieu ? On y tombe naturellement, et il ne faut pas
s'étonner si la pente vers ce parti est si violente, et
le concours si fréquent de ce côté-là.

Mais le rusé Socinien ne s'en tient pas là, et il soutient au calviniste qu'il ne peut nier son principe. « Pour-
» quoi, dit-il (1), ne croyons-nous pas que Dieu ait
» des mains et des yeux, ce que l'Ecriture dit si ex-
» pressément ? c'est parce que ce sens est contraire à la
» raison. Il en est de même de ces paroles : *Ceci
» est mon corps : si vous ne mangez ma chair
» et ne buvez mon sang*, etc. » Ce sont les paroles
du subtil auteur, qui a donné au public des *Avis sur
le Tableau du socinianisme* (2). Il engage M. Jurieu dans son principe par un exemple qu'il ne peut
rejeter. Dans ces paroles : *Ceci est mon corps*, tout
le calvinisme reconnoît une figure, pour éviter la
violence que la lettre fait à la raison et au sens humain : qui peut donc après cela empêcher le Socinien
d'en faire autant sur ces paroles : *le Verbe étoit
Dieu, le Verbe a été fait chair ;* et ainsi des autres ?
S'il faut de nécessité mettre au large la raison humaine, et que ce soit là le grand ouvrage de la Réforme, pourquoi ne pas l'affranchir de tous les mystères, et en particulier de celui de la Trinité, ou de
celui de l'Incarnation comme de celui de la présence

_______

(1) *Avis sur le Tab. du Soc. I. Traité.* — (2) *Ibid. art.* 1,
p. 13.

réelle ; puisque la raison n'est pas moins choquée de l'un que de l'autre ?

M. Jurieu déteste cette proposition de Fauste Socin sur la satisfaction de Jésus-Christ : « Quand cela se » trouveroit écrit non pas une fois, mais souvent » dans les écrits sacrés, je ne croirois pourtant pas » que la chose allât comme vous pensez : car, comme » cela est impossible , j'interpréterois les passages en » leur donnant un sens commode, comme je fais » avec les autres en plusieurs autres passages de » l'Ecriture (1). » Notre ministre déteste, et avec raison, cette parole de Socin. Car, en suivant la méthode qu'il nous y propose, il n'y a plus rien de fixe dans l'Ecriture : à chaque endroit difficile on sera réduit à soutenir thèse sur l'impossibilité ; et au lieu d'examiner en simplicité de cœur ce que Dieu dit , il faudra à chaque moment disputer de ce qu'il peut.

On ne sauroit donc rejeter trop loin cette méthode qui soumet toute l'Ecriture et toute la foi au raisonnement humain. Mais voyons si la Réforme peut s'exempter de cet inconvénient.

L'auteur des Avis demande à M. Jurieu, *comment il dispose son cœur* dans les mystères *que la raison ne peut atteindre par aucun endroit* (2). Et ce ministre lui répond : « Je sacrifie à Dieu, qui est » la première vérité, toutes les résistances de ma » raison : la révélation divine devient ma souveraine » raison (3). » Cette réponse seroit admirable dans une autre bouche ; mais, pour la faire avec efficace à un Socinien , il faut donc poser pour principe , que partout où il s'agit de révélation , on doit imposer silence au raisonnement humain, et n'écouter qu'un Dieu qui parle. Ainsi, lorsqu'il s'agira de la présence réelle et du sens de ces paroles : *Ceci est mon corps* , il n'est plus permis de répondre, comme fait M. Jurieu (4) : « L'Eglise romaine croit avoir

______

(1) *Tab. Lett.* iii , *p.* 107. *Socin. lib.* iii , *de Servatore ; c.* 2 et 6. — (2) *Tr.* 1. *art.* 1. *p.* 16. — (3) *Lett.* iii , *p.* 131. — (4) *Des Deux Souv. c.* 8 , *p.* 162.

» une preuve invincible de la présence réelle dans ces
» paroles de Jésus-Christ : *Si quelqu'un ne mange*
» *ma chair, etc. Prenez, mangez, ceci est mon*
» *corps.* Cette prétendue manducation nous conduit
» à des prodiges, à renverser les lois de la nature,
» l'essence des choses, la nature de Dieu, et l'Ecri-
» ture sainte ; à nous rendre mangeurs de chair hu-
» maine. De là je conclus, sans balancer, qu'il y a
» de l'illusion dans la preuve, et de la figure dans le
» texte. » Mais, je vous prie, que fait autre chose le
Socinien ? Ne trouve-t-il pas dans la Trinité, dans
l'Incarnation, dans l'immutabilité de Dieu, dans sa
prescience, dans le péché originel, dans l'éternité
des peines, *des prodiges, des renversemens de la*
*nature de Dieu et de l'essence des choses?* Faut-il
donc entrer avec lui dans cette discussion, et jeter de
simples fidèles dans la plus subtile et la plus abstraite
métaphysique ? Où est donc ce sacrifice de résistance de notre raison qu'on nous promettoit ? Et s'il
nous faut disputer et devenir philosophes, que devient
la simplicité de la foi ?

M. Jurieu dira peut-être : J'emploie, il est vrai,
la résistance de la raison contre la présence réelle :
mais c'est aussi que la raison y résiste plus qu'à la
Trinité, à l'Incarnation, et aux autres mystères
que le Socinien rejette. Vous voilà donc, encore un
coup, à disputer sur le plus et sur le moins de la résistance : il faut faire argumenter le simple fidèle, il
en faut faire un philosophe, un dialecticien; et celui
dont vous ne voulez pas charger la foiblesse ou l'ignorance, de la discussion de l'Ecriture, est jeté dans la
discussion des subtilités de la philosophie la plus
abstraite et la plus contentieuse. Est-ce là ce chemin
aisé et cette voie abrégée de conduire le chrétien aux
vérités révélées ?

Mais, direz-vous, il ne s'agit pas de raisonnement :
j'ai les sens mêmes pour moi ; et je vois bien que du
pain n'est pas un corps. Ignorant, qui n'entendez
pas que toute la difficulté consiste à savoir si Dieu
peut réduire un corps à une si petite étendue ! La

Luthérien croit qu'il le peut ; et si vous vous obstinez à vouloir conserver le pain avec le corps, il le conserve, et donne aux sens tout ce qu'ils demandent. Vous n'avez donc rien à lui dire de ce côté-là, et vous voilà à disputer sur la nature des corps, à examiner jusqu'à quel point Dieu a voulu que nous connussions le secret de son ouvrage, et s'il ne voit pas dans la nature des corps, comme dans celle des esprits, quelque chose de plus caché et de plus foncier, pour ainsi dire, que ce qu'il en a découvert à notre foible raison. Il faut donc alambiquer son esprit dans ces questions de la possibilité ou impossibilité, c'est-à-dire, dans les plus fines disputes où la raison puisse entrer, ou plutôt dans les plus dangereux labyrinthes où elle puisse se perdre. Et après tout s'il se trouve vrai que Dieu puisse réduire un corps à une si petite étendue, qui doute qu'il ne puisse le cacher où il voudra, et sous telle apparence qu'il voudra ? Il a bien caché ses anges, des esprits si purs, sous la figure des corps, et fait paroitre son Saint-Esprit sous la forme d'une colombe : pourquoi donc ne pourroit-il pas cacher quelque corps qu'il lui plaira sous la figure, sous les apparences, sous la vérité, s'il le veut ainsi, de quelque autre corps que ce soit : puisqu'il les a tous également dans sa puissance ? Donc le sens ne décide pas : donc c'est le raisonnement le plus abstrait qu'il faut appeler à son secours, et la plus fine dialectique. Mais s'il faut être dialecticien ou philosophe pour être chrétien, je veux l'être partout, dira le Socinien : je veux soumettre à ma raison tous les passages de l'Ecriture où je la trouverai choquée, et autant ceux qui regardent la Trinité et l'Incarnation, que ceux qui regardent la présence réelle. On peut discourir, on peut écrire, on peut chicaner sans fin : mais à un homme de bonne foi, ce raisonnement n'a point de réplique.

M. Jurieu dira sans doute que ce n'est pas la raison seule, mais encore l'Ecriture sainte qu'il oppose au Luthérien et au catholique sur ces paroles : *Ceci est mon corps.* Mais outre, comme nous verrons, que le Socinien en fait bien autant, voyons ce qui a frappé

M. Jurieu, et répétons le passage que nous venons de citer sur ces paroles : *Ceci est mon corps :* le sens de la présence réelle « nous conduit, dit-il, à » des prodiges, à renverser les lois de la nature , » l'essence des choses, la nature de Dieu , l'Ecriture » sainte, à nous rendre mangeurs de chair humaine. » L'Ecriture est nommée ici, je l'avoue ; car aussi pouvoit-on l'omettre sans abandonner la cause ? Mais l'on voit par où l'on commence, ce qu'on exagère , ce qu'on met devant l'Ecriture, ce qu'on met après ; et on ressent manifestement que ce qui choque et ce qui décide en cette occasion, c'est enfin naturellement la raison humaine. On sent qu'elle a succombé à la tentation de ne pas vouloir se résoudre à croire des choses où elle a tant à souffrir: c'est en effet ce qui frappe tous les Calvinistes. Un catholique ou un Luthérien commence avec eux une dispute : forcé par l'impénétrable hauteur des mystères dont la croyance est commune entre nous tous, le Calviniste reconnoît qu'il ne faut point appeler la raison humaine dans les disputes de la foi. Là-dessus on lui demande qu'il la fasse taire dans la dispute de l'Eucharistie comme dans les autres. La condition est équitable: il faut que le Calviniste la passe. C'en est donc fait : ne parlons plus de raison humaine, ni d'impossibilité, ni des essences changées : que Dieu parle ici tout seul. Le Calviniste vous le promettra cent fois; cent fois il vous manquera de parole, et vous le verrez toujours revenir aux peines dont sa raison se sent accablée. Mais je ne vois que du pain? Mais comment un corps humain en deux lieux et dans cet espace ? Je n'en ai jamais vu un seul qui ne se replongeât bientôt dans ces difficultés, qui, à vrai dire, sont les seules qui les frappent. Calvin, comme les autres, promettoit souvent aux Luthériens, lorsqu'il disputoit avec eux sur cette matière (1), de ne point faire entrer de philosophie ou de raisonnement humain dans cette dispute : cependant à toutes les pages il y

_______________
(1) *Cont. Hesh. Cont. Vest.*

retomboit. Si les Calvinistes se font justice, ils avoue-ront qu'ils n'en usent pas d'une autre manière, et qu'ils en reviennent toujours à des pointilles du rai-sonnement humain.

Mais n'allèguent-ils pas l'Ecriture ? Sans doute, de la même sorte que font les Sociniens. *Je suis la vigne, je suis la porte ; la pierre étoit Christ :* ils prouvent parfaitement bien qu'il y a dans l'Ecri-ture des façons de parler figurées: donc celle-ci : *Ceci est mon corps,* est de ce genre. C'est ainsi qu'un Socinien raisonne : il y a tant de façons de parler où il faut admettre une figure ; pourquoi celle-ci : *Le Verbe étoit Dieu, le Verbe a été fait chair,* ne seroit-elle pas de ce nombre ? Ils sauront fort bien vous dire que Jésus-Christ étant sur la terre le repré-sentant de Dieu, revêtu de sa vérité, inondé de sa vertu toute-puissante, on le peut aussi bien appeler Dieu et vrai Dieu, que le pain de l'Eucharistie est appelé corps. Vous voilà donc dans les discussions, dans la conférence des passages, dans l'embarras des disputes, auxquelles vous ne vouliez pas vous assu-jettir.

Mais, direz-vous, l'Ecriture est claire pour moi : c'est la question. Le Socinien ne prétend pas moins à cette évidence que vous : voilà donc toujours la foi dépendante des disputes; et ce moyen abrégé de l'établir tout d'un coup et sans discussion, vous échappe. Mais enfin si l'Ecriture est si claire en cette matière, d'où vient que le Luthérien ne peut l'entendre depuis plus de cent cinquante ans de disputes ? Vous ne direz pas que c'est un profane, ennemi de Dieu, de qui il retire ses lumières, comme vous pourrez le dire d'un Socinien. Il est du nombre des enfans de Dieu, du nombre de ceux qu'il enseigne, qu'il re-çoit à sa table et dans son royaume. Voulez-vous faire dépendre la foi d'un simple fidèle, d'une dis-pute qui demeure encore indécise après un si long temps ? Avouez donc la vérité : sentez-la du moins : ce n'est pas l'Ecriture qui vous détermine : la méthode socinienne vous entraîne ; et de deux sens qu'on donne à ces paroles, *Ceci est mon corps*, vous vous résolvez par celui qui flatte la raison humaine. Ainsi seront entraînés tous ceux qui mépriseront les décisions de l'Eglise ; et tant qu'on ne voudra point fonder sur une promesse certaine, une autorité infaillible qui arrête la pente des esprits, la facilité déterminera, et la religion où il y aura le moins de mystères, sera nécessairement la plus suivie.

Mais voici dans les écrits des Indifférens un attrait plus inévitable pour les Calvinistes. L'auteur des *Avis* demande à M. Jurieu une règle pour discerner les articles fondamentaux d'avec les autres (1). Car il est constant, et le ministre en convient, « qu'outre les
» vérités fondamentales, l'Ecriture contient cent et
» cent vérités DE DROIT ET DE FAIT, dont l'ignorance
» ne sauroit damner (2). » Il s'agiroit donc de savoir si, en lisant l'Ecriture, le peuple, les ignorans et les simples, c'est-à-dire, sans comparaison, la plus grande partie de ceux que Dieu appelle au salut, pourroient trouver cette règle pour discerner les vérités dont l'ignorance ne damne pas, d'avec les autres, et connoître par conséquent quelles erreurs on peut supporter, et jusqu'où l'on doit étendre la tolérance : en un mot, quelle raison il y a d'en exclure les Sociniens plutôt que les Luthériens. C'est ce qu'il faudroit pouvoir établir par l'Ecriture ; mais c'est à quoi les ministres ne songent seulement pas. Au lieu de nous faire voir dans les saints livres la désignation de ces articles fondamentaux, le sommaire qui les ramasse, ou la marque qui les distingue de tous les autres objets de la révélation, M. Jurieu se jette dans un long raisonnement où il prétend faire voir, sans dire un mot de l'Ecriture, qu'il y a trois caractères pour distinguer ces vérités fondamentales (3) : le premier est la révélation ; le second est le poids et l'importance ; le troisième est la liaison de certaines vérités avec la fin de la religion.

(1) *Avis Tr.* I. art. 1, *p.* 19. — (2) *Tab. Lett.* III, *p.* 119.
— (3) *Ibid.*

Il ne faut pas s'arrêter au caractère de révélation, qui est le premier, puisque c'est là que le ministre est d'accord qu'*il y a cent et cent vérités de droit et de fait* révélées dans l'Ecriture, qui néanmoins ne sont pas fondamentales : ce caractère n'est donc pas fort propre à distinguer ces vérités d'avec les autres. Passons au second, qui est *le poids et l'importance*, où d'abord il est certain qu'il faut entendre un poids et une importance qui aille jusqu'à rendre ces vérités nécessaires au salut : car le ministre ne dira pas que Dieu qui se glorifie par son prophète *d'enseigner des choses utiles : Je suis*, dit-il (1), *le Seigneur ton Dieu, qui t'enseigne des choses utiles*, prenne le soin d'en révéler de peu importantes. Ce n'est donc rien de prouver en général que ces vérités soient importantes, si l'on ne prouve qu'elles le sont jusqu'à être de la dernière nécessité pour le salut. Cela posé, écoutons ce que nous dira le ministre : « Sur le second caractère, qui est le
» poids et l'importance, il faut savoir que le bon
» sens et la raison seule en peuvent juger. Dieu a
» donné à l'homme un discernement capable de juger
» si une vérité est importante ou non à la religion :
» tout de même qu'il lui a donné des yeux pour
» distinguer si un objet est blanc ou noir, grand ou
» petit, et des mains pour connoître si un corps
» est pesant ou léger. » Voilà de ces évidences que la Réforme nous prêche. M. Claude nous les expliquoit d'une autre façon, et nous disoit qu'on sent naturellement que l'âme est suffisamment remplie de la vérité, comme on sent naturellement que le corps a pris une nourriture suffisante. Ces ministres pensent par là trouver un asile où l'on ne puisse les forcer. Car qui osera disputer avec un homme sur ce qu'il vous dit de son goût, ou prouver à un entêté de sa religion, quelle qu'elle soit, qu'il n'a pas ce goût qu'il nous vante, et qu'il ne sent pas comme à la main le poids des vérités du christianisme, jusqu'à

(1) *Isaï.* XLVIII. 17.

savoir discerner celles qui sont nécessaires au salut
d'avec les autres ? Sans doute ils ont trouvé là un
beau moyen de chicaner. Mais ce qu'il y a d'abord
à leur dire, c'est que, sous prétexte de cette évidence de goût et de sentiment, ils renoncent formellement à prouver par l'Ecriture l'importance et la
nécessité des vérités fondamentales. M. Jurieu y est
exprès : « Il est très-certain, dit-il (1), qu'il est
» très-important de savoir si Jésus-Christ est Dieu,
» ou s'il ne l'est pas; s'il est mort pour satisfaire
» la justice de Dieu pour nous; si Dieu connoît les
» choses à venir, s'il est infini ou non, s'il est l'au-
» teur de tout le bien qui se fait en nous. » Et un
peu après : « Si l'Ecriture sainte ne dit pas que ces
» vérités SOIENT DE LA DERNIÈRE IMPORTANCE ET NÉCES-
» SAIRES AU SALUT, c'est parce que cela se voit et se
» sent assez : on ne s'avise point, quand on fait des
» philosophes, de leur dire que le feu est chaud,
» et que la neige est blanche, parce que cela se
» sent (2). » Ce n'est donc point par l'Ecriture qu'on
prouve les articles fondamentaux ; chacun les connoît
à son goût, c'est-à-dire chacun les désigne à sa fantaisie, sans qu'on le doive ou qu'on le puisse convaincre ou désabuser sur ces articles.

Que si on sent que ces articles sont nécessaires au
salut, à plus forte raison doit-on sentir qu'ils sont
véritables. Si on sent, par exemple, comme M. Jurieu
vient de dire (3), qu'il est nécessaire au salut de
croire *que Dieu est l'auteur de tout le bien qui se
fait en nous*, à plus forte raison doit-on sentir que
c'est une vérité constante ; car il est clair que la
croyance d'une fausseté ne peut pas être nécessaire
au salut. Voilà les controverses bien abrégées : on
n'a qu'à dire qu'on sent et qu'on goûte, pour se
mettre hors de toute atteinte; et par la même raison,
vous avez beau dire à un homme : Cela se goûte,
cela se sent; s'il n'a ni ce sentiment ni ce goût, il

(1) *Lett.* III, *p.* 125. — (2) *Ibid. p.* 126. — (3) Ci-dessus,
p. 166.

vous quittera bientôt, et sa perte sera sans remède comme ses erreurs.

Qu'ainsi ne soit : à quoi sentez-vous que la présence réelle confessée par les Luthériens ne soit pas une erreur fondamentale, et qu'ils puissent impunément être des mangeurs de chair humaine ? Mais ce dogme de l'ubiquité, « monstre affreux, énorme et horrible,
» comme vous l'appelez vous-même (1), d'une lai-
» deur prodigieuse en lui-même, et encore plus pro-
» digieuse dans ses conséquences ; puisqu'il ramène
» au monde la confusion des natures en Jésus-Christ,
» et non seulement celle de l'âme avec le corps, mais
» encore celle de la divinité avec l'humanité, et en
» un mot l'eutychianisme détesté unanimement de
» toute l'Eglise » : à quoi sentez-vous, je vous prie, que le poids d'une telle erreur si grossière, si charnelle et si manifestement contraire à l'Ecriture, ne précipite pas les âmes dans l'enfer ? Mais cette erreur abominable d'ôter à la créature toute liberté, et de faire Dieu en termes formels auteur de tous les péchés, comment la pardonnez-vous à Luther ? Vous l'en avez convaincu ; vous lui avez démontré que c'est un blasphème qui tend *au manichéisme*, qui renverse *toute religion* (2), et dont néanmoins il ne s'est jamais rétracté. Où étoit le goût de la vérité dans ce chef des Réformateurs lorsqu'il blasphémoit de cette sorte ? Mais où étoit-il dans les autres Réformateurs, qui constamment blasphémoient de même (3) ? Et par quel goût sentez-vous que cette impiété ne les empêchoit pas d'être fidèles serviteurs de Dieu ? On a démontré plus clair que le jour aux Luthériens, dans l'Histoire des Variations et dans le troisième Avertissement (4), qu'ils sont devenus Semi-Pélagiens, en attachant la grâce de la conversion à une chose qui,

(1) *Jur. Consult. p.* 242. *Var. Addit. au liv.* XIV, *p.* 113. — (2) *Ibid. Addit. p.* 106, 107 *et suiv. Jur. Consult. II. part. c.* 8, *p.* 210 *et suiv. II<sup>e</sup> Avert. p.* 69, 71, 72 *et suiv.* — (3) *Var. liv.* XIV, *p.* 40, 41 *et suiv. Addit. Ibid.* — (4) *Ibid. liv.* VIII, *p.* 35, 38 *et suiv. Liv.* XIV, *p.* 96 *et suiv. III<sup>e</sup> Avert. p.* 129 *et suiv.*

'selon eux, ne dépend que du libre arbitre, c'est-à-dire, au soin d'assister à la prédication ; ce qui est, en termes formels, attribuer à nos propres forces le commencement de notre salut, sans que la grâce y soit nécessaire. J'ai rapporté les endroits de Beaulieu, fameux ministre de Sedan, où il a convaincu les Luthériens de cette erreur (1) : M. Basnage l'a reconnue (2), et il passe à M. de Meaux cette insigne variation de la Réforme. Mais l'aveu de M. Jurieu est encore ici plus considérable ; puisque, dans sa Consultation au docteur Scultet, il entreprend de lui démontrer ce semi-pélagianisme des Luthériens, en les convaincant d'enseigner que pour avoir la grâce de la conversion, il faut que l'homme *fasse auparavant le devoir de se convertir* par ses forces et ses connoissances naturelles (3) : ce qui est le pur et franc semi-pélagianisme, et enferme tout le venin de l'hérésie pélagienne. Ainsi le fait est constant, de l'aveu des ministres et de M. Jurieu lui-même.

J'en reviens donc à demander à ce ministre : que ferez-vous en cette occasion ? Vous n'oseriez abandonner les Luthériens, à qui en termes précis vous offrez la communion et la paix, malgré cette erreur (4). Que direz-vous donc pour les excuser ? que la révélation du dogme opposé au semi-pélagianisme n'est pas évidente ; et qu'il n'est pas clair dans l'Ecriture que c'est Dieu qui commence le salut, comme c'est lui qui l'achève par sa grâce ? Mais y a-t-il rien de plus clair que cette parole de saint Paul : *Celui qui commence en vous la bonne œuvre, l'accomplira* (5), pour ne point parler ici des autres passages ? Ou bien est-ce que cette erreur des Pélagiens et des Luthériens n'est pas importante ? Mais vous nous contiez tout à l'heure cette vérité, *que Dieu est l'auteur de tout le bien qui est en nous* (6), par conséquent du commencement comme du progrès et

(1) *Var. liv.* xiv. *p.* 96. — (2) *Basn. t.* ii, *liv.* iii, *c.* 2, n. 4. — (3) *Jur. Consult. p.* 117, 118. *Var. Addit. p.* 109. *III*e *Avert. p.* 129 *et suiv.* — (4) *Consult. ibid.* — (5) *Philip.* i. 6. — (6) Ci-dessus, *p.* 166.

de l'accomplissement de notre salut, parmi celles qu'on sent d'abord comme nécessaires au salut; en sorte qu'on n'a pas besoin de les prouver. Comment donc le Luthérien, vrai enfant de Dieu, selon vous, l'a-t-il oublié, et comment a-t-il varié ? Vous dites tout ce qui vous plaît, et votre théologie n'a point de règle.

Mais voici bien pis : vous-même vous variez avec les Luthériens; puisque ce point important de la nécessité de la grâce, qui étoit autrefois si fondamental, a cessé de l'être depuis que les Luthériens l'ont rejeté, et qu'en ôtant à Dieu le commencement du salut ils ne lui en ont plus réservé que l'accomplissement. Comment pourrai-je me fier à ce goût auquel vous me renvoyez, si vous-même vous variez dans votre goût ? Si en nous disant d'un côté que jamais homme de bien *ni vrai chrétien ou vrai dévot ne fut Pélagien ou Semi-Pélagien*, vous ne laissez pas de nous dire encore qu'un Luthérien, franc Semi-Pélagien, selon vous, peut soutenir son erreur sans préjudice de son salut, et sans être exclus du pain de vie (1)? Mais n'avez-vous pas démontré à ce même Luthérien, qu'il ruine la nécessité des bonnes œuvres, qu'il en ravale le prix; que, selon lui, l'exercice de l'amour de Dieu n'est nécessaire pour être sauvé ni à la vie ni à la mort (2) ? A quoi reconnoissez-vous que ces dogmes luthériens sont de poids pour le salut, et que tant d'autres n'en sont pas ? Ne voyez-vous pas que vous avez *un poids et un poids, chose abominable devant le Seigneur* (3), et que vous pesez les erreurs avec une balance trompeuse et inégale ?

De là vient que le ministre lui-même à la fin ne se fie pas à cette balance où il pèse les vérités fondamentales. « Je sais, dit-il (4), que les préjugés sont » capables de corrompre ce discernement, et que

_____

(1) *Jur. Méth.* sect. 15, *p.* 113, 121. *Var. liv.* xxv, *p.* 81, 82 *et suiv.* 86, 87 *et suiv.* — (2) *Var. Addit. p.* 110. *Jur. Consult. II.* part. c. 2, *p.* 243. *II*e *Avert. p.* 200 *et suiv.* — (3) *Prov.* xx. 10. — (4) *Tab. du Soc. p.* 149

» nous jugeons les articles et les vérités importantes
» selon nos passions et nos préventions. Mais pre-
» mièrement, le bon sens ne peut être corrompu
» qu'à certain degré. » Vous voilà donc à examiner
en quel degré la prévention peut avoir corrompu votre
goût et votre bon sens : qui nous expliquera cette
énigme ? « Mais ces vices, poursuit-il, ne peuvent
» aller à faire paroître une montagne comme un grain
» de sable, ou un grain de sable comme une mon-
» tagne. Il en est de même du jugement, qui dis-
» tingue l'important de ce qui ne l'est pas en toute
» matière. » D'où vient donc que le Luthérien trouve
la présence réelle et même l'ubiquité si importante,
pendant que le Calviniste méprise l'une et l'autre ? Ou
d'où vient que le Calviniste trouve si importante la
nécessité de la grâce et celle de l'amour de Dieu,
lorsque le Luthérien ne la sent pas ? Ou pourquoi
est-ce que le Calviniste lui-même se relâche en faveur
du Luthérien, et ne trouve plus essentiel ce qui l'étoit
auparavant ? Avouez que votre bon goût et votre évidence de sentiment est une illusion dont vous amusez
les entêtés. Mais voici dans le discours de M. Jurieu
le dernier excès de l'extravagance et le renversement
entier des maximes de la Réforme. « De plus, conti-
» nue-t-il (1), quand le bon sens pourroit être cor-
» rompu tout outre dans quelques sujets, comme il
» l'est en effet, la pluralité n'ira jamais de ce côté-
» là » ; et il le prouve par cet exemple : « Il y aura
» dans une grande ville vingt yeux viciés qui verront
» verd et jaune ce qui est blanc ; mais le reste des
» habitans, qui surpasse infiniment en nombre, rec-
» tifieront le mauvais jugement de ces vingt yeux,
» et feront qu'on ne les en croira pas. » Vous voilà
donc à la fin réduits à compter les voix. Et où en
étoit la Réforme lorsqu'elle s'est séparée, et qu'on
l'appeloit au concile œcuménique de l'Eglise qu'elle
quittoit ? Mais quoi ! si les Sociniens prévalent enfin
dans la Réforme ; si ce torrent, dont on ne peut arrê-

_______________

(1) *Tab. du Soc. p.* 119.

ter le cours, s'enfle tellement qu'il prévale, et qu'ils en viennent à être sur tous les articles mille contre un, comme ils s'en vantent déjà sur la tolérance qui renferme tout le venin de la secte, sans qu'on ose les contredire, le socinianisme sera véritable ou du moins indifférent? Mais cela, direz-vous, n'arrivera pas : la Réforme est devenue infaillible contre les Tolérans. Aveugles, ne verrez-vous jamais qu'avec ces illusions vous ne contenterez que des entêtés, et que tous les gens de bon sens de votre communion se donneront aux Indifférens, si vous n'avez recours à d'autres principes?

Enfin, le troisième caractère par où on distingue les articles fondamentaux d'avec les autres, c'est, selon M. Jurieu (1), *la liaison de certaines vérités avec la fin de la religion,* c'est-à-dire, *avec la gloire de Dieu, avec la sanctification et le salut de l'homme.* Je le veux : la fin de la religion en général, c'est, 1° dites-vous, *de ne croire qu'un Dieu :* le Socinien n'en croit qu'un, et il vous accuse d'en croire trois : 2° *de n'adorer que lui;* ce qu'il faut entendre sans doute d'une adoration souveraine : le Socinien le fait, et il vous accuse de rendre cette adoration à un homme pur. N'importe que vous le croyiez Dieu : vous voulez bien que le catholique soit idolâtre en adorant dans l'Eucharistie Jésus-Christ qu'il y croit présent. Vous direz que c'est une erreur damnable de rendre à Jésus-Christ homme un culte inférieur qui se rapporte à Dieu ; vous damnez donc tous les Pères du quatrième siècle, à qui néanmoins vous faites invoquer les saints et honorer leurs reliques sans préjudice de leur sainteté ni de leur salut. La 3ᵉ fin de la religion, c'est, dit le ministre, *de regarder Dieu comme celui qui gouverne le monde.* Le Socinien le nie-t-il? Vous sentez-vous si foible contre lui, que vous ne puissiez le combattre qu'en déguisant sa doctrine ? 4° *d'attendre de lui des peines ou des récompenses après la mort.* Le So-

(1) *P.* 120, 121, 126, 127.

cinien n'en attend-il pas ? et pouvez-vous lui objecter
qu'il rejette absolument les peines de l'autre vie, à
cause qu'il ne les croit pas éternelles ? Voilà pour les
caractères essentiels à la religion en général; mais il
y en a, dit M. Jurieu (1), « qui sont particuliers à
» la religion chrétienne, et qui la distinguent de toute
» autre, comme de croire que Jésus est le Messie » ;
le Socinien le croit : *que ce Messie est le Fils de
Dieu, et Dieu éternel comme le Père :* c'est la
question, que vous ne devez pas supposer comme
résolue, pendant que vous vous donnez tant de peine
à la résoudre : *qu'il a satisfait pour les péchés
des hommes;* autre question à examiner, et non pas
à supposer avec le Socinien et avec ceux qui le favo-
risent : *que les morts ressusciteront, qu'il y aura
un jugement dernier à la fin du monde;* vous
calomniez le Socinien si vous l'accusez de nier ces
vérités : savoir s'il les reconnoît dans toute leur étendue, et si ce qui manque à sa foi est fondamental ;
c'est de quoi vous avez promis de nous instruire, et
vous ne faites que le supposer; tant vous êtes forcé
à reconnoître que les principes, pour fermer la bouche
au Socinien, manquent à votre Réforme.

Et ce qui prouve plus clair que le jour que le ministre
ne sait où il en est, c'est ce qu'il ajoute, que « les
» vérités que les Sociniens veulent ôter à la religion,
» sont révélées, et clairement révélées (2) » Si elles
sont révélées et clairement révélées, si les articles fondamentaux sont si évidens et si aisés à trouver dans
l'Ecriture, pourquoi en craignez-vous la discussion
pour le peuple? Pourquoi le renvoyez-vous à son
goût, à son sentiment? goût et sentiment que vous
lui donnez avant même qu'il ait ouvert l'Ecriture
sainte. Continuons : « Ces articles sont clairement
» révélés, et en même temps ils sont de la dernière
» importance. » Mais déjà, pour la vérité et pour
l'évidence de la révélation, le ministre déclare souvent dans toutes ses lettres qu'il n'y veut pas encore

(1) *P.* 122. — (2) *P.* 123.

entrer. « On voit, dit-il (1), où un tel projet nous
» mèneroit. Au lieu d'un petit ouvrage à l'u-
» sage des moins savans, il faudroit faire un gros
» livre qu'à peine les savans auroient le loisir de
» lire. » Mais si cette discussion est si difficile aux
savans mêmes, combien est-il manifeste que les moins
savans s'y perdroient? Que fera-t-il donc? Il se réduira à deux articles, *qui est celui de la divinité de
Jésus-Christ et de sa satisfaction.* Mais songera-t-il
du moins à vous en prouver la vérité? Point du tout;
il va entreprendre de vous en prouver *l'importance* (2), et vous en fera voir la vérité dans une
seconde partie qu'il ne trouve pas à propos de traiter. Voilà cette rare méthode. Il vous prouvera qu'un
article est important avant que de vous montrer qu'il
est véritable et clairement révélé. C'est où se termine
aujourd'hui toute la théologie réformée.

Vous direz peut-être, mes Frères, que votre ministre, sans vouloir entrer dans le fond, suppose la
vérité et l'évidence de la révélation, comme une chose
dont les Tolérans qu'il attaque demeurent d'accord.
Mais visiblement il leur impose: au contraire l'auteur
des *Avis*, auteur que votre ministre vouloit réfuter,
avoit raisonné en cette sorte: « Je pose, lui avoit-il
» dit (3), le principe de la Réformation qui est celui
» du bon sens : c'est que Dieu ayant donné sa parole
» aux hommes afin de les conduire au salut, et Dieu
» appelant à ce salut beaucoup plus de peuple que
» de grands et de savans, il s'ensuit nécessaire-
» ment que ceux du peuple qui ne sont pas privés
» entièrement de sens commun, peuvent se déter-
» miner sur ces objets fondamentaux par la lecture
» de la parole de Dieu. » Ce principe présupposé, il
raisonne ainsi : « Cela étant, il me semble que l'on en
» peut conclure que tous ces dogmes sur lesquels les
» savans ont tant de peine à se déterminer, quoiqu'ils
» travaillent de bonne foi à leur salut, ne sont pas

(1) *P.* 123. — (2) *Tab. Lett.* II. — (3) *Tab. Lett.* III *et suiv.
Avis sur le Tableau, art.* 11 *, p.* 20.

» de cette nécessité absolue dont nous parlons. Car
» si les savans, qui ne sont pas la millième partie du
» peuple, trouvent tous ces embarras qui retiennent
» les plus sages d'entre eux indéterminés, comment
» les simples sans étude et sans application pourront-
» ils voir avec cette certitude que la foi demande,
» ces objets obscurs et douteux aux savans ? »

On voit donc que les adversaires de M. Jurieu ne
supposent pas que les articles dont il s'agit soient si
clairs : au contraire, ils présupposent qu'ils ne le sont
pas au peuple, puisqu'ils excitent tant de disputes
parmi les savans, et que les plus sages d'entr'eux
sont encore indéterminés : et quand même ces savans
conviendroient que ces articles leur paroissent clairs
dans l'Ecriture , il ne s'ensuit pas qu'ils les crussent
clairs pour tout le peuple; au contraire, l'auteur des
*Avis* conclut ainsi : « Plus j'y pense, plus je me
» persuade que les préjugés tirés des catéchismes,
» plutôt qu'une connoissance puisée dans la parole
» de Dieu, sont aujourd'hui presque l'unique fonde-
» ment de la foi des peuples. » Ce n'est donc pas
l'évidence de la révélation, mais *les catéchismes* et
les préjugés de la secte, c'est-à-dire, une autorité
humaine qui les persuade.

Enfin, l'auteur des *Avis* finit son raisonnement par
ces paroles (1) : « Je crois que l'on peut conclure,
» après cette réflexion, que les points fondamentaux
» de la religion ne sont pas à beaucoup près en si
» grand nombre que plusieurs se l'imaginent aujour-
» d'hui : autrement, je croirois que la voie d'examen,
» qui est le fondement de notre Réformation, seroit
» un principe impossible au peuple, et par consé-
» quent injuste et faux. J'attends avec impatience
» quelque éclaircissement là-dessus. »

Voilà ce qu'attendoient les Tolérans. Ils supposoient
que les peuples ne pouvoient pas voir assez clair
pour prendre parti sur les articles qui partageoient les
savans. Par là donc ils insinuoient qu'il falloit réduire

(1) *P.* 21.

les articles fondamentaux à ceux dont tout le monde et les Sociniens comme les autres sont d'accord ; c'est-à-dire, qu'ils les réduisoient à croire que Dieu est un, et que Jésus est son Christ : car c'est de quoi conviennent tous les chrétiens. Que si le ministre avoit à leur donner une autre marque d'évidence que ce consentement universel, c'étoit à lui à le prouver, et à ne pas ruiner sa cause, en supposant comme prouvé ce qui étoit en question.

L'exemple des Luthériens vient ici fort à propos. On demande à M. Jurieu et aux Calvinistes, si la certitude du salut, l'inamissibilité de la justice, la nécessité de la grâce pour commencer le salut, aussi bien que pour l'achever, et les autres points décidés dans le synode de Dordrect ; si la nécessité des bonnes œuvres et celle de l'amour de Dieu ; si cet article important de la Réforme, que Jésus-Christ en tant qu'homme est uniquement renfermé dans le ciel, sont choses obscurément et douteusement ou clairement révélées ? Si ces articles leur paroissent obscurément révélés, où en est le calvinisme ? Où en sont les décisions du synode de Dordrect ? Aura-t-il excommunié tant de ministres, bons Protestans d'ailleurs, pour des articles obscurs et obscurément révélés ? Que si tous les points qu'on vient de réciter, paroissent aux Calvinistes évidemment révélés, pourquoi le doute des Luthériens les ébranle-t-il assez pour les obliger à la tolérance ? ou pourquoi comptent-ils pour rien les doutes des autres aussi malaisés à résoudre que ceux des Luthériens ?

Le ministre croit avoir abattu les Tolérans, quand il leur dit : Est-il possible que Dieu ait voulu révéler la divinité de Jésus-Christ, sans obliger à la reconnoître ? ou qu'il ait satisfait pour nous, sans imposer aux hommes la nécessité d'accepter ce paiement par la foi (1) ? Comme si on ne pouvoit pas dire de même : Est-il possible que Dieu ait voulu que nous dussions tout notre salut, et autant le commencement que la

_____________________

(1) *Lett.* IV, *art.* 2, *n.* 5, 6.

fin, à la grâce de Jésus-Christ, et que ce soit là le principal fruit de sa mort, et que néanmoins il ne veuille pas que tout le monde reconnoisse cette vérité, et qu'il faille tolérer les Luthériens qui la rejettent? Ne pourroit-on pas dire aussi : Est-il possible que Jésus-Christ ait voulu se rendre réellement présent selon son corps et selon son sang dans le pain et dans le vin de l'Eucharistie, et qu'il n'ait pas voulu nous obliger à reconnoître une présence si merveilleuse, et à lui rendre grâces d'un témoignage si étonnant de son amour? Cependant vous voulez persuader aux Luthériens, qui reconnoissent cette présence, de vous supporter, vous qui, loin de la reconnoître, en faites le sujet de vos railleries, c'est-à-dire, selon eux, de vos blasphèmes, jusqu'à traiter ceux qui la croient de mangeurs de chair humaine.

Il ne faut point ici dissimuler une misérable chicane de M. Jurieu, qui soutient que l'article de la présence réelle et de l'union corporelle des fidèles avec Jésus-Christ ne peut pas être fondamental; parce que *les Luthériens eux-mêmes ne disent pas que cette union corporelle de Jésus-Christ avec ses membres soit absolument nécessaire. Il est donc clair, conclut-il, que les Calvinistes ne nient rien de fondamental et de nécessaire selon les Luthériens* (1).

Ce ministre ne veut jamais entendre en quoi consiste la difficulté qu'on lui propose. Il est vrai que les Luthériens ne disent pas que cette *union corporelle* du fidèle avec Jésus-Christ soit absolument nécessaire, parce qu'ils ne disent pas non plus que la réception de l'Eucharistie le soit; mais si les Luthériens ne croyoient pas que la foi de *cette union corporelle* fût nécessaire à celui qui reçoit l'Eucharistie, pourquoi excluroient-ils de leur communion les Calvinistes avec une inexorable sévérité? Il faut donc bien qu'ils croient absolument nécessaire à tout chrétien

______

(1) *Jur. de l'Un. de l'Egl. t.* vi, *c.* 5 , *p.* 560.

la foi de cette union et de la présence réelle, et qu'ils tiennent ceux qui la nient pour coupables d'une erreur intolérable.

Ainsi il se pourroit très-bien faire qu'on ne crût pas la communion absolument nécessaire, comme en effet elle ne l'est pas de la dernière et inévitable nécessité ; et qu'on crût absolument nécessaire quand on communie, de savoir ce qu'on y reçoit, et ne pas priver le fidèle de la foi de la présence réelle ; n'y ayant rien de plus ridicule et de plus impie que de tenir pour indifférent, si ce qu'on reçoit sous le pain et avec le pain, comme parle le Luthérien, est ou n'est pas Jésus-Christ même, selon la propre substance de son corps et de son sang ; puisque c'est faire tomber son indifférence sur la présence ou sur l'absence de Jésus-Christ même et de son humanité sainte.

Ainsi, quoi que puisse dire votre ministre, j'en reviens toujours à vous demander s'il n'est d'aucune importance de savoir que Jésus-Christ en tant qu'homme soit vraiment présent ou non sous les symboles sacrés ? Mais ce seroit en vérité être trop profane que de pousser son indifférence jusque-là, et de croire si Jésus-Christ homme a voulu être présent avec toute la réalité que croit le Luthérien, que cela puisse devenir indifférent à ses fidèles. Que si vous êtes enfin forcé d'avouer que c'est là un point important et très-important, mais non pas de cette importance qui rend un article fondamental et absolument nécessaire pour le salut, puisque même la réception do l'Eucharistie n'est pas de cette nécessité ; vous ne nous échapperez pas par cette évasion : car toujours on ne cessera de vous demander ce que vous diriez d'un homme qui, sous prétexte que la Cène ou la communion n'est pas absolument nécessaire, rejetteroit ce sacrement en disant qu'il le faut ôter des assemblées chrétiennes, et qu'il n'est pas nécessaire de le conserver dans l'Eglise ? Vous n'oseriez soutenir qu'avec cette erreur il fût digne du nom chrétien ni de la société du peuple de Dieu dont il rejetteroit le sceau

sacré. Car par la même raison, sous prétexte qu'on
peut absolument être sauvé sans le Baptême lorsqu'on
y supplée par la contrition ou par le martyre, et que,
même sans y suppléer par ces moyens on croit parmi
vous que ce sacrement n'est pas nécessaire au salut
des enfans des fidèles ; il faudroit aussi tolérer ceux
qui cesseroient de le donner, ou qui, à l'exemple de
Fauste Socin, ne le croiroient plus nécessaire à
l'Eglise de Jésus-Christ, en disant avec ce téméraire
hérésiarque qu'il n'a été institué que pour les commencemens du christianisme. Or, autant qu'il est nécessaire de conserver dans l'Eglise le sacrement de
l'Eucharistie, autant est-il nécessaire d'y conserver la connoissance de la chose sainte qu'elle
contient ; puisque même saint Paul condamne
expressément ceux qui la mangent sans la discerner (1).

Vous dites que le Socinien détruit la gloire de
Dieu, en le *faisant impuissant, ignorant, changeant* (2) : la détruit-on moins en le faisant, avec les
Réformateurs, auteur du péché ; et en niant, comme
font encore les Luthériens, qu'il soit auteur de tout
le bien qui se fait en nous, ne l'étant pas du
commencement de notre salut ? Le Socinien, pour-
suivez-vous, *ôte la sanctification en détruisant
les motifs qui y portent, comme sont la crainte
des peines éternelles :* et les Luthériens ne vous
reprochent-ils pas que vous ôtez aussi ces motifs par
votre certitude du salut et votre inamissibilité de la
justice ? Quelle différence mettez-vous entre ôter les
peines éternelles, et obliger le fidèle à croire avec
une entière certitude qu'elles ne sont pas pour lui,
puisqu'en quelque excès qu'il tombe, il est assuré de
ne mourir pas dans son péché ? *Le Socinien ôte la
consolation :* demandez au Luthérien s'il ne trouve
point de consolation dans la foi de la présence réelle,
et s'il ne vous accuse pas de ravir aux enfans de Dieu
cet exercice de leur foi, et ce doux soutien de leur

_______

(1) *I. Cor.* xi. 29. — (2) *Tab. Lett.* iii. *p.* 127.

âmes durant leur pèlerinage. Vous accusez le Socinien de nier le mérite de Jésus-Christ et de sa mort : le Socinien ne le nie pas absolument. Vous argumentez, et vous dites qu'il nie le mérite par voie de satisfaction ; ce qui est en quelque façon le nier : et n'est-ce pas aussi le nier en quelque façon, et encore d'une façon très-criminelle, que de croire, avec les Luthériens, le commencement du salut indépendant de la grâce que cette mort nous a méritée ? Et d'ailleurs que répondrez-vous à vos frères les Anglais protestans et à cette opinion *qu'on dit se glisser parmi eux ?* Mais quelle est cette opinion que vous coulez si doucement ? « C'est, dites-vous (1), que Jésus-
» Christ n'a pas proprement satisfait pour nos péchés,
» et qu'il n'est pas mort afin que ses souffrances nous
» fussent imputées. » Voilà cette opinion qui se glisse en Angleterre, selon le ministre. « Sur quoi, pour-
» suit-il, ils tournent en ridicule, à ce qu'on m'écrit,
» la justice imputée, avec autant de violence que les
» Papistes ignorans. » Ces théologiens dont on vous écrit, qui nient ouvertement que Jésus-Christ ait *proprement satisfait,* et tournent en ridicule votre justice imputée *avec autant de violence que pourroit faire un Papiste,* apparemment ne se cachent pas. *Vous avez peine, dites-vous, à distinguer cette théologie de l'impiété des Sociniens,* et vous souhaitez qu'on *la flétrisse :* mais cependant on ne dit mot à des gens qui nient si ouvertement la satisfaction de Jésus - Christ : on laisse *glisser* cette opinion parmi les docteurs, d'où elle passera bientôt au peuple ; et l'Eglise anglicane ne se croit pas obligée de régler ses censures par vos décisions. Criez tant que vous voudrez que ces articles sont révélés et clairement révélés ; vous en devez dire autant de tous les articles que vous soutenez contre les Luthériens : et si enfin vous répondez que les articles que vous opposez au luthéranisme, à la vérité sont révélés et clairement révélés,

(1) *Tab. Lett.* VIII, *p.* 578.

mais qu'ils ne sont pas pour cela fondamentaux ni de l'importance qu'il faut pour être nécessaires au salut ; nous en voilà donc revenus à examiner l'importance des articles révélés ? Par quelles règles et sur quels principes ? Le ministre n'en a aucun à nous donner ; et dans sa cinquième lettre, où il fait les derniers efforts pour éclaircir cette matière, après avoir épuisé toutes ses subtilités, il n'y voit plus autre chose à faire que d'en revenir enfin à compter les voix, comme il l'avoit déjà proposé dans sa troisième lettre.

Mais plus il s'explique sur cette matière, plus son embarras est visible ; car voici ce qu'il écrit dans cette cinquième lettre : « Il se peut donc faire, dit-il (1), » qu'il y ait en effet quelques personnes qui soient » aveuglées à ce point de pouvoir croire que la divi- » nité de Jésus-Christ et sa satisfaction sont des véri- » tés, mais que ce ne sont pas des vérités essentielles » à la religion chrétienne. Mais nous ne croyons pas » que cet entêtement puisse aller loin ni s'étendre à » beaucoup de personnes » : à cause, dit-il, que c'est » un état trop violent « de croire que certaine per- » sonne soit Dieu, et de croire qu'on ne lui fait pas » de tort en le regardant comme une créature. » Voilà votre dernier refuge : vous en appelez au grand nombre, et vous voulez que les Tolérans demeurent toujours le plus petit. Mais si *ce torrent* vous inonde, si l'expérience réfute vos raisonnemens, et qu'enfin la tolérance l'emporte, où en serez-vous ? Or certainement, au train qu'elle prend, il faudra bien qu'elle prévale, si vous n'avez à lui objecter que le petit nombre de ceux qui la suivent, c'est-à-dire, selon la Réforme, une autorité purement humaine, et le plus foible de tous les secours. Qu'ainsi ne soit : écoutons la suite (2). « On doit savoir que nous portons ce ju- » gement » ( que le nombre des Tolérans sera toujours le plus petit ) « des docteurs et des théologiens ; » car autrement, je suis bien persuadé qu'il y a MILLE » ET MILLE BONNES GENS dans les communions de nos

____

(1) *P.* 203. — (2) *P.* 204.

» sectaires qui unissent fort bien ces deux proposi-
» tions : *Jésus-Christ est fils éternel de Dieu ;
» mais il n'est pas nécessaire de le croire pour
» être sauvé.* Car de quoi ne sont pas capables
» LES PEUPLES et les gens qui ne SONT PAS DE PROFES-
» SION A S'APPLIQUER, NI DE CAPACITÉ A PÉNÉTRER ? Et
» même entre ceux qui sont appelés A ENSEIGNER LES
» AUTRES, COMBIEN PEU Y EN A-T-IL qui soient capables
» de voir le fond d'un sujet ? » Voilà donc, de votre
aveu propre, *mille et mille bonnes gens,* et non
seulement parmi les peuples, mais encore parmi ceux
qui sont appelés à enseigner les autres, qui ne voient
pas l'importance que vous voulez qui saute aux yeux.
C'est pour *ces mille et mille bonnes gens,* pour
ces gens *qui ne sont pas de profession à s'appliquer, ni de capacité à pénétrer,* pour ces gens,
dis-je, dont il est certain que toutes les communions
sont pleines, c'est pour eux et pour le grand nombre
même des docteurs que vous jugez incapables de voir
*le fond d'un sujet ;* c'est pour eux, encore un coup,
que je vous demande une règle. Quelle sera-t-elle ?
L'Écriture ? Mais ils ne sont pas *de profession à s'y
appliquer, ni de capacité à la pénétrer.* Les docteurs ? Mais ce sont ceux-là qui les embarrassent par
leurs divisions, et qui, après tout, ne sont que des
hommes sujets à faillir, et en particulier, et en corps ;
des hommes, enfin, dont le plus grand nombre n'est
pas capable, selon vous, *de voir le fond d'un sujet.*
Que pouvez-vous donc donner pour règle à ce grand
nombre d'ignorans ? La multitude ? qu'ils voient
croître tous les jours et en train de se grossir beaucoup davantage. Le goût et le sentiment ? C'est ce
qui les perd : car ils ont tant de goût pour la liberté ;
la tolérance leur paroît si belle, si douce, si chari-
table, et par là si chrétienne ! Quoi donc, enfin ? Les
synodes, les consistoires, les censures ? Tous ces
moyens sont usés et trop foibles, trop décriés dans la
Réforme. Il ne reste plus à opposer que les magistrats ; et c'est à quoi M. Jurieu travaille de toute sa
force dans ses derniers ouvrages.

Cependant, dans l'embarras où il est sur les moyens d'établir les articles fondamentaux, il semble quelquefois se repentir d'avoir avoué si souvent qu'il ne les trouve pas marqués dans l'Ecriture. Car il prétend, par exemple, que l'absolue nécessité de croire la divinité de Jésus-Christ, à peine d'être damné, est clairement marquée par ces paroles : *Celui qui ne croit pas au Fils éternel de Dieu est condamné :* où il suppose le mot de *fils éternel,* au lieu de celui de *fils unique* (1), et donne occasion aux Tolérans de lui reprocher qu'il n'a pu trouver la condamnation expresse des Sociniens dans les passages qu'il produit, sans les altérer. Il produit encore ce passage de saint Jean : *Celui qui nie que Jésus soit venu en chair, est l'Antechrist* (2). Mais que conclut ce passage pour les articles fondamentaux? puisque, de l'aveu du ministre, saint Léon et ses premiers successeurs ont été le vrai Antechrist, sans préjudice de leur sainteté et de leur salut : par conséquent sans nier aucun article fondamental. Il aura souvent sujet de se repentir d'avoir avancé une proposition si insensée : mais, après tout, la question demeure toujours; ce que c'est *que venir en chair.* Si c'est donner à Jésus, comme ont fait les Marcionites et les Manichéens, au lieu d'une chair humaine une chair fantastique, les Sociniens sont à couvert de ce passage. On sait d'ailleurs ce que c'est, selon eux, que *venir en chair :* et, sans excuser leurs réponses, que je trouve aussi mauvaises que M. Jurieu, il est question de sauver de leurs vaines subtilités ce nombre infini de gens, parmi les savans aussi bien que parmi le peuple, qu'on exclut de la discussion des passages de l'Ecriture, parce qu'ils n'ont ni le loisir ni la capacité de la faire, ainsi que le ministre vient encore d'en convenir.

On voit donc combien est foible la seule barrière qu'il met entre lui et les Tolérans, qui est celle des points fondamentaux. Il nous renvoie à ce qu'il en a

_______

(1) *De l'Un. Tr.* 6, *c.* 5, *p.* 550. *Joan.* III. 18. —(2) *Ibid. Tab. Lett.* IV, *p.* 159. *II. Joan.* 7.

dit au traité vi de son livre de l'Unité de l'Eglise (1) ; mais il n'y dit pas autre chose que ce qu'il répète dans ses lettres, et il ne fait que l'étendre, comme il en demeure d'accord. Parcourons néanmoins ce traité : nous n'y trouverons que de nouveaux embarras sur cette matière. Après avoir supposé que les articles fondamentaux sont les principes essentiels du christianisme, il met trois choses non fondamentales : « 1° l'explication des mystères ; 2° les conséquences » qui se tirent de ces mystères ; 3° et les vérités théo- » logiques qu'on puise dans l'Ecriture ou dans la rai- » son humaine, mais qui ne sont pas essentiellement » liées avec les principes (2). » Je ne veux rien lui disputer sur cette division : je remarquerai seulement quelques conséquences qu'il met parmi les choses non fondamentales : « Le principe du christianisme, » dit-il (3), c'est que l'homme étant tombé volontai- » rement dans la misère par le péché, il lui falloit un » rédempteur, que Dieu lui a envoyé en Jésus-Christ. » De ce principe, les uns tirent ces conséquences, » que l'homme par son péché avoit entièrement perdu » toute sa force pour faire le bien et pour tendre à sa » fin surnaturelle ; les autres les nient. » Ce n'est donc pas un principe du christianisme, que *l'homme ait perdu par le péché toute sa force pour faire le bien et tendre à sa fin surnaturelle :* ce n'est qu'une conséquence *non fondamentale,* comme l'appelle le ministre (4), sur laquelle il convient aussi *que les chrétiens sont partagés ;* et il est permis de dire que la nature tombée *a des forces pour faire le bien* jusqu'à le pouvoir commencer, ainsi qu'on a vu (5), par elle-même, *et tendre à sa fin surnaturelle :* ce qui rétablit en honneur le semi-pélagianisme, comme on l'a vu souvent.

Voici encore une des conséquences non fondamentales que le ministre donne pour exemple. De ce prin-

_________________

(1) *Tab. Lett.* iii, p. 116. — (2) *Ibid. de l'Un. Tr.* 6, c. i, p. 496. — (3) *Ibid.* p. 497. — (4) *Ibid.* — (5) Ci-dessus, p. 167, 168, 169.

cipe, qu'on avoit besoin d'un rédempteur, « les uns
» concluent, dit-il, que la satisfaction étoit d'une
» absolue nécessité ; les autres n'en veulent pas tomber
» d'accord (1). » C'est donc une chose libre de croire
qu'on ait besoin de la satisfaction de Jésus-Christ par
une absolue nécessité, ou de croire qu'on pouvoit s'en
passer : ce qui seul renverse de fond en comble le système du ministre.

Car quand il viendra nous dire dans la suite que,
pour croire « un rédempteur comme fournissant à
» tous nos besoins, il faut croire qu'il a satisfait par-
» faitément à la justice de Dieu, puisque c'est là un
» des besoins que la nature et la loi lui faisoient
» sentir (2) » il sera aisé de lui répondre que tout le
bien que nous sentons est celui que Dieu nous par-
donne nos péchés, en quelque manière que ce soit,
ou par la satisfaction de Jésus-Christ, ou sans elle :
ce qui fait ranger au ministre même, parmi les choses
indifférentes, l'opinion qui ne veut pas reconnoître que
la satisfaction de Jésus-Christ *soit d'une absolue
nécessité.*

Mais dès là tout son système et celui de M. Claude
est à bas. Car voici leur raisonnement : L'homme
sentoit son péché : par conséquent il sentoit que Dieu
étoit irrité contre lui, et que sa justice demandoit sa
mort ; qu'il falloit donc que cette justice fût parfaitement satisfaite : donc par un mérite infini ; donc par
une personne infinie ; donc par un Dieu-homme ; donc
il falloit qu'il y eût en Dieu plus d'une personne ; donc
l'homme sentoit par son besoin qu'il y avoit une Trinité et une Incarnation ; que ces mystères étoient
nécessaires à son salut, et par conséquent fondamentaux (3). Voilà ce qu'on sent dans la Réforme. Encore
que tout ce discours ne soit qu'un tissu de raisonnemens et de conséquences, il se faut bien garder d'appeler cela raisonnemens ; car autrement, il y faudroit
de la discussion et de la plus fine ; et c'est ce qu'on

<hr>

(1) Ci-dessus, *p.* 167, 168, 169. — (2) *Ibid. c.* 3, 1, *p.* 527.
— (3) *Ibid. c.* 3, *p.* 527. *Syst. liv.* 11, *c.* 25, *p.* 429.

veut exclure : il faut dire qu'on sent tout cela comme on sent le froid et le chaud, le doux et l'amer, la lumière et les ténèbres : et, si on ne le sentoit de cette sorte, la Réforme ne sauroit plus où elle en seroit, ni comment elle montreroit les articles fondamentaux.

En vérité, c'est trop se moquer du genre humain, que de vouloir lui faire accroire qu'on sente de cette sorte une Trinité et une Incarnation. Car, supposé qu'on sentît qu'on a besoin d'un Dieu qui satisfasse pour nos péchés, en tout cas, on ne sent pas là le Saint-Esprit, ni une troisième personne ; et il suffit qu'il y en ait deux. Mais cette seconde personne dont on sent, dit-on, qu'on a besoin, sent-on encore qu'on ait besoin qu'elle soit engendrée ? et ne peut-on satisfaire à Dieu si on n'est son fils, quoique d'ailleurs on lui soit égal ? Quoi donc ! le Saint-Esprit seroit-il indigne de satisfaire pour nous, s'il avoit plu à Dieu qu'il s'incarnât ? Mais sent-on encore, je vous prie, que, pour faire une Incarnation, il faille reconnoître en Dieu la pluralité des personnes ? Et quand on n'en concevroit qu'une seule, ne concevroit-on pas qu'elle pourroit s'incarner ! Mais, direz-vous, il faut deux personnes pour accomplir l'œuvre de la satisfaction ; car une même personne ne peut se satisfaire à elle-même. Aveugles, qui ne sentez pas qu'il faut bien que le Fils de Dieu ait satisfait à lui-même, aussi bien qu'au Père et au Saint-Esprit ; et, si vous dites que, comme homme, il a satisfait à lui-même comme Dieu, qui empêche qu'on n'en dise autant quand il n'y auroit en Dieu qu'une personne ?

Je ne parlerai point ici des autres difficultés de cette satisfaction, qui fait dire à un très-grand nombre, et peut-être à la plupart des théologiens, que la satisfaction de Jésus-Christ est un mystère d'amour, où Dieu exerce plutôt sa miséricorde en acceptant volontairement la mort de son Fils, qu'il ne satisfait à sa justice selon les règles étroites, et, comme parle l'Ecole, *ad strictos juris apices*. Je laisse toutes ces choses et cent autres aussi difficiles, comme le savent les théologiens, qu'on veut pourtant faire sentir aux plus ignorans du peuple. Il me suffit d'avoir fait voir qu'on n'a senti jusqu'ici, dans le discours de M. Jurieu, ni la personne du Saint-Esprit, ni même celle du Fils, ni la procession de l'un, ni l'éternelle génération de l'autre ; choses pourtant qui appartiennent aux fondemens de la foi.

Mais, en poussant encore les choses plus loin, pour sentir le besoin qu'on a d'un Dieu incarné, il faut sentir en même temps que Dieu ne nous peut sauver, ni nous pardonner nos péchés que par cette voie : autrement, si l'on sent qu'il y en a d'autres, on ne sent pas le besoin qu'on a nécessairement de celle-là. Il faut donc pouvoir dire à Dieu : Oui, je sens que vous ne pouvez me sauver qu'en faisant prendre chair humaine à un Dieu qui satisfasse pour mes péchés, et vous n'aviez que ce seul moyen de les pardonner. Cependant M. Jurieu lui-même n'a osé nous obliger à croire que cette voie de sauver les hommes par une satisfaction soit de nécessité absolue (1); et, quand ce ministre ne nous auroit pas donné cette liberté, qui ne voit que le bon sens nous la donneroit, puisqu'il n'y a point d'homme assez osé pour proposer aux chrétiens comme un article fondamental de la religion, qu'il n'étoit pas possible à Dieu de sauver l'homme par une pure condamnation et rémission de ses péchés, ni autrement qu'en exigeant de son Fils la satisfaction qu'il lui a offerte ?

Avouons donc de bonne foi que nous ne sentons ni la Trinité, ni l'Incarnation. Nous croyons ces adorables mystères, parce que Dieu nous l'a ainsi révélé et nous l'a dit ; mais que nous les sentions par nos besoins, et encore que nous les sentions comme on sent le froid et le chaud, la lumière et les ténèbres, c'est la plus absurde de toutes les illusions. Et, pour faire voir à M. Jurieu, s'il en est capable, l'absurdité de ses pensées, il ne faudroit que lui remettre devant

______

(1) Ci-dessus, p. 184.

les yeux la manière dont il croit sentir l'Ascension du Fils de Dieu. « C'est, dit-il (1), que, si on le croit » ressuscité, ne le trouvant plus sur la terre, il faut » nécessairement croire qu'il est monté dans les » cieux » : ajoutez, car c'est là l'article, « et qu'il est » assis à la droite de son Père », pour de là gouverner tout l'univers et exercer la toute-puissance qui lui est donnée dans le ciel et dans la terre. Vous sentez tout cela, si nous voulons vous en croire, parce que, ne trouvant plus Jésus-Christ sur la terre, il ne peut être que dans le ciel et à la droite du Père : il n'étoit pas possible à Dieu de le mettre quelque autre part; si l'on veut, avec Elie et avec Enoc, qu'on ne trouve point sur la terre, et que néanmoins on ne place pas à la droite du Père éternel, dans le ciel. Dieu ne pouvoit pas réserver au dernier jour à placer son Fils dans le ciel, lorsqu'il y viendroit accompagné de tous ses élus et de tous ses membres, après avoir jugé les vivans et les morts. Mais encore où sentez-vous ce jugement que le Fils de Dieu rendra comme *Fils de l'homme* (2) ? Dieu ne pouvoit-il pas juger le genre humain par lui-même ? et falloit-il nécessairement que Jésus-Christ descendît du ciel une seconde fois ? Sentez-vous encore cela dans vos besoins, et soutiendrez-vous à Dieu qu'il ne lui étoit pas possible de faire justice autrement ? Quelle erreur parmi tant de mystères incompréhensibles, d'aimer mieux dire : *Je les sens,* que de dire tout simplement : *Je les crois,* comme on nous l'avoit appris dans le Symbole ?

Mais s'il faut dire ici ce que nous sentons, et donner notre sentiment pour notre règle, je dirai sans balancer à **M. Jurieu** que, s'il y a quelque chose au monde que je sente, c'est que je n'ai par moi-même aucune force pour m'élever à ma fin surnaturelle, et que j'ai besoin de la grâce pour faire la moindre action d'une sincère piété. Cependant M. Jurieu nous permet de ne pas sentir ce besoin : il permet, dis-je, au Luthérien de ne pas sentir qu'il ait besoin d'une grâce intérieure

______
(1) *Ibid. c.* 3, *p.* 527. — (2) *Joan.* v. 27.

et surnaturelle pour commencer son salut (1) ; mais
moi je sens au contraire que, si j'en ai besoin pour
l'accomplir, j'en ai besoin pour le commencer, et que
ces deux choses me sont ou également possibles, ou
également impossibles. Je pourrois dire encore à
M. Jurieu : Je sens que, si j'ai besoin que Jésus-Christ
soit ma victime, il faut, pour accomplir son sacrifice,
qu'il me présente cette victime à manger, non seulement en esprit, mais encore aussi réellement, aussi
substantiellement qu'elle a été immolée, autrement,
je ne sentirois pas assez que c'est pour moi qu'elle l'a
été, et qu'elle est tout-à-fait mienne : ainsi cette
manducation étoit nécessaire ; et, quand je supporte-
rois celui qui l'ignore, je ne dois pas supporter celui
qui la nie. Voilà, dirai-je, ce que je sens aussi vive-
ment que M. Jurieu se vante de sentir tout le reste.
Le Luthérien le sent comme moi : le Calviniste sent
tout le contraire. Mais pourquoi son sentiment pré-
vaudra-t-il au nôtre, puisque nous sommes deux
contre lui seul, et que constamment du moins nous
l'emportons par le nombre, dont nous avons vu tout
à l'heure que M. Jurieu fait tant de cas ?

Par toutes ces raisons et par cent autres qui peuvent
venir aisément en la pensée, il est plus clair que le
jour, lorsque le ministre nous dit : « On sent bien que
» tout cela est essentiel à la religion chrétienne (2) » ;
et encore : « Pour distinguer les articles fondamen-
» taux d'avec les autres, il ne faut que la lumière du
» bon sens, qui a été donné à l'homme pour distin-
» guer le grand du petit, le pesant du léger, et l'im-
» portant de ce qui ne l'est pas (3) » ; qu'il faut
prendre tous ces beaux discours pour un aveu de son
impuissance à établir ces articles par une autre voie,
et une excuse qu'on fait aux Réformés de ce qu'on ne
peut les trouver dans l'Ecriture, comme le ministre
est contraint de le reconnoître.

Au défaut de l'Ecriture, il leur propose encore un

(1) Ci-dessus, *p.* 168, 169.—(2) *Ibid. p.* 526.—(3) *P.* 529,
530.

autre moyen. Les articles fondamentaux sont connus, dit-il (1), « par le respect que les mystères de la réli- » gion impriment naturellement par leur majesté, par » leur hauteur et par leur antiquité. » *Naturellement*, ce mot m'étonne : les mystères de la religion, selon saint Paul, étoient, par leur hauteur, ou, si vous voulez, par leur apparente bassesse, *scandale aux Juifs, et folie aux Gentils* (2), et n'étoient sagesse qu'à ceux qui avoient commencé par *capti- ver leur intelligence sous l'obéissance de la foi* (3). Mais, sans nous arrêter davantage à cet effet des mystères dont nous venons de parler, c'est ici leur antiquité que le ministre nous donne pour règle. Il s'en explique en ces termes dans le Traité de l'Unité, où il nous renvoie : « C'est, dit-il (4), que tout ce que » les chrétiens ont cru unanimement et croient en- » core, est fondamental. » Vous voilà donc, mes chers Frères, réduits à l'autorité, et à une autorité humaine ; ou bien il faut avouer, avec les catholiques, que l'autorité de tous les chrétiens et de l'Eglise uni- verselle, qui les rassemble, est une autorité au-dessus de l'homme.

Qu'ainsi ne soit : écoutez comme parle votre mi- nistre : « M. Nicole, dit-il (5), suppose que les Soci- » niens pourroient rendre le monde et l'Eglise soci- » nienne ; et moi je suppose que la providence de » Dieu NE PEUT PAS permettre cela. » Mais pourquoi ne le peut-elle pas permettre ? Pourquoi Dieu ne pourra-t-il plus, comme autrefois, *laisser les na- tions aller dans leurs voies* (6) ? si ce n'est qu'il s'est engagé à toute autre chose, par l'alliance qu'il a contractée avec son Eglise, et par la promesse qu'il a faite de la mettre à couvert de l'erreur ; ce qui est en termes formels l'infaillibilité que nous vous prêchons.

Vous voyez donc plus clair que le jour qu'il faut emprunter de nous tout ce qu'on dit pour vous affer-

(1) *Tab. Lett.* v, *p.* 199. — (2) *I. Cor.* 1. 23. — (3) *II. Cor.* x. 5. — (4) *Tr.* 6, *c.* 6, *p.* 561. *Syst. liv.* II, *c.* 1, *p.* 237. — (5) *De l'Un. Tr.* 6, *c.* 6. *Ibid. p.* 567. — (6) *Act.* XIV. 15.

mir dans les fondemens de la foi. Mais cependant ces vérités sont si étrangères à la Réforme, qu'elle ne sait comment s'en servir.

Quelquefois M. Jurieu semble vouloir dire que, pour connoître un article comme fondamental, il nous suffit de le voir reçu actuellement de notre temps par tous les chrétiens de l'univers ; et c'est pourquoi il a dit, comme vous venez de l'entendre, que Dieu *ne peut pas* permettre aux Sociniens d'occuper aujourd'hui toute l'Eglise. Remarquez qu'il ne le dit pas pour une fois et dans le seul Traité de l'Unité ; il avoit déjà dit, dans son Système (1), que « DIEU NE SAUROIT PER-» METTRE que de grandes sociétés chrétiennes se trouvent » engagées dans des erreurs mortelles, et qu'elles » y persévèrent long - temps. » Ce n'étoit donc pas seulement l'Eglise universelle, c'est-à-dire, selon ce ministre, l'amas des grandes sociétés chrétiennes ; c'est encore chaque grande société qui est faillible à cet égard. Enfin le même ministre, dans ses Lettres pastorales de la troisième année (2), a rangé encore parmi « les suppositions impossibles celle où l'on » diroit que le socinianisme AIT PU GAGNER tout le » monde, ou une partie, comme a fait le papisme. »

Remarquez bien, mes chers Frères, encore un coup : non seulement Dieu ne peut pas avoir permis que l'hérésie qui rejette la divinité de Jésus-Christ ait occupé tous les siècles passés, mais encore il ne peut pas permettre aujourd'hui aux derniers défenseurs de cette hérésie, qui sont les Sociniens, de tenir, je ne dis pas la première place, mais même une grande place dans la chrétienté ; en sorte qu'il nous suffit de voir cette hérésie actuellement rejetée par le gros des chrétiens d'aujourd'hui, et même par une grande société chrétienne, pour conclure, sans avoir besoin de remonter plus haut, que cette hérésie est fondamentale.

Mais s'il est ainsi, mes chers Frères, s'il n'est pas possible à Dieu ( après ses promesses ) de laisser tom-

_______________

(1) *Syst. liv.* II, c. I. p. 237. — (2) *Lett.* X, *p.* 79.

ber les grandes sociétés chrétiennes dans le socinianisme, comment peut-on imaginer qu'il les ait laissé
tomber dans l'idolâtrie? C'est néanmoins ce qui seroit
arrivé, si c'étoit une idolâtrie d'invoquer les saints,
et d'en honorer les reliques, comme fait l'Église romaine; puisqu'il est certain que cette pratique lui est
commune avec les Grecs, les Nestoriens, les Eutychiens, et, en un mot, avec toutes les communions
que M. Jurieu a rangées parmi les grandes communions des chrétiens.

Et il ne faut pas répondre que les Luthériens et les
Calvinistes, qui sont aussi de grandes sociétés, s'opposent à cette doctrine : car il faut prendre les choses
comme elles étoient avant votre séparation, il y a en-
viron deux cents ans. Or, en cet état, mes Frères,
cette invocation des saints étoit universelle parmi les
chrétiens : le fait est constant : M. Jurieu en convient :
« Il y a deux cents ans, dit-il (1), qu'on eût eu bien
» de la peine de trouver une communion qui n'eût pas
» invoqué les saints. » Par conséquent, de deux choses
l'une : ou Dieu avoit laissé tomber non pas une communion, mais toutes les communions chrétiennes
dans l'idolâtrie; ou c'est une calomnie de donner ce
nom à l'invocation des saints dont nous usons.

Et il ne sert de rien de répondre que ce ministre
ne dit pas absolument qu'il n'y avoit point de communion qui n'invoquât pas les saints; mais *qu'on eût eu
de la peine à en trouver;* car cette expression ne
sert qu'à faire voir qu'il voudroit bien pouvoir déguiser un fait qui l'accable. En effet, il est bien constant
que s'il y avoit eu alors quelque grande société qui
n'eût pas invoqué les saints, on n'eût point *eu de
peine* à la trouver. Ces grandes sociétés éclatent aux
yeux de tout le monde, et leur culte, aussi public
que la lumière du soleil, ne peut être ignoré : ainsi,
on n'a point de peine à le trouver, pour peu qu'on le
cherche.

C'est donc en effet, mes Frères, qu'avant votre

_______________

(1) *De l'Un. Tr.* 6, c. 6, *p.* 567.

séparation, il n'y avoit point de pareilles sociétés chrétiennes, où l'on n'invoquât pas les saints : vous n'oseriez nous compter pour quelque chose les Vaudois réduits à quelques vallées, et quelques Hussites renfermés dans un coin de la Bohême; car il faudroit nous trouver *de grandes sociétés, des sociétés étendues*, et qui fissent *figure dans le monde*, comme parle votre ministre (1) : or, celles-ci, loin d'être étendues, étoient réduites à de petits coins de très-petites provinces, et ne faisoient non plus de figure dans le monde que les Sociniens, qui, selon le même ministre, n'en ont jamais fait, malgré les Eglises qu'ils ont eues dans la Pologne, et qu'ils ont peut-être encore en Transilvanie.

C'est ici que le ministre accablé ne veut plus que le consentement actuel des sociétés chrétiennes soit un préjugé certain de la vérité : « Ce consentement » ne fait preuve, dit-il (2), que quand le consente- » ment des premiers siècles de l'Eglise y entre »; ce qui, selon lui, ne convient pas à la prière des saints, inconnue, dans son sentiment, aux trois premiers siècles. Je le veux; mais, premièrement, vous perdez d'abord votre cause contre les Sociniens, sur l'immutabilité de Dieu et sur l'égalité des trois Personnes; puisque vous ôtez aux trois premiers siècles la connoissance de ces articles, comme on a vu (3). Secondement, vous perdez encore contre les mêmes hérétiques un avantage présent que vous aviez, en leur faisant voir, par un fait certain et palpable, qu'ils sont hérétiques, et d'une hérésie capitale, puisque nulle Eglise chrétienne, qui ait quelque nom, n'est aujourd'hui de leur sentiment. En troisième lieu, je reviens encore contre vous, et je ne cesse de vous dire : Si vous trouvez impossible que l'Eglise devienne socinienne, comment trouvez-vous plus impossible qu'elle devienne idolâtre? Par conséquent, tout ce

____

(1) *Syst. liv.* II, *c.* I, *p.* 236. — (2) *De l'Un. Tr.* 6. *c.* 6, *p.* 567. — (3) *Voyez le sixième Avert. I. part. art.* I *et suiv. Art.* 5 *et suiv.*

2. BOSSUET. AVERTISSEMENS.                    9

que vous dites de notre idolâtrie n'est qu'illusion En
quatrième lieu, je vous soutiens que, par la même
raison que l'erreur n'a pu dominer dans les siècles
précédens, elle ne peut non plus dominer dans le
nôtre, ou dans quelque autre qu'on puisse assigner ;
puisque, s'il n'y a point de promesse de préserver
l'Eglise d'erreur, tous les siècles y sont sujets ; et s'il
y a une promesse, tous les siècles en sont exempts.
En cinquième et dernier lieu, sans cela le ministre ne
dit rien. Son dessein est d'en venir au discernement
des articles fondamentaux, par le sentiment unanime
de l'Eglise chrétienne, comme par un moyen facile au
peuple, par conséquent, sans discussion, selon ses
principes. Or, est-il que la discussion seroit infinie,
s'il falloit examiner par le menu la foi de tous les
siècles précédens. Il faut donc trouver le moyen de
faire, pour ainsi dire, toucher au doigt à chaque fidèle,
dans le siècle où il est, en lui disant que, par la promesse divine, la foi d'aujourd'hui est la foi d'hier et
celle de tous les siècles, tant précédens que futurs ; ce
qui est précisément la doctrine de l'Eglise catholique.

M. Jurieu voudroit bien dire, dans une de ses
Lettres pastorales, que ce n'est ni au peuple, ni *aux
simples*, mais seulement *aux savans*, qu'il propose
ce moyen de discerner les articles fondamentaux :
mais en cela, il continue à montrer qu'il raisonne sans
principes, et qu'il parle sans sincérité ; puisqu'il **vient**
encore d'écrire le contraire, dans la cinquième lettre
de son Tableau, où après avoir établi, comme on a vu,
que l'importance des mystères rejetés par les Sociniens
se connoît, entre autres choses, *par leur antiquité*,
il ajoute que « LES PEUPLES, sachant que c'est la foi
» universelle de l'Eglise de tous les temps, ne peuvent
» que très-malaisément être induits à croire que ces
» mystères sont indifférens : au lieu, poursuit-il, que
» si l'on permet que le dogme de l'indifférence de-
» vienne général, le peuple, qui n'aura plus de digue
» à franchir, se jettera sans difficulté dans le pré-
» cipice (1). » Ce sont donc, en termes formels, *les*

(1) 3. *Ann. Lett.* xi, *p.* 83. *Tab. Lett.* v, *p.* 199.

*peuples qui savent la foi universelle de l'Eglise de tous les temps.* Ils ne le savent point par la discussion de l'histoire de tous les siècles : ils ne peuvent donc la savoir que par l'uniformité que la promesse de Dieu y entretient, et parce que la foi de l'Eglise, appuyée sur cette promesse, est infaillible et invariable : sans cette *digue*, poursuit le ministre, *les peuples se jetteroient dans le précipice* de l'indifférence des religions. Il n'y a donc que cette autorité qui puisse les retenir sur ce penchant ; il n'y a que ce moyen de fixer les articles de la religion : il en faut donc nécessairement revenir à la voie de l'autorité, comme font les catholiques ; et, de l'aveu du ministre, la religion chrétienne n'a que cet appui.

Cependant, comme ce principe est étranger à la Réforme, quoiqu'elle soit réduite à s'en servir, M. Jurieu y commet deux fautes essentielles. La première, c'est qu'il étend l'effet de la promesse de Dieu et de l'assistance de son Saint-Esprit sur toutes les sociétés considérables par leur nombre et qui font figure dans le monde, comme il parle (1). Dieu ne peut pas, dit-il, abandonner une telle société jusqu'à y laisser manquer les fondemens du salut. Or cela c'est une erreur manifeste. Car il s'ensuivroit que les Ariens, à qui même nos adversaires ne rougissent pas de donner en un certain temps tout l'univers ; mais qui, sans exagérer, ont fait long-temps une société considérable, ayant occupé des nations entières, comme les Vandales, les Hérules, les Visigoths, les Ostrogoths, les Bourguignons, auroient conservé le fondement de la foi, en persistant à nier la divinité de Jésus-Christ.

L'erreur est d'associer les sectes séparées à des promesses qui originairement ont été données à la tige d'où elles se sont détachées. Par exemple, cette promesse : *Je suis avec vous jusqu'à la fin des siècles* (2), suppose une société qui ait toujours été avec Jésus-Christ, parce que Jésus-Christ aussi a tou-

_________

(1) *Voyez* ci-dessus, *p.* 191. — (2) *Matth.* XXVIII. 20.

9.

jours voulu être avec elle. Mais les sectes séparées, par exemple, la nestorienne, ou celle des Cophtes et des Abyssins, que le ministre met au rang de celles que Dieu ne peut pas abandonner, s'est désunie du tout à qui la promesse avoit été faite. On la doit donc regarder comme déchue des promesses : ce n'est donc pas là qu'il faut chercher l'effet des promesses et de l'assistance divine : il faut remonter à la source, et rechercher, avant toutes choses, le principe de l'unité, comme l'enseignent les catholiques.

La seconde erreur du ministre, c'est de restreindre les vérités que Jésus-Christ s'est obligé à conserver dans son Eglise, à trois ou quatre; comme si les autres étoient inutiles, et que Jésus-Christ, qui a envoyé son Saint-Esprit pour les *révéler toutes* à son Eglise, ne s'en souciât plus. *Lorsque l'Esprit consolateur sera venu, il vous apprendra toute vérité*, dit le Sauveur (1) : *Je suis avec vous* (2), indéfiniment et sans y apporter de restriction : *Les portes d'enfer ne prévaudront pas* (3) : encore sans restriction, pour montrer qu'elles ne pourront prévaloir en rien, ni jusqu'à éteindre quelque vérité, loin de pouvoir les éteindre toutes : d'où vient aussi que l'Eglise est appelée encore sans restriction *la colonne et le soutien de la vérité* (4) : ce qui enferme indéfiniment toute vérité révélée de Dieu et enseignée aux apôtres par le Saint-Esprit. Interpréter avec restriction, et réduire à de certaines vérités la promesse de Jésus-Christ, c'est établir gratuitement une exception qu'il n'a pas faite : c'est donner à sa fantaisie des bornes à sa parole; c'est accuser sa toute-puissance, comme s'il ne pouvoit accomplir au pied de la lettre et dans toute son étendue ce qu'il a promis. Quand donc, conformément à cette promesse, on dit dans le Symbole des apôtres qu'on *croit l'Eglise catholique*, c'est dire qu'on la croit en tout, et que si elle avoit perdu quelque vérité de celles qui

____

(1) *Joan.* XVI. 13. — (2) *Matth.* XXVIII. 20. — (3) *Ibid.* XVI. 18. — (4) *I. Tim.* III. 15.

lui ont été révélées, elle ne seroit plus la vraie
Eglise: qui est précisément notre doctrine, dont le
ministre par conséquent ne peut s'éloigner qu'en détruisant les fondemens qu'il avoit posés.

C'est en vain que le ministre nous objecte que
l'Eglise romaine elle-même distingue les points fondamentaux d'avec les autres (1); car il sait bien que
le dessein de cette Eglise n'est pas de retenir dans
son sein ceux qui en recevant ces points principaux
nieroient les autres qu'elle a reconnus pour expressément révélés: au contraire, dès qu'on rejette quelqu'un
de ces articles, quel qu'il soit, elle croit qu'on renverse le fondement, et qu'on ébranle autant qu'il est
en soi la pierre sur laquelle la foi du fidèle est appuyée.
L'Eglise romaine avoue donc qu'il y a quelques articles
principaux qu'il n'est pas permis d'ignorer; et la
même autorité de l'Eglise, qui lui en fait trouver la
vérité dans la parole de Dieu, lui en apprend aussi la
conséquence; mais elle ne dit pas pour cela qu'il soit
permis de nier les autres points également révélés et
unanimement reçus, parce qu'il n'y en a aucun qui
ne soit d'une extrême importance, nécessaire au
corps de l'Eglise, et même aux particuliers, en certains
cas, comme nous l'avons dit ailleurs.

On peut voir ce qui est écrit sur cette matière dans
le livre xv des Variations, et dans notre premier
Avertissement. Maintenant il me suffit d'avoir fait
voir, par l'exemple de M. Jurieu, d'un côté, que la
Réforme est contrainte de se servir contre ses propres
principes de la voie d'autorité; et de l'autre, qu'elle
ne sait pas comment il faut s'en servir, et qu'elle en
doit apprendre l'usage de l'Eglise catholique dont elle
l'a empruntée.

Il est maintenant aisé de voir combien elle est
éloignée de ses premières maximes. On n'y entendoit autrefois que ces plausibles discours par lesquels
on flattoit le peuple: Nous ne vous en imposons pas:
lisez vous-mêmes; examinez les Ecritures: vous en-

______
(1) *De l'Un. Tr.* 6, *c.* 3, *p.* 537 *et suiv.*

tendrez tout ; et les secrets vous en sont ouverts , du moins pour les vérités nécessaires. Le même langage subsiste ; mais la chose est bien changée. On veut , mes Frères , que vous portiez à la lecture des saints livres votre foi toute formée par la voie d'autorité. On vous propose cette autorité dans le consentement unanime de l'Eglise universelle : ce qu'on y a ajouté de ce goût , de cette adhésion , de ce sentiment qui vous rend toute vérité aussi manifeste que la lumière du soleil, n'est encore que l'autorité expliquée en d'autres termes. Tout cela ne signifie autre chose, à parler français , si ce n'est que vos préjugés et vos Confessions de foi vous déterminent, ou , comme disoit tout à l'heure l'auteur des *Avis* (1), que l'autorité de vos Catéchismes et de votre Eglise vous emporte. En effet, il est bien constant que les Remontrans furent d'abord excommuniés comme suivant une doctrine contraire aux Confessions de foi et aux Catéchismes reçus dans les Provinces-Unies. C'est ce qui est posé en fait comme constant dans l'Histoire des Variations (2); c'est ce que M. Basnage n'a osé nier dans la Réponse qu'il y fait; on n'a qu'à lire les endroits où il traite cette matière (3). Bien plus : comme les Remontrans se servoient des maximes de la Réforme pour prouver que les synodes qu'on tiendroit contre eux ne lieroient pas leur conscience, celui de Delpht leur répondit, que « Jésus-Christ ,
» qui avoit promis à ses apôtres l'esprit de vérité ,
» avoit aussi promis à son Eglise d'être toujours
» avec elle (4); » d'où il concluoit « que lorsqu'il
» s'assembleroit de plusieurs pays des pasteurs pour
» décider, selon la parole de Dieu , ce qu'il faudroit
» enseigner dans les Eglises, il falloit, avec une ferme
» confiance , se persuader que Jésus-Christ seroit
» avec eux, selon sa promesse. »
M. Basnage a vu ce passage dans l'Histoire des

(1) *P.* 20. — (2) *Var. liv.* XIV, *p.* 79. — (3) *T.* II, *liv.* III, *c.* 2, *p.* 3. — (4) *Syn. Delph. Act. Dord. Syn. p.* 16. *Var. Ibid. p.* 77.

Variations, et sa réponse aboutit à trois points. Il
soutient premièrement, qu'être avec l'Eglise, ce
n'est pas « la conduire tellement qu'elle ne puisse
» errer » : secondement, « que cette infaillibilité,
» quand elle seroit promise par ces paroles, ne
» seroit pas pour cela communiquée à une certaine
» assemblée de prélats » : troisièmement, « que les
» Réformés espèrent bien de la grâce de Dieu , que
» l'Eglise n'errera pas dans ses jugemens ; qu'ils le
» présument par un jugement de charité; qu'ils ont
» même quelque confiance que Dieu conduira l'Eglise
» par son esprit, afin que ses décisions soient con-
» formes à la vérité; mais ils ne disent pas que leurs
» synodes ne peuvent errer (1). » C'est ce que j'ad-
mire, que n'osant le dire en ces mêmes mots, ils le
disent équivalemment. Car le synode provincial de
Delpht, lu et approuvé dans le national *et comme
œcuménique de Dordrect*, ainsi qu'on l'appelle
dans la Réforme, ne parle pas de *présomption* et
*d'espérance*, mais de *confiance ;* et ce n'est pas
*quelque confiance* qu'il veut qu'on ait en cette
occasion, comme le tourne M. Basnage, *mais une
ferme confiance fondée sur la promesse de Jésus-
Christ :* et ce n'étoit pas en général à toute l'Eglise
qu'il attachoit *cette promesse*, mais *à une certaine
assemblée de pasteurs qui s'assembleroient de
divers pays :* et ce qu'il veut qu'on en croie avec
une si ferme confiance, c'est que Jésus-Christ *seroit
avec eux, selon sa promesse :* ce qui sans doute ne
seroit pas vrai, s'il les livroit à l'erreur, et s'il les
abandonnoit à eux-mêmes. Voilà de quoi on flattoit
les peuples de la Réforme dans le scandale qu'y excitoit la querelle des Arminiens. Leurs docteurs leur
proposoient, à l'exemple des catholiques, l'assistance du Saint-Esprit, infailliblement attachée aux
synodes : les Remontrans avoient beau crier aux
ministres que, contre les maximes de leur religion,
ils rétablissoient le papisme avec l'infaillibilité de

____

(1) *T.* 11, *liv.* III, c. 3, *p.* 91.

l'Église et des conciles : la nécessité les y forçoit ; et on n'avoit plus d'autre frein pour retenir les esprits. On passa même, pour étourdir le vulgaire par les plus grands mots, à établir dans le synode de Dordrect l'autorité d'un concile *comme œcuménique et général* (1), par conséquent en quelque sorte au-dessus du concile national ; et la prétendue Église réformée n'oublioit rien pour imiter ou pour contrefaire l'Église romaine catholique. Il s'élevoit de toutes parts jusque dans son sein des cris continuels : Laissez, disoit-on, ces moyens à Rome : ce sont ses principes naturels, qu'elle suit par conséquent de bonne foi ; mais nous, qui l'avons quittée pour cela même, pouvons-nous ainsi nous démentir ? On n'entendoit retentir dans la bouche des Remontrans que cabales, mauvaise foi, politique, pour ne pas dire tyrannie et oppression ; et plus la Réforme vouloit se donner d'autorité contre ses règles, moins elle en avoit dans le fond.

C'est la conduite qu'on tient encore aujourd'hui avec les Tolérans : ils sentent bien qu'on ne veut plus les mener que par autorité : l'auteur des *Avis* sur le Tableau le reproche en se moquant à M. Jurieu, et le prie de ne le pas traiter comme le peuple : *Nous ne sommes pas peuples*, dit-il (2), nous sommes de bons Réformés, qui voulons être menés selon les règles de notre Réforme, par l'évidence de la raison, ou par celle de la révélation expresse.

Mais on sent l'autorité si nécessaire, que Bullus, protestant anglais, oppose aux Sociniens l'autorité infaillible du concile de Nicée. « Car, dit-il (3), si
» dans un article principal, on s'imagine que tous
» les pasteurs de l'Église auront pu tomber dans
» l'erreur, et tromper tous les fidèles, comment
» pourra-t-on défendre la parole de Jésus-Christ,
» qui a promis à ses apôtres, et en leurs personnes

(1) *Praef. ad Ecc. Ante Syn. Dordr. Var. liv.* XIV, *p.* 78. — (2) *P.* 19. — (3) *Bull. Def. fid. Nic. proœm. n.* 1, *p.* 2. *Var. liv.* XV, *p.* 198.

» à leurs successeurs d'être toujours avec eux? Pro-
» messe, poursuit ce docteur, qui ne seroit pas véri-
» table, puisque les apôtres ne devoient pas vivre si
» long-temps, n'étoit que leurs successeurs sont ici
» compris en la personne des apôtres mêmes. »
Voilà donc manifestement l'Eglise infaillible, et son
infaillibilité établie, sur la promesse de Jésus-Christ,
par un si habile protestant : il ne reste qu'à lui demander si ces divines promesses n'avoient de force
que jusqu'au quatrième siècle, et si la succession des
apôtres s'est éteinte alors.

Mais voici encore sur l'autorité une rare imagination de M. Jurieu : « On voit, dit-il (1), une provi-
» dence admirable en ce que Dieu, dans le qua-
» trième et cinquième siècles, qui sont les derniers
» de la pureté de l'Eglise, a pris soin de metre à cou-
» vert et la Trinité et l'Incarnation sous l'autorité de
» plusieurs conciles assemblés de toutes les parties
» de l'Eglise. » Remarquez en passant, mes Frères,
*que le quatrième et cinquième siècles sont les
derniers de la pureté de l'Eglise*, où néanmoins
le même ministre, qui leur donne cette louange,
prétend vous faire trouver le règne de l'idolâtrie
antichrétienne, comme nous l'avons observé ailleurs.
Poursuivons : *Dieu savoit*, continue-t-il, *que
l'esprit de l'Antechrist alloit entrer dans l'Eglise*:
le ministre oublie ses principes : il y étoit déjà entré;
et c'est par l'Antechrist même, par saint Léon que
fut tenu le concile de Chalcédoine, un de ceux où la
foi de l'Incarnation fut si puissamment affermie : le
ministre poursuit ainsi : « Dieu savoit donc que l'An-
» techrist alloit entrer dans l'Eglise, qu'il ruineroit
» la foi, qu'il entreprendroit d'attaquer les parties
» les plus augustes du christianisme, qu'il anéanti-
» roit et la connoissance et presque l'autorité des
» livres sacrés; qu'il établiroit pour fondement de la
» foi des traditions humaines, des jugemens d'hommes,
» des conciles sujets à erreur. » Laissons-lui éta'er

(1) *Tab. Lett.* v, *p.* 198, 199.

9··

ces calomnies contre l'Eglise catholique : comme il
les suppose sans preuve, laissons-les passer sans
réplique , et voyons la conséquence qu'il en tire :
« Avant que cet esprit entrât dans l'Eglise , Dieu ,
» par une sagesse profonde, mit les articles fonda-
» mentaux à l'abri de la seule autorité qui devoit être
» respectée dans ce christianisme antichrétien; et
» sans cela , poursuit-il, tout le monde seroit aujour-
» d'hui Arien et Socinien, parce qu'il n'y a point
» d'esprit qui naturellement n'aime à secouer le joug. »
Grâces à la divine miséricorde : c'est donc ce joug
salutaire de l'autorité des conciles , qui a tenu dans
le respect les esprits naturellement indociles; c'est à
l'abri de cette autorité sacrée que les fondemens de
la foi sont demeurés en leur entier. En effet , il n'y
a qu'à voir, aussitôt que la Réforme s'est opposée à
cette autorité des conciles, quelle licence a régné dans
les esprits, avec quelle audace et quel concours la
Trinité et l'Incarnation ont été attaquées : sans le
respect qu'on avoit pour ces conciles, *tout le monde,*
dit le ministre, et les Réformés comme les autres ,
*seroit aujourd'hui Arien et Socinien.* Mais pourquoi donc n'attribuer un secours si nécessaire au
christianisme , qu'à un christianisme antichrétien ,
et ne pas vouloir qu'un tel secours, si grand , si
nécessaire, si essentiel , soit donné dès son origine à
l'Eglise chrétienne ? Mais si ce secours étoit si nécessaire au christianisme, selon M. Jurieu, pourquoi le
même ministre foule-t-il aux pieds les décisions de
ces saints conciles, et celle du concile d'Ephèse, qui
est celui où la foi de l'Incarnation a été le plus puissamment affermie? Ce saint concile décida que la
sainte Vierge étoit *Mère de Dieu* , et ne trouva point
de terme plus propre que celui-là pour fermer la
bouche à Nestorius, comme le concile de Nicée
n'en avoit point trouvé de plus énergique contre les
chicanes des Ariens, que celui de consubstantiel.
Mais M. Jurieu ne craint pas de dire que « ce fut
» aux docteurs du cinquième siècle une témérité
» malheureuse d'avoir appelé la sainte Vierge mère

» de Dieu (1). » Voilà comme il s'oppose au dessein de Dieu, qui vouloit, comme il l'avoue, se servir de l'autorité de ce concile pour affermir la foi de l'Incarnation : et afin que rien ne manque au mépris qu'il inspire pour cette assemblée, il ajoute qu'aussi « Dieu n'a pas versé sa bénédiction sur la » fausse sagesse de ces docteurs : au contraire, con- » tinue-t-il, il a permis que la plus criminelle et la » plus outrée de toutes les idolâtries ( il veut dire la » dévotion à la sainte Vierge ) ait pris son origine » de là. » Voilà donc ce saint concile, un des appuis, selon lui, des fondemens de la foi, livré *à l'idolâ- trie*, et encore à l'idolâtrie *la plus outrée*, en puni- tion de sa décision : la corruption du monde et l'anti- christianisme en fut le fruit. Mais si le concile d'Ephèse est si hautement méprisé, on n'a pas plus épargné celui de Nicée. M. Jurieu a entrepris d'y trouver l'iné- galité des personnes, l'imperfection de la naissance du Fils de Dieu, et un changement manifeste dans le sein de la divinité (2). La porte à l'apostasie est ouverte ; et ce ministre ébranle, avec la révérence des premiers conciles, les fondemens de la foi des peuples, que l'Antechrist avoit respectés. Car quel respect veut-il qu'il nous reste pour le concile de Chalcédoine, qu'il fait tenir à l'Antechrist même, et en général pour le quatrième et le cinquième siècles où, selon lui, l'idolâtrie antichrétienne et les doctrines des démons ont régné impunément? Les trois pre- miers siècles sont pleins d'ignorance, Ariens ou pis qu'Ariens ; les deux suivans plus éclairés, et *les der- niers de la pureté*, sont idolâtres et antichrétiens, et il n'y a rien de sain dans le christianisme. Vous recommencez, dira-t-il, trop souvent le même re- proche : qu'il y réponde une fois, et nous nous tairons.

Autant donc qu'il est évident, par toutes ces choses, que la Réforme ne se peut passer de la voie d'auto- rité, autant est-il véritable qu'il ne lui est pas pos-

_______

(1) 1. *Ann. Lett.* xvi, *p.* 130, 131. *I. Avert. p.* 24. —
(2) *I* I<sup>e</sup> *Avert. I. part. p.* 181 *et suiv.*

sible de la soutenir : elle lui est trop étrangère, trop incompatible avec ses maximes. Tout y respire la liberté de dogmatiser : on ne songe qu'à se mettre au large sur les articles de foi ; ce qui est le chemin manifeste au socinianisme, ou plutôt, et à ne rien déguiser, le socinianisme lui-même.

Que ce soit là l'esprit du parti, M. Jurieu nous en est un grand exemple, puisque nous venons de voir que déjà il fait régner dans les trois premiers siècles de l'Eglise des erreurs manifestement sociniennes. M. Basnage le seconde dans ce dessein : lorsque je lui nie que les anciens aient enseigné les dogmes pernicieux que son collègue M. Jurieu leur attribue, il me reproche que *je nie les choses les plus claires ;* et il se réduit, comme son confrère, à soutenir que, *malgré ces erreurs des prélats, la foi de l'Eglise n'étoit pas périe* (1).

Il n'y a qu'à prendre un ton de confiance pour éblouir nos Réformés : mais qu'on pénètre ce qui est caché sous ces grands mots de M. Basnage ; on y trouvera qu'il adopte les sentimens de son confrère, c'est-à-dire, qu'il fait nier aux anciens docteurs l'égalité et la coéternité des trois Personnes divines.

M. Burnet n'est pas plus favorable à l'antiquité. Il prétend « que les Pères et les docteurs de l'Ecole » ont demeuré long-temps à faire un système com- » plet de leurs notions à l'égard de la divinité (2) : » c'est-à-dire, à ne rien dissimuler et à ôter les embar- ras affectés de cette expression, qu'on a passé plu- sieurs siècles sans avoir une notion complète de Dieu, et, à dire vrai, sans le bien connoître. Non seule- ment il veut « que j'apprenne du Père Pétau com- » bien les idées des Pères des trois premiers siècles » étoient obscures sur la Trinité », mais encore il ne craint point d'assurer que, « même après le concile » de Nicée, on a été long-temps avant que de mettre » l'idée de l'unité de l'essence divine dans l'état où

_______________

(1) *Déf. de la Réf. cont. les Var. t.* 1, *liv.* 11 *c.* 5, *p.* 478, 479 — (2) *Crit. de l'Hist. des Var.*

» elle est depuis plusieurs siècles. » Nous entendons ce langage, nous n'ignorons pas qui sont les protestans d'Angleterre, qui prétendent que l'unité qu'on reconnoissoit dans la nature divine, étoit semblable à celle des autres natures, c'est-à-dire qu'il n'y avoit qu'une unité d'espèce ou de genre ; si bien que, à proprement parler, il y avoit plusieurs dieux comme il y a plusieurs hommes. Voilà les erreurs que M. Burnet attribue aux premiers siècles, en sorte qu'il n'y avoit nulle connoissance certaine et nulle confession claire de l'unité, ni de la perfection de Dieu, non plus que de la Trinité de ses personnes. C'est à peu près dans la foi la même imperfection que reconnoît M. Jurieu : c'est ce qu'il avoit appelé la Trinité informe.

La Réforme a aujourd'hui trois principaux défenseurs, M. Jurieu, M. Burnet et M. Basnage : tous trois ont donné les premiers siècles pour fauteurs aux hérésies des Sociniens : nous avons vu les conséquences de cet aveu ; d'où l'on induit nécessairement la tolérance universelle. M. Burnet l'a ouvertement favorisée dans sa préface sur un Traité qu'il a traduit de Lactance ; et nous produirons bientôt d'autres preuves incontestables de son sentiment. Pour ce qui est de M. Basnage, nous avons vu comme il s'est déjà déclaré pour la tolérance civile, qui, selon M. Jurieu, a une liaison si nécessaire avec l'indifférence des religions. Il a loué les magistrats sous qui l'hérétique n'a rien à craindre (1). Nous avons ouï de sa bouche que la punition de Servet, quoique impie et blasphémateur, étoit un reste de papisme (2). Par là il met à couvert du dernier supplice les blasphémateurs les plus impies : ce qui favorise une des maximes de la tolérance, où l'on ne tient pour blasphémateurs que ceux qui s'attaquent à ce qu'ils reconnoissent pour divin, directement contre saint Paul, qui se nomme *blasphémateur*, quoique

____

(1) *Basn. T.* 1, *c.* 6, *p.* 492. Ci-dessus, *p.* 21. — (2) *Déf.* de l'*Hist. des Var. p.* 248.

ce fût, comme il le dit, *dans son ignorance* (1) ; et même contre l'Évangile, qui range aussi au nombre *des blasphémateurs* ceux dont les langues impudentes chargeoient d'injures le Sauveur (2), quoiqu'ils *le fissent par ignorance* (3), *sans connoître le Seigneur de gloire ;* et que le Sauveur lui-même les ait excusés envers son Père, en disant qu'*ils ne savoient pas ce qu'ils faisoient* (4).

Le grand principe des Sociniens, et l'un de ceux que M. Jurieu attaque le plus (5), c'est qu'on ne peut nous obliger à croire ce que nous ne connoissons pas clairement. C'étoit aussi le principe des Manichéens ; et saint Augustin, qui s'est attaché à le détruire en plusieurs de ses ouvrages, a persuadé tout le monde, excepté les Sociniens et M. Basnage. Je remarquerai ici en passant, un endroit où, en rapportant les vaines promesses des Manichéens, qui s'engageoient « à conduire les hommes à la connoissance nette et » distincte de la vérité, et qui avoient pour principe » qu'on ne doit croire véritables que les choses dont » on a des idées claires et distinctes » ; tout d'un coup, sans qu'il en fût question, ou que son discours l'y menât par aucun endroit, il s'avise de dire « que saint Augustin réfute ce principe de la ma- » nière du monde la plus pitoyable (6). » C'étoit peu de dire la plus foible, ou s'il vouloit la plus fausse ; pour insulter plus hautement à saint Augustin, il falloit dire *la plus pitoyable ;* et cela sans alléguer la moindre preuve, sans se mettre du moins en peine de dire mieux que saint Augustin, ni de détruire un principe dont il sait que les Sociniens, aussi bien que les Manichéens, font leur appui. Il leur a voulu faire le plaisir de leur donner gain de cause contre saint Augustin, et persuader à tout le monde qu'un docteur si éclairé est demeuré court en attaquant le principe qui fait tout le fondement de leur hérésie.

(1) *I. Tim.* I. 13. — (2) *Matth.* xxvii. 39. — (3) *Act.* iii. 17. — (4) *Luc.* xxiii. 34. — (5) *Tab. Lett.* iii, *p.* 131. — (6) *Basn T.* 1, *I. part. c.* 4. *Art.* 2, *p.* 127.

C'est, en un mot, je l'ai dit souvent, et je le répète sans crainte, c'est, dis-je, que la Réforme n'a point de principe universel contre les hérésies, et ne produit aujourd'hui aucun auteur où l'on ne trouve quelque chose de socinien : mais celui qui en a le plus, très-certainement c'est M. Jurieu. Avant lui on n'avoit ouï parler d'une Trinité informe. Personne n'avoit encore dit que la doctrine de la grâce fût informe et mêlée d'erreurs devant saint Augustin, ou qu'il fallût encore aujourd'hui prêcher à la pélagienne (1). Voilà ce qu'enseigne ce grand adversaire des Sociniens. Il enseigne qu'on ne peut condamner ceux qui font la Trinité nouvelle, et deux de ses Personnes nouvellement produites ; qui font dans l'éternité la nature divine imparfaite, divisible, changeante, et les personnes inégales dans leur opération et leur perfection ; ceux qui disent que le concile de Nicée, loin de réprouver ces erreurs, y a consenti, et les a autorisées par ses décrets ; que la doctrine de l'immutabilité de Dieu est une idée d'aujourd'hui, et qu'on ne peut réfuter par l'Ecriture, ni accuser d'hérésie ceux qui la rejettent (2).

Il est vrai qu'il a pris la peine de répondre à ce dernier reproche, et il soutient qu'il n'a voulu dire autre chose, sinon « que les lumières naturelles » achèvent ce que l'Ecriture sainte avoit commencé » là-dessus (3). » Un autre auroit dit que l'Ecriture confirme et achève ce que la lumière naturelle avoit commencé : notre ministre aime mieux attribuer le commencement à l'Ecriture, et la perfection à la raison : comme si les écrivains sacrés n'avoient pas eu la raison, et par-dessus la raison, la lumière du Saint-Esprit, qui en perfectionnoit les connoissances. Mais, après tout, ce n'est pas là ce qu'avoit dit le ministre : il avoit dit, en termes formels, que les anciens, en donnant au Verbe une seconde génération, lui donnoient, non un nouvel être, *mais*

_____

(1) *Voyez VI<sup>e</sup> Avert. I. part. art.* 2, 3, 4, 5. — (2) *Ibid. art.* 6 *et suiv.* — (3) *Tab. Lett.* VIII, *p.* 580.

*une nouvelle manière d'être* (1) ; que cette nouvelle manière d'être ajoutoit la perfection au Verbe, et accomplissoit sa naissance imparfaite jusque-là : « qu'on devoit pourtant BIEN REMARQUER que l'on ne » sauroit réfuter PAR L'ECRITURE cette bizarre théolo- » gie des anciens ; et c'est, disoit-il, une raison » pourquoi on ne leur en sauroit faire une hérésie : » il n'y a que la seule idée que nous avons AUJOUR- » D'HUI de la parfaite immutabilité de Dieu, qui nous » fasse voir la fausseté de ces hypothèses (2). » L'Ecriture n'étoit donc pas suffisante pour nous faire voir un Dieu immuable. Qu'il ne chicane point sur ce mot de *faire voir,* comme si l'Ecriture nous faisoit croire seulement l'immutabilité de Dieu, et que la raison nous *la fît voir.* Car il avoit dit clairement que ces hypothèses des Pères *ne sauroient être réfutées par l'Ecriture :* l'Ecriture ne pouvoit donc ni faire voir ni faire croire que Dieu fût immuable : l'idée de *l'immutabilité* est une idée *d'aujourd'hui,* qui n'étoit ni dans les saints livres, ni dans la doctrine de ceux qui nous avoient précédés. On a vu quelle est l'ignorance et l'impiété d'une telle proposition. Mais le ministre qui la désavoue, ne sait encore qu'en croire ; puisqu'au lieu de dire à pleine bouche, que nous voyons dans l'Ecriture l'immutabilité de Dieu, il se contente de dire, qu'il n'a jamais dit que « l'Ecriture ne servît de rien à en former l'idée. Car, » poursuit-il, puisque l'Ecriture sert infiniment à » nous donner l'idée de l'être infiniment parfait, elle » sert aussi sans doute à nous faire comprendre la » parfaite immutabilité de Dieu. » Vous diriez que l'Ecriture ne nous dise pas en termes assez formels, que Dieu est immuable, jusqu'à exclure de ce premier être, même *l'ombre du changement* (3) ; mais qu'elle serve seulement à nous le faire comprendre, et que ce soit là une conséquence qu'il faille comme arracher de ses autres expressions. Je

(1) *Tab. Lett.* VI, *p.* 266 *et suiv.* — (2) *VI*e *Avert. I. part. art.* 1, *p.* 21, 23. *Tab. Lett.* VI, *p.* 268. — (3) *Jac.* 1. 17.

ne m'étonne donc plus si l'auteur des *Avis* prend à
témoin M. Jurieu, des belles lumières que nous recevons de la philosophie moderne. « M. Jurieu sait ,
» dit-il (1), qu'avant la philosophie de l'incompa-
» rable Descartes, on n'avoit aucune juste idée de la
» nature d'un esprit » : sans doute, avant ce philosophe, nous ne savions pas que Dieu fût esprit ,
ni de nature à n'être aperçu que par la pure intelligence, ni que notre âme fût faite à son image, ni
qu'il y eût des esprits administrateurs : sans Descartes, ces expressions de l'Écriture étoient pour
nous des énigmes ; on ne trouvoit pas dans saint
Augustin, pour ne point parler des autres Pères, la
distinction de l'âme et du corps : on ne la trouvoit
pas même dans Platon. M. Jurieu *le sait bien :* car
si nous n'entendons que d'aujourd'hui l'immutabilité
de Dieu, pourquoi entendrions-nous mieux sa spiritualité, qui seule le rend immuable, puisqu'un corps
qui de sa nature est divisible et mobile, ne le peut
pas être ? Que la Réforme qui ne sait rien de tout
cela, et qui l'apprend d'aujourd'hui, est éclairée !
L'aveuglement de ses docteurs ne la fera-t-il jamais
rougir ? Mais ne comprendra-t-elle jamais combien
l'esprit du socinianisme domine en elle , puisque
M. Jurieu y est entraîné comme par force en le
combattant ?

Pour ce qui regarde la tolérance, il n'y a qu'à se
souvenir avec quelle évidence nous venons de démontrer que ce ministre l'a autorisée même en voulant
la combattre. Et, pour ne point répéter ce qu'on en
a dit (2), on ajoutera seulement que M. Jurieu est
lui-même le plus grand exemple qu'on puisse jamais
proposer de la tolérance du parti. On lui tolère
toutes les erreurs qu'on vient de voir, quoiqu'elles
n'emportent rien moins qu'un renversement total
des fondemens du christianisme, et même des principes de la Réforme.

(1) *Avis sur le Tab.* art. 3. — (2) *VI<sup>e</sup> Avert. II. part.*
p. 242.

On lui tolère de dire qu'on se peut sauver dans une communion socinienne : c'est une accusation que je lui ai faite dans l'Histoire des Variations et dans le premier Avertissement (1). Il n'est pas nécessaire d'en répéter ici la preuve, puisqu'après avoir beaucoup chicané, le ministre a enfin passé condamnation. « Il conclut ( l'évêque de Meaux ) son premier Aver- » tissement par des preuves, que, selon moi, on peut » être sauvé dans une communion socinienne. Il n'y a » pas plus de bonne foi là-dedans que dans le reste. Si » l'on pouvoit conclure quelque chose de mes écrits, » ce seroit qu'un homme, qui, sans être Sonicien et » en détestant les hérésies sociniennes, vivroit dans » la communion externe des Sociniens n'en pouvant » sortir, seroit sauvé : c'est ce que je ne nie pas (2). » Il avoue donc en termes formels le crime dont on l'accuse, qui est qu'on se peut sauver dans une communion socinienne.

Car être à l'extérieur dans cette communion, c'est y recevoir les sacremens, c'est y assister au service, aux prêches, aux catéchismes, aux prières, comme font les autres, avec les marques extérieures de consentement : il n'y a point d'autres liens extérieurs de communion que ceux-là : or, si cela est permis, on ne sait plus ce que veulent dire ces paroles : *Retirez-vous des tentes des impies* (3) ; ni celles-ci de saint Paul : *Je ne veux point que vous soyez en société avec les démons : vous ne pouvez boire le calice du Seigneur et le calice des démons : vous ne pouvez participer à la table du Seigneur et à la table des démons* (4), ni enfin celles-ci, du même apôtre : *Quelle communion y a-t-il entre la justice et l'iniquité ? ou quelle convention entre Jésus-Christ et Bélial ? ou quel accord peut-il y avoir entre le temple de Dieu et les idoles* (5) ? S'il est permis d'être uni par les liens extérieurs de la reli-

(1) *Var. liv.* xv, p. 79. *I. Avert.* p. 58. — (2) *Tab. Iett.* vi. p. 298. — (3) *Num.* xvi. 26. — (4) *I. Cor.* x. 20. — (5) *II. Cor.* vi. 14.

gion avec l'assemblée des impies, tous ces préceptes de l'apôtre, toutes ces fortes expressions du Saint-Esprit, ne sont plus qu'un son inutile ; et le ministre manifestement les réduit à rien. Ainsi la limitation qu'il apporte à sa proposition, en supposant que celui qu'il met dans une communion socinienne, n'y sera qu'extérieurement et *détestera* dans son cœur *les hérésies* de cette secte, ne sert qu'à les condamner davantage. Car un tel homme sera nécessairement un hypocrite, qui sans être Socinien fera semblant de l'être : or c'est encore pis, s'il se peut, de sauver un tel hypocrite que de sauver un Socinien ; puisqu'on peut être Socinien par ignorance et avec une espèce de bonne foi, au lieu qu'on ne peut être hypocrite que par une expresse perfidie et une malice déterminée.

La condition qu'il appose, qu'on demeure innocemment à l'extérieur dans cette communion *n'en pouvant sortir*, met le comble à l'impiété. Car elle suppose qu'on est excusé de se lier de communion avec les impies *lorsqu'on ne peut en sortir*, c'est-à-dire manifestement, lorsqu'on ne le peut sans mettre sa vie, ou ses biens, ou son honneur en péril : or, si on reçoit cette excuse, tous les exemples des martyrs sont des excès ; tous les préceptes de l'Evangile, qui obligent à mourir plutôt que de trahir la vérité et sa conscience, sont des préceptes outrés, qui ne sont propres qu'à envoyer les gens de bien à la boucherie.

Que si enfin le ministre se sent forcé à répondre que cet homme, qui communie à l'extérieur avec les Sociniens, n'en déteste pas seulement les erreurs dans sa conscience, mais déclare publiquement l'horreur qu'il en a ; il renverse la supposition. Car cet homme très-constamment n'est plus dans la communion extérieure des Sociniens, puisqu'il y renonce expressément par la profession qu'il fait d'une foi contraire. Un tel homme se gardera bien de faire la cène avec eux, ni de prendre le pain sacré de la main de leurs pasteurs qu'il regarde comme des impies : et s'il assiste à leurs prêches, ce sera comme un étranger qui iroit voir ce qui se passe dans leurs assemblées, ou qui entreroit, si l'on veut, dans une mosquée par simple curiosité.

Que si l'on assiste sérieusement au service des Sociniens avec le même extérieur que les autres membres de leurs assemblées, et, en un mot, qu'on en fasse son culte ordinaire, on pourra assister de même au culte des Mahométans ou des Idolâtres : les catholiques, les Luthériens, les Calvinistes pourront se tromper ainsi les uns les autres, sans préjudice de leur salut; et tout l'univers sera rempli de profanes et d'hypocrites qu'on ne laissera pas de compter parmi les élus. Voilà où aboutit la doctrine du plus rude en apparence des Intolérans; et il s'engage dans tous ces blasphèmes pendant qu'il tâche le plus de s'en justifier, tant il est secrètement dominé par cet esprit d'irréligion et d'indifférence.

On peut voir sur ce sujet-là ce qui est écrit dans le livre xv<sup>e</sup> des Variations, et dans le premier Avertissement (1) : mais on y peut voir encore de plus grands excès du ministre : puisqu'on y trouve que « damner tous ces chrétiens innombrables qui vi- » voient dans la communion externe de l'arianisme, » dont les uns en détestoient les dogmes, les autres » les ignoroient, les autres LES TOLÉROIENT EN ESPRIT » DE PAIX, les autres étoient retenus dans le silence » par la crainte et par l'autorité ; damner, dis-je, » tous ces gens-là, c'est une opinion de bourreau, et » qui est digne de la cruauté du papisme (2). » Le dogme des Ariens est donc de ces dogmes *qu'on peut tolérer en esprit de paix.* On a objecté ce passage à M. Jurieu de tous côtés. Il n'y répond pas un seul mot; et voilà, de son aveu, les Ariens, c'est-à-dire, les ennemis de la divinité de Jésus-Christ et de celle du Saint-Esprit, parmi ceux qu'il faut comprendre dans la tolérance.

Il nous donne pour marque *de socinianisme,* de dire

____

(1) *Var. liv.* xv, *p.* 178 *et suiv. I. Avert. p.* 57 *et suiv.* —
(2) *Préj. légit. p.* 22. *Var. liv.* xv, *p.* 179.

*que cette secte étoit moins mauvaise que le pa-*
*pisme* (1) : et néanmoins il dit lui-même qu'il est plus
difficile de se sauver parmi les catholiques, que *parmi
les Ariens* (2), qui soutenoient les principaux dogmes
des Sociniens.

Si les Ariens sont compris dans la tolérance, les
Nestoriens et les Eutychiens ne pouvoient pas en être
exclus. Le ministre les y reçoit en termes formels, et
met les sociétés où la confusion des deux natures et
la distinction des Personnes sont soutenues en Jésus-
Christ, au nombre des communions où Dieu se
conserve des élus (3).

Si cela est, cette merveilleuse sagesse de Dieu,
que le ministre reconnoît dans les quatre premiers
conciles, qui, dit-il, ont mis à l'abri *les fondemens
de la foi*, ne sera plus rien ; puisque les erreurs condamnées par ces grands conciles n'empêchent pas le
salut de ceux qui en seroient infectés, et ne les excluent
pas de la tolérance.

Voilà donc, par la doctrine de votre ministre, la
tolérance établie en faveur de ceux qui renversent les
fondemens de la foi, même ceux qu'on a reconnus
dans les quatre premiers conciles, qui, de l'aveu du
ministre, et par les Confessions de foi de tous les
protestans, sont les plus essentiels au christianisme.

Outre ces intolérables erreurs qu'on ne tolère qu'à
lui, il y en a d'autres qu'il faut tolérer par les principes de la secte. Les Tolérans s'étonnent qu'on lui
laisse dire *qu'on croit, parce qu'on veut croire,
par goût, par adhésion, par sentiment*, et non
pas par discussion ni par examen des passages de
l'Écriture. Mais que pourroit reprendre dans cette
doctrine un synode de protestans, puisqu'ils n'ont
de dénoûment contre nous que celui-là ? M. Jurieu
leur dira : Voulez-vous obliger à la discussion ceux
à qui leur expérience fait connoître qu'ils n'ont ni

(1) *Tab. Lett.* 1, *p.* 7. *Préj. lég. I. part. c.* 1. — (2) *Syst.*
*p.* 225. *Var. liv.* xv, *p.* 241. — (3) *Préj. c.* 1, *p.* 16. *Syst.*
*p.* 146, 150, 154. *Var. liv.* xv, *p.* 159. *Tab. Lett.* v, *p.* 198.

la capacité ni le loisir de la faire? Ils se moqueront
de vous. Les renverrez-vous à l'autorité de l'Eglise?
Vous renverserez votre Réforme. Ne voyez-vous donc
pas plus clair que le jour, que le goût et le sentiment
que M. Claude et moi avons introduit, est le seul
refuge qui nous reste, et que si vous le condamnez tout
est perdu pour la Réforme?

Je ne m'étonne pas non plus qu'on laisse avancer
à M. Jurieu tant d'étranges propositions sur le mariage : c'est qu'en effet la Réforme les soutient. Ce
n'a pas été assez aux Prétendus Réformateurs d'abandonner la sainte doctrine de toute l'Eglise d'Occident
sur l'entière indissolubilité du mariage, même dans
le cas d'adultère. Pour adoucir les difficultés du mariage, si grandes qu'elles faisoient dire aux apôtres :
*Maître, s'il est ainsi, il vaut mieux ne point se
marier* (1); on y permet tous les jours, pour beaucoup d'autres sujets, de rompre « des mariages faits
» et consommés dans toutes les formes, et de per-
» mettre à un mari et à une femme de prendre un
» autre époux et une autre épouse l'autre étant vi-
» vante (2) », et très-constamment *vivante.* Le
ministre rapporte un fameux arrêt de la Cour de
Hollande en l'an 1650 (3), où, du consentement des
parties présentes, on résolut un mariage contracté
dans toutes les formes : un mari eut la liberté d'épouser
une autre femme que la sienne, et sa femme de demeurer avec celui qu'elle avoit épousé sur la fausse
présomption de la mort de son véritable mari. La
désertion est une autre cause de rompre le mariage.
C'est la pratique constante de « l'Eglise de Genève,
» qui, dit-il (4), est la source de notre droit canon.
» On en a, poursuit-il, un exemple tout récent
» dont je crois que tout le monde a ouï parler : on ne
» nommera pas les personnes à cause du scandale »,
mais cependant quelque grand qu'il soit, on passe
par-dessus dans les jugemens. « On nommera, con-

(1) *Matth.* xix. 10. — (2) *Tab. Lett.* vi. *p.* 303. — (3) *Ibid.*
305. — (4) *Ibid.*

tinue-t-il (1), la demoiselle Sève, qui en 1677
épousa un nommé M. Misson, fils d'un ministre
de Normandie, lequel après avoir demeuré quelque
temps avec elle l'abandonna. Elle a obtenu per-
mission de se remarier; ce qu'elle fit. » Je ne vois
pas après cela qu'on puisse s'empêcher de rompre les
mariages pour des maladies incurables ou des incom-
patibilités aussi sans remèdes. Pour justifier ce libertinage, il suffit à M. Jurieu de dire que les maximes
contraires « sont prises de la théologie romaine, selon
» laquelle le mariage est un sacrement (2). » On
voit donc bien la raison qui a inspiré à la Réforme
de crier avec tant de force contre le sacrement de
mariage : elle vouloit anéantir cette salutaire contrainte que Jésus-Christ avoit établie dans les mariages chrétiens, et s'ouvrir une large porte à les cas-
ser. C'est donc inutilement que Jésus-Christ a prononcé, *que l'homme ne sépare pas ce que Dieu a
uni* (3). On prétend, à la vérité, qu'il y a lui-même
apporté une seule exception; et c'est celle du cas de
l'adultère : mais la Réforme licencieuse ne s'en est
pas contentée, et n'a pas craint d'ajouter à cette
unique exception, qui peut avoir quelque couleur
dans l'Evangile, une si grande multitude d'autres
exceptions dont on n'y en trouve pas le moindre vestige; c'est-à-dire, qu'on a excepté non seulement, à
ce qu'on prétend, selon l'Evangile, mais encore très-
expressément contre l'Evangile; et M. Jurieu ne craint
point de dire (4) « que la bonne foi et les lois du
» prince sont les interprètes DES EXCEPTIONS qu'on
» peut apporter à la loi évangélique qui défend le
» divorce, et qu'elles suffisent pour mettre la cons-
» cience en repos. » Les consciences sont si endor-
mies et les cœurs si appesantis dans la Réforme,
qu'on y demeure *en repos* malgré les décisions de
l'Evangile sur les exceptions qu'y apportent des lois et
une autorité humaine. Ce n'est pas ici le sentiment

_________

(1) *Tab. Lett.* vi, *p.* 303, 304. — (2) *P.* 304. — (3) *Matth.*
xix. 6. — (4) *Ibid.* 308.

d'un ministre particulier; c'est celui de Genève, d'où est né *le droit canon* de la Réforme; c'est celui de l'Eglise anglicane, qui en est la principale partie, comme l'appelle notre ministre : et M. le Grand vient de faire voir à M. Burnet, que, selon les lois de cette « Eglise on fait divorce pour avoir abandonné le ma- » riage, pour une trop longue absence, pour des inimi- » tiés capitales, pour les mauvais traitemens, et qu'on » peut se remarier dans tous ces cas (1). » Voilà quatre exceptions à l'Evangile tirées du code des lois ecclésiastiques d'Angleterre (2), résolues et passées en loi dans une assemblée *où préchoit Thomas Cranmer, archevéque de Cantorbéry*, le grand Réformateur de ce royaume. Quel mariage demeure en sûreté contre ces exceptions, puisqu'on reçoit jusqu'à celle qui se tire des aversions invincibles : ce qui enferme manifestement l'incompatibilité des humeurs? Je ne m'étonne donc plus si ce grand Réformateur a rompu tant de mariages, et je m'étonne seulement qu'il ne l'a pas fait avec encore moins de façon. Sans recourir au Lévitique, qui, de l'aveu des plus grands auteurs de la Réforme, ne faisoit loi que pour les Juifs, et sans acheter à prix d'argent tant de consultations contre le mariage de Henri et de Catherine, il n'y avoit qu'à alléguer l'aversion implacable de ce roi. Mais peut-être qu'on n'osoit encore, et que la Réforme n'avoit pas acquis toute la force dont elle avoit besoin contre l'Evangile. On trouveroit néanmoins, si l'on vouloit, ces exceptions dans les autres Réformateurs, dans un Luther, dans un Calvin, dans un Bucer, dans un Bèze. Voilà à quoi aboutit cette prétendue délicatesse de la Réforme. Elle se vante d'une observation étroite de l'Evangile; elle s'élève avec fureur contre les papes, sous prétexte qu'ils ont dispensé de la loi de Dieu, à quoi néanmoins il est certain qu'ils n'ont seulement jamais songé : et cette fausse régularité se termine enfin à trouver

______

(1) *Lett. de M. le Grand à M. Burnet*, p. 37. — (2) *Leg. Ecc. Ang.* c. 8, 9, 10, 11, p. 50, édit. *Lond.* 1640.

eux-mêmes *des exceptions de la loi évangélique.*
Un ministre le dit hautement (1); et aucun synode,
aucun consistoire, aucun ministre ne l'en reprend. Il
ne se trouve à relever cette erreur qu'un jeune avocat
qu'il traite impunément avec le dernier mépris : pourquoi ? parce que les ministres, et les synodes, et les
consistoires savent bien que ce ministre ne fait qu'é-
tablir la théologie commune de toutes les Eglises
protestantes, et en particulier de celle de Genève,
qui est *la source du droit canon,* c'est-à-dire, de
la licence effrénée du calvinisme.

C'est donc en vain qu'on s'élève contre lui dans
le parti et qu'on le défère aux synodes. Après tout,
il ne soutient rien qui ne soit, ou de l'esprit de la
Réforme, ou nécessaire à sa défense. Mais quoi! ces
dogmes affreux contre l'immutabilité de Dieu et l'égalité des Personnes divines ne répugnent-ils pas clairement aux Confessions de foi des protestans ? Ils y
répugnent, je l'avoue, et j'en ai moi-même rapporté
les témoignages; mais, après tout, s'il eût supprimé
ces endroits de sa doctrine, où vouliez-vous qu'il
trouvât des variations ? Et pour en montrer dans
l'ancienne Eglise, ne falloit-il pas tout ensemble en
accuser et en excuser les docteurs ? Les accuser, pour
montrer qu'on varioit; et à la fois les excuser, pour
n'étendre pas l'intolérance jusqu'à eux. Soutenir une
telle cause sans se contredire soi-même, est-ce une
chose possible ? Mais les synodes auront encore de
bien plus fortes raisons pour épargner M. Jurieu, le
seul défenseur de la religion protestante. Pouvoit-on
se passer de lui dans un parti où l'on vouloit soulever
les peuples contre leur Roi, et les enfans, si l'on eût
pu, contre les pères ? Il falloit bien assurer que Dieu
s'en mêloit; qui étoit plus affirmatif que notre ministre ? « C'est être Pélagien, dit-il (2), de ne pas
» vouloir apercevoir des miracles de la Providence
» dans les révolutions d'Angleterre, dans celle de
» Savoie et dans les délivrances de nos frères des

_________________

(1) *Jur. Avis cont. M. de Beauv.* — (2) *Lett.* III, *p.* 129.

**2. BOSSUET. AVERTISSEMENS.**                    10

» Vallées. » Dieu se déclaroit visiblement pour la Réforme; la France alloit succomber sous ces coups du Ciel; et le nier, c'étoit alors une hérésie. Mais maintenant que sera-ce donc, et faudra-t-il croire encore tous ces miracles après ce que nous voyons? Il falloit un Jurieu pour pousser l'assurance jusque-là. Mais quel autre étoit plus capable d'émouvoir les peuples, que celui qui leur faisoit voir jusque dans leur rage le soutien de leur foi (1)? Etoit-il aisé de trouver un homme qui attaquât aussi hardiment et avec moins de mesure la majesté des souverains? qui sût mieux allumer le feu d'une guerre civile? qui sût, pour tromper les peuples, si bien soutenir de faux miracles, ou débiter avec un plus grand air de confiance des prophéties qu'il avoit prises dans son cœur? Pour cela, ne falloit-il pas avoir le courage de hasarder des prédictions, et de s'immoler pour le parti à la risée inévitable de tout l'univers? Mais quel autre l'eût voulu faire? Quel autre eût voulu donner à ses prédictions cet air mystérieux dont notre prophète a paré les siennes, en feignant que par ses désirs, par l'ardeur et la persévérance de ses vœux, il s'étoit enfin ouvert l'entrée dans le secret des prophéties, et que s'il ne disoit pas tout, c'est qu'il ne vouloit pas tout dire? Il s'est vanté d'avoir prédit à un prince qu'avant que l'année fût révolue, il se verroit la couronne sur la tête. Sans doute, il avoit trouvé l'Angleterre bien désignée dans l'Apocalypse, et l'année 1689 y étoit clairement marquée. N'a-t-il pas été un grand prophète d'avoir promis un heureux succès à un prince qui remuoit de si grands ressorts? Car, après tout, qu'avoit-il à craindre en hasardant cette prédiction? ou quel mal lui arrive-t-il pour avoir si mal deviné dans toutes les autres? Le prince qu'il vouloit flatter avoit bien parmi ses papiers de meilleures prophéties que celles d'un ministre. Mais qui ne connoît l'usage que les hommes de ce caractère savent faire des prédictions, et combien cependant ils méprisent dans leur cœur, et les

____

(1) *Accomp. des Proph. Avis à tous les Chrétiens.*

dupes qui les croient, et les fanatiques qui les rêvent,
ou les séducteurs qui les inventent ? M. Jurieu s'est
mis au-dessus de tout cela ; il a sacrifié sa réputation
à la politique du parti : ébloui du grand nom de prophète, qu'on lui a donné jusque dans des médailles,
il ne peut encore s'en défaire ; et, après tant d'illusions
dont tout le monde se moque dans son parti même,
il ose encore prophétiser « que les rois de France,
» d'Espagne, l'Empereur et tous les princes papistes
» doivent sans doute entrer quelque jour dans l'esprit
» où entrèrent les rois d'Angleterre, d'Ecosse, de Suède,
» de Danemarck dans le siècle passé (1). » Il ne faut
plus que vingt ou trente ans pour accomplir cette
merveille, et tout s'y dispose, comme on voit. Si
toutefois les succès ne répondent pas à son attente,
et que les conquêtes de son héros n'avancent pas, autant qu'il pense, le règne de mille ans après lequel il
soupire, il s'est préparé une réponse contre les événe-
mens qui ne voudront pas cadrer assez juste. On sera
toujours reçu à dire que *Dieu n'y prend pas garde
de si près* (2); et lors même que tout sera manifestement contraire aux prédictions, M. Jurieu, en tout
cas, sera toujours aussi grand prophète qu'un Cotterus
et tant d'autres semblables trompeurs convaincus de
faux, selon lui-même, dont néanmoins il ne laisse pas
d'égaler les visions à celles d'Ezéchiel et d'Isaïe. Que
diront donc les synodes à un homme dont la Réforme
a tant de besoin ? Luther n'y fut jamais plus nécessaire.
Elle commençoit à languir; et la grâce de la nouveauté lui étant ôtée, il ne faut pas s'étonner si, loin
de faire de nouveaux progrès, elle reculoit en arrière :
le fait du moins est constant par M. Jurieu, qui vient
de faire publiquement ce triste aveu : « La Réfor-
» mation dans ce siècle n'est point avancée, elle étoit
» plutôt diminuée qu'augmentée (3) »: de peur qu'elle
ne tombât tout-à-fait, il en falloit revenir aux impé-
tuosités, aux emportemens, aux inspirations, aux

_____

(1) *Tab. Lett.* viii, *p.* 505, 506. — (2) *Accomp. des Proph.
Avis à tous les Chrétiens.* — (3) *Tab. Lett.* viii, *p.* 506.

prophéties de Luther. La complexion d'un Calvin pouvoit bien avec son aigreur, avec son chagrin amer et dédaigneux, produire des emportemens, des déchaînemens, d'autres excès de cette nature : mais elle ne pouvoit fournir ces ardeurs d'imagination qui font les prophètes des fausses religions. Il falloit quelqu'un qui sût émouvoir l'esprit des peuples, tromper leur crédulité, les pousser jusqu'au transport et à la fureur. Si le succès n'a pas répondu à la volonté; si, par la puissante protection de Dieu, il s'est trouvé dans le monde une main plus forte que toutes celles qu'on a tâché vainement d'armer contre elle, ce n'est pas la faute de M. Jurieu; et les synodes, qui n'ont rien à lui imputer, ne peuvent aussi rien faire de moins que de se taire comme ils font en sa faveur.

Si cependant on méprise ces foibles synodes, et qu'une si timide politique achève de leur faire perdre le peu de crédit qu'ils avoient dans la Réforme, ce n'est pas là aussi que M. Jurieu met sa confiance : c'est aux princes et aux magistrats qu'il a recours, et il leur rend le droit de persécuter qu'il leur avoit ravi. J'avois autrefois demandé, dans une lettre particulière qu'il a imprimée, quelle raison on avoit d'excepter les hérétiques du nombre de ces malfaiteurs contre lesquels saint Paul a mis aux princes l'épée en main. Le ministre m'avoit répondu : « Ce » n'est pas à nous à vous montrer que les hérétiques ne » sont pas de ce nombre : c'est à vous, messieurs les persécuteurs, à nous prouver qu'ils y sont compris (1); car, poursuivoit-il (2), les malsentans » et les malfaiteurs ne sont pas la même chose. » Alors donc le magistrat étoit sans pouvoir contre *les malsentans*, et ce n'étoit pas pour cela qu'il étoit lieutenant de Dieu. Mais maintenant cela est changé : les princes et les magistrats sont, dit-il (3), « les images » et les oints de Dieu et ses lieutenans en terre. » Sans doute, ils ont ces beaux titres dans les Ecritures;

_______

(1) *Jur. Lett. past. de la* 1. *ann.* 1. *Lett. p.* 7, 8. — (2) 2. *Lett. p.* 11. *Ibid.* — (3) *Tab. Lett.* VIII, *p.* 445, 446.

et, pour nous arrêter au dernier, saint Paul nous les représente *comme ordonnés de Dieu* pour lui faire rendre obéissance comme *ses ministres* et ses lieutenans, *qui ne portent pas sans cause l'épée* qu'il leur a mise en main. « Mais ce sont d'étranges lieu-
» tenans de Dieu, poursuit le ministre, s'ils ne sont
» obligés à aucun devoir par rapport à Dieu en tant
» que magistrats : comment donc peut-on s'imaginer
» qu'un magistrat chrétien, qui est le lieutenant de
» Dieu, remplisse tous ses devoirs en conservant
» pour le temporel la société à la tête de laquelle il
» se trouve, et qu'il ne soit pas obligé d'empêcher
» la révolte contre ce Dieu dont il est le lieutenant,
» afin que le peuple ne choisisse un autre dieu ou ne
» serve le vrai Dieu autrement qu'il ne veut être
» servi ? » Le voilà donc redevenu lieutenant de Dieu contre ceux qui ne veulent pas le reconnoître ou reconnoître son vrai culte, et, en un mot, contre *les malsentans* aussi bien que contre *les malfaiteurs.* Que si, par l'Épître aux Romains, il est le ministre et le lieutenant de Dieu, contre les hérétiques aussi bien que contre les autres coupables ; c'est donc contre eux aussi qu'*il a l'épée en main ;* et l'évêque de Meaux n'avoit pas tort lorsqu'il l'interprétoit de cette sorte.

Le ministre a trouvé ici une belle distinction : c'est que le prince a l'épée en main contre les hérétiques ; mais pour *les gêner* seulement, pour *les bannir,* et non pas pour leur donner la mort. Mais les Tolérans lui demandent où il a trouvé ces bornes qu'il donne à sa fantaisie au pouvoir des princes ? Il n'étoit pas ici question de faire le doux, et de vouloir en apparence épargner le sang. Il ne falloit point, disent-ils, poser des principes d'où l'on tombe pas à pas dans les dernières rigueurs. Qu'ainsi ne soit ; n'avez-vous pas dit que « ces aversions, que produit la di-
» versité des religions, produisent aussi la guerre et
» la division, *et qu'elles en sont* une semence (1) » ?
» Quand vous le nieriez, le fait est trop criant

_______
(1) *Lett.* VIII, *p.* 519.

pour être révoqué en doute. Si le parti hérétique devient inquiet, mutin et séditieux; il est à charge à l'Etat. et toujours prêt à enfanter les guerres civiles dont il porte *la semence* dans son sein, le prince ne pourra-t-il jamais en venir aux derniers remèdes, et *portera-t-il l'épée sans cause* (1) ? Vous vous aveuglez vous-même, si vous croyez pouvoir donner aux puissances légitimes des bornes que vous ne trouvez point dans les passages que vous produisez. Vous nous alléguez ce passage : *Otez d'entre vous le méchant* (2). Vous vous trompez d'adresser aux princes ce précepte de l'apôtre, qui visiblement ne s'entend que des censures ecclésiastiques; mais si vous voulez l'étendre aux magistrats, et que ce soit à eux à ôter le méchant, laissez donc à leur prudence les voies de l'ôter. Qui vous a donné le pouvoir de les réduire à des peines légères, à des gênes, à des prisons, peut-être au bannissement tout au plus ? Il faut, disent toujours les Tolérans (3), ou, comme nous, leur ôter tout pouvoir de contraindre les hérétiques; ou, comme les catholiques, leur permettre d'en user selon l'exigence des cas. Car s'ils jugent par leur prudence que ce ne soit pas assez ôter le méchant que de le bannir, pour faire pulluler ailleurs ses impiétés, comme celles de Nestorius se sont répandues en Orient par son exil et celui de ses adhérens, qui êtes-vous pour donner des bornes à leur puissance ? et espérez-vous de réduire à des règles invariables ce qui dépend des cas et des circonstances ? Aussi ne savez-vous où vous renfermer; et vous le faites clairement paroître par ces paroles : « Dieu » veut qu'on use de clémence avec les idolâtres et » les hérétiques, et qu'on épargne leur vie autant » qu'il se peut (4). » C'est éluder manifestement la difficulté. Car quelqu'un a-t-il jamais dit que la clémence fût interdite aux souverains, ou qu'ils ne soient pas obligés à épargner autant qu'il se peut la

(1) *Rom.* XIII. 4. — (2) *Lett.* VIII, p. 457. — (3) *Lettre venue de Suisse.* — (4) *Lett.* VIII, p. 456.

vie humaine? Si la seule règle qu'on peut leur donner, selon vous, est de l'épargner *autant qu'il se peut,* il ne faut donc pas, comme vous faites, diminuer leur pouvoir; mais leur laisser examiner ce qu'ils peuvent faire avec raison.

Mais, direz-vous, la douceur chrétienne doit prévaloir. Sans doute, vous répliqueront les Tolérans, dans tous les cas où vous-même vous ne la jugez pas préjudiciable. Mais vous permettez qu'on procède « jusqu'à la peine de mort, lorsqu'il y a des preuves » suffisantes de malignité, de mauvaise foi, de des- » sein de troubler l'Eglise et l'Etat, et enfin d'im- » piété et de blasphème conjoint avec audace, impu- » dence et mépris des lois (1). » Vous ajoutez que « la plupart des hérésiarques sont impies, et ne se » révoltent contre la foi que par un motif d'ambition, » d'orgueil, de domination : quand dans ces disposi- » tions ils passent jusqu'à l'outrage et au blasphème, » l'Eglise doit les abandonner au magistrat pour en » user selon sa prudence. » C'est ce que dit le mi- nistre : ceux qui abandonnent les hérésiarques à la prudence du magistrat jusqu'aux dernières rigueurs, n'ont pas d'autres motifs que ceux-là : il ne reste qu'à tirer de là le traitement qu'on peut faire aux partisans de ces hérésiarques, et enfin aux imitateurs de leur séditieuse et indocile fierté. Pourquoi donc disputer plus long-temps contre un homme qui détruit lui- même ses principes? Il avoue qu'il y a des provinces des Pays-Bas, qui n'ont pas même « de connivence » pour les Papistes. Quand on les découvre, dit-il (2). » on ne les protège pas contre la violence des peuples. » On entend bien ce langage : mais vaut-il mieux aban- donner à la violence ceux qu'on prétend hérétiques. et les laisser déchirer à une aveugle fureur, que de les soumettre aux jugemens réguliers du magistrat? On voit donc que ce ministre ne sait ce qu'il dit. Il n'y a qu'à l'écouter sur le sujet de Servet. Tantôt il n'approuve pas que Genève l'ait condamné au feu à

(1) *P.* 422. — (2) *Lett.* VIII, *p.* 432, 433.

la poursuite de Calvin : il en dédit ses docteurs, et il décide que c'étoit là un reste de papisme (1). Mais quelquefois il revient de cette extrême mollesse ; et, dit-il (2), « ceux qui condamnent si hautement le » supplice de Servet, ne savent pas toutes les cir- » constances de son crime. » Laissons donc peser ces circonstances au magistrat. *L'État est maître de ses peines*, dit-il en un autre endroit (3), et c'est aux princes à les régler selon leur prudence.

Mais tous les grands argumens de la Réforme doivent toujours être tirés de l'Apocalypse. Pour bannir éternellement la peine de mort dans le cas de religion, voici comme parle le ministre (4) : « N'aura- » t-on jamais honte de cette barbarie antichrétienne ? » et ne reconnoîtra-t-on jamais que c'est le caractère » de la bête de l'Apocalypse, qui s'enivre du sang » des saints, qui dévore leur chair, qui leur fait la » guerre, qui les surmonte, et qui, à cause de cela, » est appelée bête, lion, ours, léopard ? Car il faut » avoir renoncé à la raison, à l'humanité, et être de- » venu une bête pour en user envers les chrétiens » comme l'Église romaine en use envers nous » Voilà donc en apparence tous les chrétiens à couvert du dernier supplice. Cela iroit bien pour les Tolérans, si la suite de son passage et de son interprétation n'en ruinoit pas le commencement. Car, selon lui (5), les dix rois qui détruiront la prostituée (6) seront des rois réformés : et que feront-ils pour « réformer la religion » dans leurs États ? Ils haïront la prostituée ; ils la » désoleront ; ils la dépouilleront ; ils en mangeront » les chairs, et ils la consumeront par le feu. Et les » oiseaux du ciel seront appelés pour manger les chairs » des rois et les chairs des capitaines, et les chairs des » braves soldats, et celles des chevaux et des cava- » liers, et des petits et des grands, et des esclaves et » des hommes libres (7). » Voilà, ce me semble, assez

<hr>

(1) 1. *Ann. Lett* II, p. 11. — (2) *Ibid.* p. 422. — (3) *P.* 428. — (4) 1. *Ann. Lett* II, p. 12. — (5) *Tab. Lett* VIII, p. 505, 506. — (6) *Apoc.* XVII. 6 — (7) *Ibid.* XIX. 17. 18.

de carnage, assez de sang répandu, assez de chairs dévorées, assez de feux allumés : mais, selon M. Jurieu, tout cela sera l'ouvrage des rois réformés : c'est par là que s'accomplira la Réformation, jusqu'ici trop foiblement commencée ; la Réforme fera souffrir tous ces maux à des chrétiens sans doute, puisque ce sera à des Papistes : ce ne sera pas seulement sur des particuliers, mais sur toute l'Eglise romaine qu'on exercera ces cruautés. Il ne reste plus qu'à dire qu'il n'appartient qu'aux rois de la Réforme d'user de l'épée contre les sectes qu'ils croient mauvaises, et que tout leur est permis contre la prostituée. Mais s'il ne tient qu'à trouver des noms odieux pour les sociétés hérétiques et rebelles, l'Ecriture en fourniroit d'assez forts pour animer contre elles le zèle des princes catholiques.

Au reste, afin que M. Jurieu n'aille pas ici se jeter à l'écart, et renouveler toutes les plaintes des protestans contre la France ; ce n'est pas là de quoi il s'agit, mais en général de la question de la tolérance civile ; c'est-à-dire quel droit peut avoir le magistrat d'établir des peines contre les hérétiques. C'est sur cette grande question que les protestans sont partagés : et je ne craindrai point d'assurer qu'ils se poussent à bout les uns les autres. Les Tolérans poussent à bout M. Jurieu, en lui démontrant qu'il se contredit lui-même, et qu'il faut ou abandonner la doctrine de l'Intolérance, ou permettre au magistrat autant les derniers supplices qu'il lui défend, que les moindres peines qu'il lui permet (1). Car aussi, lui dit-on, où a-t-il pris et où ont pris les Intolérans mitigés ces bornes arbitraires qu'ils veulent donner à un pouvoir qu'ils reconnoissent établi de Dieu en termes indéfinis ? Ou il faut prendre les preuves dans toute leur force, ou il faut les abandonner tout-à-fait. Vous croyez fermer la bouche à M. de Meaux, en lui disant (2) : « Si l'Eglise a droit d'im-
» plorer le bras séculier pour la punition des héré-

(1) *Comm. philos. Lett. ven. de Suisse. Apol. des vrais Tolér.* — (2) 1. *Avit. Lett. II.*

» tiques, pourquoi saint Paul dit-il simplement : *Évite*
» *l'homme hérétique* (1)? Que ne dit-il, livre-le au
» bras séculier, afin qu'il soit brûlé? Saint Paul ne
» savoit-il pas que dans peu les princes seroient
» chrétiens, et qu'ils auroient le glaive en main?
» N'a-t-il donc donné des préceptes que pour le
» temps et pour l'état présent? » On vous rend vos
propres paroles. Saint Paul ne savoit-il pas que
le magistrat alloit devenir chrétien? Pourquoi donc
n'ajoute-t-il pas à l'obligation *d'éviter l'homme*
*hérétique* celle de le gêner, de le contraindre dans
l'exercice de sa religion, et enfin de le bannir s'il
refuse de se taire (2)? Il vous plaît maintenant de
nous objecter les exemples des rois d'Israël *qui bri-*
*soient les idoles, chassoient et punissoient les*
*idolâtres* (3). Mais ne les punissoient-ils pas jusqu'à
employer contre eux le dernier supplice? Qui a borné
sur cela le pouvoir des souverains? C'est, dit-on,
qu'en ce temps-là et sous l'ancien Testament l'idolâtrie étoit la vraie félonie contre Dieu, qui étoit
alors le vrai Roi de son peuple : et le ministre répond :
« Est-ce qu'aujourd'hui Dieu n'est pas le Roi des
» nations chrétiennes tout autrement qu'il ne l'est
» des peuples païens et infidèles? Retourner à l'infi-
» délité et au paganisme ou à l'idolâtrie, n'est-ce pas
» aujourd'hui félonie et rébellion contre Dieu? »
Pourquoi donc n'emploiera-t-on pas le même supplice
contre le même crime? Et, en est-on quitte pour dire
sans preuve, comme fait M. Jurieu (4), que Dieu
maintenant *a relâché de sa sévérité et de ses droits?*
Où est donc écrit ce relâchement? Et en quel endroit
voyons-nous que la puissance publique ait été affoi-
blie par l'Evangile?

Lorsqu'il s'agissoit de blâmer les persécutions du
papisme, le ministre nous alléguoit la tolérance qu'on
avoit eue autrefois pour les Sadducéens dans le ju-
daïsme, et il disoit que le Fils de Dieu ne s'y étoit

(1) *Tt.* III. 10. — (2) *Apol. des Tolér. Lett. ven. de Suisse.*
— (3) *Tab. Lett.* VIII, *p.* 434, 452, 459 *et suiv.* — (4) *P.* 456.

jamais opposé (1). Si cet argument prouve quelque
chose, il prouve non seulement qu'on doit épargner
les derniers supplices, mais encore jusqu'aux moindres
peines, puisqu'on n'en imposoit aucune aux Sadducéens. Il prouve même beaucoup davantage ; puisque,
de l'aveu du ministre, on vivoit avec les Sadducéens
*dans le même temple et dans la même commu-
nion* (2). Ainsi il est manifeste que cet argument
prouve trop, et par conséquent ne prouve rien. Cela
est certain, cela est clair ; mais le ministre ne veut
jamais avoir failli. Pour soutenir son argument des
Sadducéens, il attaque jusqu'à la maxime : *Qui
prouve trop ne prouve rien;* c'est-à-dire que vous
arrêtez où il vous plaît la force de vos raisonnemens,
et que vous ne donnez à cette monnaie que le prix
que vous voulez.

En passant nous remarquerons, sur cet argument
des Sadducéens, cette étrange expression de notre
ministre, que pour certaines raisons Notre Seigneur
Jésus-Christ *s'est beaucoup moins déchaîné contre
les Sadducéens que contre les Pharisiens* (3). Je
vous demande si un homme sage a jamais parlé de la
sorte ? N'est-ce pas faire de notre Sauveur comme un
lion furieux qui rompt ses liens et se déchaîne lui-
même contre ceux dont il reprend les excès ? On voit
donc que cet auteur emporté ne songe pas même à ce
qu'il doit à Jésus-Christ, et s'abandonne à l'ardeur de
son imagination. Mais revenons à la tolérance.

Les Tolérans démontrent à M. Jurieu non seulement qu'il se contredit lui-même, mais encore qu'il
contredit les principaux docteurs de la Réforme ;
puisque M. Claude ne craint pas d'assurer « que saint
» Augustin flétrit sa mémoire, lorsqu'il soutint qu'il
» falloit persécuter les hérétiques, et les contraindre
» à la foi orthodoxe, ou bien les exterminer; qui est,
» poursuit ce ministre, un sentiment fort terrible et
» fort inhumain (4). » Saint Augustin ne proposoit

_____________

(1) *Hist. du Papisme*, II<sup>e</sup> *part. c.* 8. *Lett.* VIII, *p.* 416, 420
*et suiv* — (2) *Lett.* VIII, *ibid.* — (3) *P.* 419. — (4) *M. Cl. de
la lect. des PP. Lett. venue de Suisse, p.* 20.

pas les derniers supplices ; et s'il vouloit qu'on exter-
minât les Donatistes, ce n'étoit que par les moyens
que M. Jurieu approuve à présent. Si donc c'est le
sentiment des principaux docteurs de la Réforme que
saint Augustin a flétri sa mémoire par cette doctrine,
les Tolérans concluent de même, que M. Jurieu se
déshonore en conseillant des rigueurs qu'il avoit
autrefois tant condamnées.

C'est en vain qu'il semble quelquefois vouloir
épargner les sociétés déjà établies : car les Tolérans
prouvent au contraire « que, s'il est vrai qu'on soit
» en droit de poursuivre un hérétique qui vient
» semer ses sentimens dans un lieu où il n'a aucun
» exercice, à plus forte raison doit-on travailler à
» l'extirpation des sociétés entières ; parce que plus
» une société est nombreuse, plus elle a de docteurs,
» et plus aussi elle est en état de tout gâter et de
» tout perdre par le venin de ses hérésies (1). »

Par tels et semblables raisonnemens, les Tolérans
démontrent à M. Jurieu que la persécution qu'il veut
établir n'a point de bornes, et qu'avec tout le beau
semblant de son intolérance mitigée, il en viendroit
bientôt au sang, pour peu qu'on lui résistât ou qu'il
fût le maître. Avec une telle doctrine, si les protestans l'embrassent, il leur faudra bientôt changer
leur ton plaintif, et les aigres lamentations par lesquelles, dès leur naissance, ils ont tâché d'émouvoir
toute la terre. Ils ne se vanteront plus d'être cette
Eglise posée sous la croix, que Jésus-Christ préfère
à toutes les autres : les sociétés des hérétiques jouiront du même privilège : la Réforme persécutée de-
viendra persécutrice, et la souffrance ne sera plus
qu'un signe équivoque du véritable christianisme.

M. Jurieu, d'autre côté, ne poussera pas moins
loin les Tolérans : car, quelque mine qu'ils fassent,
il les forcera à approuver tout le Commentaire philosophique, c'est-à-dire, à confesser, premièrement, que le magistrat doit la liberté de conscience

_______________

(1) *Lett. de Suisse*, p. 113.

à toutes les sectes, et non seulement à la socinienne, comme ils en conviennent aisément , mais encore à la mahométane ; car, ou la règle est générale, que le magistrat ne peut contraindre les consciences ; ou s'il y a des exceptions, on ne sait plus à quoi s'en tenir, ni où s'arrêter.

Les Tolérans se moquent de M. Jurieu , quand il dit que la tolérance n'est due qu'à ceux qui reçoivent les trois symboles (1) : car ils le poussent à bout en lui demandant où sont écrites ces bornes. Mais s'ils réduisent la tolérance à ceux qui font profession de reconnoître Jésus-Christ pous le Messie , il leur demandera à son tour où est écrite cette exception. Si le magistrat est persuadé qu'il n'a point d'autorité sur la religion, ou, comme parlent les Tolérans , que la conscience n'est pas de son ressort , et qu'il s'élève sous son empire quelques dévots de l'Alcoran, pourra-t-il leur refuser une mosquée (2) ? Voilà déjà une conséquence du Commentaire philosophique qu'il faut recevoir : mais on n'en demeurera pas là ; car le subtil Commentateur revient à la charge : et si, dit-il, ce Socinien, ce Mahométan se croit obligé en conscience de prêcher sa doctrine , et de se faire convertisseur, il faudra bien le laisser faire, pourvu qu'il se comporte modestement, et qu'il ne soit point séditieux ; autrement, on le gêneroit dans sa conscience ; ce qui , par la supposition, n'est pas permis. Voilà donc tous les Etats obligés à tolérer les Prédicans de toutes les sectes, c'est-à-dire, à supporter la séduction, sous prétexte qu'elle fera la modeste jusqu'à ce qu'elle ait pris racine, et qu'elle ait acquis assez de force pour attaquer ou pour opprimer tout ce qui pourra s'opposer à ses desseins. Ou s'il est permis de prévoir et de prévenir ce mal, il est donc permis de l'étouffer dès sa naissance, aussi bien que de le réprimer dans son progrès ; et la tolérance n'est plus qu'un nom en l'air.

(1) 1. *Ann. Lett.* 11, *p.* 11. *De l'Un. Tr.* 6, *c.* 6. — (2) *Com. philos. c.* 7 *et suiv.*

Mais quand on sera venu à cet aveu, et qu'on aura accordé au Commentateur, qu'il faut laisser croire et prêcher tout ce qu'on voudra, alors il demandera, sans plus de façon, l'indifférence des religions, c'est-à-dire, qu'on n'exclue personne du salut, et que chacun règle sa foi par sa conscience. Les Tolérans mitigés ou dissimulés se récrieront contre cette dernière conséquence qu'ils protestent de ne jamais vouloir admettre. Mais, en ce point, M. Jurieu les pousse à bout, en leur disant (1) : « Quand » un homme est bien persuadé qu'un malade a la » peste, qu'il peut perdre tout un pays et causer la » mort à une infinité de gens, il ne conseillera jamais » qu'on mette un tel homme au milieu de la foule, » et qu'on permette à tout le monde de l'approcher : » et s'il permet à tous de le voir, ce sera une marque » qu'il croira la maladie légère, et nullement conta- » gieuse. » La suite n'est pas moins pressante. « Ils » veulent que nous les croyions, quand ils disent » qu'ils n'estiment pas qu'on peut être sauvé en toutes » religions, et qu'il y a des hérésies qui donnent la » mort. S'ils pensent cela, où est la charité de vou- » loir permettre à toutes sortes d'hérétiques de prê- » cher, pour infecter les âmes et pour les damner ? »

Le ministre passe plus loin, et il démontre aux Tolérans, par une autre voie, que, selon les principes qu'ils supposent avec le Commentateur, il n'est pas possible qu'ils s'en tiennent à la tolérance civile, où ils semblent vouloir se réduire. Car, dit-il (2), ce qu'ils promettent de plus spécieux dans leur tolérance civile, c'est la concorde entre les citoyens qui se supportent les uns les autres, et la paix dans les Etats. Mais, pour en venir à cette paix, il faut encore établir « qu'on est sauvé en toutes religions. J'avoue, » poursuit-il, qu'avec une telle théologie on pourroit » fort bien nourrir la paix entre les diverses religions. » Mais tandis que le Papiste me regardera comme un » damné, et que je regarderai le Mahométan comme

______

(1) *Tab. Lett.* VIII, *p.* 402. — (2) *Lett.* VIII, *p.* 119.

» un réprouvé, et le Socinien comme hors du chris-
» tianisme, il sera impossible de nourrir la paix entre
» nous. Car nous ne saurions aimer, souffrir ni tolérer
» ceux qui nous damnent. Nos Messieurs sentent
» bien cela ; c'est pourquoi très-assurément leur but
» est de nous porter à l'indifférence des religions,
» sans laquelle leur tolérance civile ne serviroit de
» rien du tout à la paix de la société. »

Ainsi l'état où se trouve le parti protestant, est que
les Intolérans et les Tolérans se poussent également
aux dernières absurdités, chacun selon ses principes.
Les Tolérans veulent conserver la liberté de leurs
sentimens, et demeurer affranchis de toute sorte
d'autorité capable de les contraindre ; ce qui en effet
est le vrai esprit de la Réforme, et le charme qui y a
jeté tant de monde : M. Jurieu les pousse jusqu'à
l'indifférence des religions. D'autre côté, malgré les
maximes de la Réforme, ce ministre sent qu'il a besoin sur la terre d'une autorité contraignante ; et, ne
pouvant la trouver dans l'intérieur de son Eglise ni
de ses synodes, il est contraint de recourir à celle
des princes : et voilà en même temps que les Tolérans le poussent malgré qu'il en ait, et de principe
en principe, jusqu'aux excès les plus odieux et les
plus décriés dans la Réforme.

En effet, que répondra-t-il à ce dernier raisonnement tout tiré de ses principes et de faits constans ?
Si le magistrat réformé emploie l'épée qu'il a en main
pour gêner les consciences, ou il le fera à l'aveugle,
et sans connoissance du fond, sur la foi des décisions
de son Eglise ; ou il examinera par lui-même le fond
des doctrines qu'il entreprendra d'abolir. Le premier
est absolument contraire aux principes de la Réforme,
qui ne connoît point cette soumission aux décisions de
l'Eglise : le magistrat de la Prétendue Réforme seroit
plus soumis à l'autorité humaine, telle qu'est, selon
ses principes, celle de l'Eglise, que le reste du
peuple ; et on tomberoit dans l'inconvénient tant
détesté par M. Jurieu, que les synodes seroient les

juges, et les princes les exécuteurs et les bourreaux (1).
L'autre parti n'est pas moins absurde, parce que si
le magistrat n'est point de ceux dont parle M. Jurieu, qui n'ont pas la capacité d'examiner les dogmes,
il est du moins de ceux qui n'en ont pas le loisir, et
à qui, pour cette raison, la discussion ne convient
pas

L'exemple des empereurs chrétiens que le ministre
propose aux magistrats de la Réforme, est inutile. Il
est vrai que ces empereurs, comme dit M. Jurieu,
« ont proscrit et relégué aux extrémités de l'empire
» les hérétiques dont la doctrine avoit été condam-
» née par les conciles » : mais c'est qu'après que les
conciles avoient prononcé, ces princes religieux en
recevoient la sentence *comme sortie de la bouche
de Dieu même*, ainsi que l'empereur Constantin
reçut le décret de Nicée (2) : mais c'est qu'ils ne
croyoient pas qu'il fût permis de douter ou de disputer lorsque l'Eglise s'etoit expliquée dans ses conciles ; et ils disoient *que chercher encore après
leurs décisions, c'étoit vouloir trouver le mensonge*, comme Marcien le déclaroit du concile de
Chalcédoine (3). En un mot, ils vivoient dans une
Eglise où, comme nous l'avons dit souvent dans ce
discours, comme nous l'avons démontré ailleurs, et
sans que personne nous ait contredit (4), on prenoit
pour règle de la foi, qu'il falloit tenir aujourd'hui
celle qu'on tenoit hier ; où la souveraine raison étoit
de dire : *Nous baptisons dans la même foi dans
laquelle nous avons été baptisés*, et nous croyons
dignes d'anathème tous ceux qui, en condamnant
leurs prédécesseurs, croient avoir trouvé l'erreur
en règne dans l'Eglise de Jésus-Christ. En ces temps
et selon ces principes, il est aisé de régler la foi ;
puisque tout dépend du fait de l'innovation dont tout
le monde est témoin. Mais comme la Réforme a

(1) 1. *Ann. Lett.* 11, p. 11. — (2) *Ruf. Hist. Eccl. lib.* x,
c. 5. — (3) *Edict. Val. et Marc. Conc. Chalcéd.* p. 3, n. 3;
*Ed. Lab. t.* iv, col. 810. — (4) *I. Avert. p.* 39, 41, 45 *et suiv.*

quitté ce principe salutaire , et cet inviolable fondement de la foi des peuples , il faut que son magistrat, comme les autres , et plus que les autres , exa-
mine toutes les questions naissantes ; autrement, il se
mettroit au hasard de tourmenter des innocens , et
de prêter son ministère à l'injustice. Ne lui parlons
pas de luthéranisme, d'arminianisme, ni du socinianisme vulgaire : encore qu'il y ait pour lui dans toutes
ces sectes des labyrinthes inexplicables , puisqu'il ne
lui est jamais permis de supposer que la Réforme n'ait
pu se tromper dans tous ses synodes et dans toutes ses
Confessions de foi. Tantôt on lui prouvera , par une
fine critique , qu'un passage et puis un autre ont été
fourrés dans l'Evangile. Il ne saura où cela va , et
il est clair que cela va à tout. Tantôt on lui fera voir
que ni les prophètes , ni les évangélistes, ni les apôtres
n'ont été véritablement inspirés ; qu'il ne faut point
d'inspiration pour raisonner comme fait un saint
Paul; et qu'il en faut encore moins pour raconter ce
qu'on a vu , comme a fait un saint Matthieu ; en un
mot, qu'il n'y a rien de certainement inspiré que
ce qui est sorti de la propre bouche du Sauveur :
encore s'est-il accommodé aux opinions du vulgaire ,
en citant les prophètes et les autres écrivains sacrés
comme vraiment inspirés de Dieu, quoiqu'ils ne le
fussent pas. Tout cela c'est impiété, dira-t-on; c'est
néanmoins de quoi il s'agit aujourd'hui avec les Sociniens : mais laissons-les là. Le magistrat n'aura pas
meilleur marché des autres docteurs. Les ennemis
déclarés de la grâce intérieure , c'est-à-dire les Pélagiens , très-bons protestans d'ailleurs , lui demande-
ront la même tolérance qu'on accorde aux Demi-Pé-
lagiens en la personne de ceux de la Confession
d'Ausbourg : M. Jurieu l'assure déjà qu'il faut prêcher
à la pélagienne : le même lui dira qu'on ne peut
prouver par l'Ecriture l'immutabilité de Dieu, ni par
conséquent condamner ceux qui la nient, et qui
assurent sur ce fondement l'inégalité des trois Personnes divines. Si on vient à s'opiniâtrer, et que
cette doctrine fasse secte, voilà le magistrat à cher-

cher. Nous avons vu ce ministre trouver des exceptions à l'Evangile : s'il y en a pour les mariages,
pourquoi non en d'autres points aussi importans ?
Voilà des questions que nous voyons nées ; mais il y
en a d'infinies que nous ne pouvons pas prévoir : car
qui pourroit deviner toutes les rêveries des Anabaptistes, des Trembleurs et des Fanatiques, ou tout ce
que peuvent inventer les sectes présentes ou futures ?
Il n'y a qu'à voir dans Hornebeck et dans Hornius
les nouvelles religions dont l'Angleterre, la Hollande
et l'Allemagne sont inondées : la mer agitée n'a pas
plus de vagues : la terre ne produit pas plus d'épines
et plus de chardons. L'Eglise, dira-t-on, décidera ;
mais le magistrat n'en sera pas moins obligé à revoir
les points résolus. Il lui faudra perpétuellement rou-
ler dans son esprit des dogmes de religion dans une
Eglise qui ne cesse d'en produire continuellement de
nouveaux, et il passera sa vie dans des disputes ; ou,
pour avoir plus tôt fait, il laissera tout le monde à sa
bonne foi, au gré et selon les vœux des Tolérans.

A cela, il faut l'avouer, il n'y aura jamais de ré-
partie selon les maximes de la Réforme ; mais il n'y
en a non plus à ce qu'objecte M. Jurieu. Vous voulez
dire que les princes en matière de religion ne peuvent
user de contrainte : et sur quoi subsiste donc notre
Réforme ? En même temps il leur fait voir plus clair
que le jour, et par les actes les plus authentiques
de leur religion, « qu'en effet Genève, les Suisses,
» les républiques et villes libres, les électeurs et les
» princes de l'empire, l'Angleterre et l'Ecosse, la
» Suède et le Danemarck » (voilà, ce me semble,
un dénombrement assez exact de tous les pays qui se
vantent d'être Réformés) « ont employé l'autorité du
» souverain magistrat pour abolir le papisme, et pour
» établir la Réformation (1). »

Il n'y a point à s'étonner après cela si les princes
ont fait la loi dans la Réforme. Nous avons vu que
Calvin s'est élevé inutilement contre cet abus (2), le

_________

(1) *Tab. Lett.* viii, *p.* 490. — (2) *Var. liv.* v, *p.* 211 *et suiv.*

plus grand, à son avis, qu'on pût introduire dans la religion, sans y voir aucun remède. On s'en plaignoit de tous côtés, et les plus zélés ministres s'écrioient : « Les laïques s'attribuent tout, et le magistrat s'est » fait pape. »

Mais pourquoi tant se récrier ? Le magistrat avoit raison de vouloir être le maître dans une religion que son autorité avoit établie. Voilà cet ancien christianisme ; voilà cette Eglise réformée sur le modèle de l'Eglise primitive : cette Eglise qui se vantoit d'être sous la croix et dans l'humiliation, pendant qu'elle ne songeoit qu'à mettre l'autorité et la force de son côté. Pour achever le tableau, il ne faudroit plus qu'ajouter les motifs particuliers de ces changemens que nous avons démontrés ailleurs par le témoignage des chefs de la Réforme, c'est-à-dire, la licence, le libertinage, la mutinerie des villes, qui de sujettes avoient entrepris de se rendre libres, les bénéfices devenus la proie des princes, et le reste qu'on peut revoir, pour peu qu'on en doute, dans l'Histoire des Variations (1) ; mais nous n'en avons pas besoin pour l'affaire que nous traitons. Sans s'arrêter à tous ces motifs, les Tolérans trouvent très-mauvais et très-honteux à la Réforme, qu'elle doive son établissement à l'autorité ou plutôt à la violence, et qu'on ait engagé les princes à la nouvelle religion en les rendant maîtres de tout, et même de la doctrine : « Nous croyons, dit » M. Jurieu (2), mettre la Réforme à couvert quand » nous prouvons que partout elle s'est faite par l'au- » torité des souverains. Mais voici des gens ( les » Tolérans ) qui nous enlèvent cette retraite, et qui » disent que c'est là l'opprobre de la Réformation, » de ce qu'elle s'est faite par l'autorité des magis- » trats », parce qu'en effet c'est ce qui fait voir que c'est un ouvrage humain, qui doit sa naissance à l'autorité et aux intérêts temporels.

Mais le ministre oppose à des raisons si évidentes des faits qui ne le sont pas moins : « car il est vrai,

_________________

(1) *Var. liv.* v, *p.* 209 *et suiv.* — (2) *Lett.* viii, *p.* 502.

» poursuit-il (1), que la Réforme s'est faite par l'au-
» torité des souverains : ainsi s'est-elle faite à Genève
» par le sénat ; en Suisse par le conseil souverain
» de chaque canton ; en Allemagne par les princes
» de l'empire ; dans les Provinces-Unies par les Etats ;
» en Danemarck, en Suède, en Angleterre, en
» Ecosse par l'autorité des rois et des parlemens : et
» cette autorité ne s'est pas resserrée à donner pleine
» liberté aux Réformés : elle a passé JUSQU'A ÔTER LES
» EGLISES AUX PAPISTES et à briser leurs images, à
» défendre l'exercice public de leur culte, ET CELA
» GÉNÉRALEMENT PARTOUT : et même en plusieurs lieux
» cela est allé jusqu'à défendre par autorité l'exercice
» particulier du papisme. Que peuvent dire les Tolé-
» rans ? Le fait est certain. Voilà, leur dit le ministre,
» selon leurs principes, non une partie, mais toute
» la Réformation établie dans le monde par la vio-
» lence, par la contrainte, par des voies injustes et
» criminelles. Mais la conséquence en est terrible :
» ces Messieurs, poursuit ce ministre, sont de bonnes
» gens de vouloir bien demeurer dans une religion
» ainsi faite..... Voilà notre Réformation qu'on livre
» pieds et poings liés à toute la malignité de nos enne-
» mis, et à toute l'ignominie dont on la veut couvrir.
» Il y a bien apparence, conclut-il, que Dieu ait
» permis qu'un ouvrage, dans lequel eux-mêmes
» reconnoissent le doigt de Dieu, fût fait universelle-
» ment par des voies antichrétiennes. »

Il paroissoit ici une échappatoire « pour la Réfor-
» mation de la France, qui s'est faite sans l'autorité
» des souverains » : mais le ministre y sait bien
répondre : car, dit-il (2), « premièrement, c'est si peu
» de chose, qu'elle ne doit pas être comparée à tout
» le reste. Secondement, quoique la Réformation ait
» commencé en France sans l'autorité des souverains,
» cependant elle ne s'est point établie sans l'autorité
» des grands ; et, poursuit-il, si les rois de Navarre,
» les princes du sang et les grands du royaume ne

(1) *Lett.* VIII, *p.* 502, 503, 504. — (2) *P.* 505.

» s'en fussent mêlés » (en se révoltant contre leurs
rois, et en faisant nager leur patrie dans le sang des
guerres civiles), « la véritable religion auroit entière-
» ment succombé, comme elle a fait aujourd'hui. »
Ne voilà-t-il pas une religion bien justifiée? La force
et l'autorité sont si nécessaires à la Réforme, qu'au
défaut de la puissance légitime, il a fallu emprunter
celle que les armes et la sédition donnent aux rebelles :
mais enfin les faits sont constans, et les Tolérans
n'ont rien à y répliquer.

Vantez-vous après cela que pour attirer ce grand
nombre qui a suivi la Réforme, il n'a fallu que montrer
la lumière de l'Évangile, claire par elle-même, et
écouter les Réformateurs comme de nouveaux apôtres,
du moins comme des hommes extraordinairement
envoyés pour ce grand ouvrage : les Tolérans se riront
de ces vains discours; et quelque violence que vous
leur fassiez, ils sentiront bien dans leur cœur que vos
vrais Réformateurs sont les magistrats ignorans au
gré de qui la Réforme a été construite.

Cependant les voilà pressés d'une étrange sorte,
ou plutôt tous les protestans se portent mutuellement
des coups mortels. L'un dit que la religion universellement introduite par l'autorité et la contrainte
n'est pas une religion, mais une hypocrisie; et que
forcer en cette sorte les consciences, c'est le pur et
véritable antichristianisme. L'autre dit : Sortez donc
de la Réforme, qui constamment n'a point eu un
autre établissement : *Vous êtes de bonnes gens, de
vouloir bien demeurer dans une religion ainsi
faite* (1).

M. Jurieu ne demeure pas en si beau chemin : dans
le besoin qu'il a d'une autorité pour fixer la religion,
il prétend qu'il appartient au magistrat de décider de
la foi; et en cela il faut avouer qu'il ne fait rien de
nouveau. Malgré les anciennes maximes de la Réforme, il avoit déjà enseigné ailleurs, comme nous

_____________

(1) *Jur. ibid.* 500, 504 *et suiv.*

l'avons démontré (1), que les synodes ne peuvent point prononcer de jugement en ces matières : que les pasteurs ne sont point des juges, et qu'on les écoute seulement comme des experts. Il avoit encore enseigné que les confédérations, qui forment les Eglises particulières, sont des établissemens arbitraires que les princes font et défont, augmentent et diminuent à leur gré; en sorte que tout dépend de leur autorité dans les Eglises. C'est ce qu'il avoit appris de Grotius : mais ce qu'il disoit alors confusément et en général, il le confirme maintenant par des exemples (2); et, non content d'étaler avec soin les maximes outrées de son auteur, sans presque y rien changer, il accable les Tolérans par un décret des Etats, où ils prononcent tout court sur la foi, sur la vocation, sur la prédestination : le fait est incontestable; les paroles du décret sont précises, et le ministre l'avoue (3).

Il est vrai qu'avant que de prononcer, les Etats ont écouté les ministres : mais il ne faut pas s'y tromper, ils les ont écoutés seulement comme conseillers : *Lesquels,* disent-ils, *leur ont donné* LEURS CONSEILS *par écrit.* Voilà donc le partage des pasteurs, qui est de donner leurs conseils : mais à l'égard de l'autorité, l'Etat se l'attribue tout entière : « Sur » quoi, disent-ils, usant de l'autorité qui nous appar- » tient, en qualité de souverains magistrats, SELON » LA SAINTE PAROLE DE DIEU, et en suivant les exemples » des rois, princes et villes qui ont embrassé la Ré- » formation de la religion....... » Ils n'hésitent donc point à se rendre les arbitres de la religion, ils posent pour indubitable que tous les princes réformés ont cette puissance *par la parole de Dieu* et de droit divin.

Les Tolérans s'y opposent, et ils ne peuvent souffrir que les princes soient reconnus pour chefs de la reli-

(1) *Var. liv.* xv, *p.* 169, 199 *et suiv.* — (2) *Lett.* VIII. — (3) *Ibid p.* 465, 481, 482, 483. *Dec. Ord. ap. Grot. T.* III, *p.* 141.

gion. Cette prétention des princes de la Réforme est
détruite par des raisons invincibles (1). Ce n'est point
aux potentats, mais aux apôtres et à leurs disciples
que le Saint-Esprit a confié le dépôt de la foi (2) : si
quelqu'un en doit juger, ce sont ceux à qui la prédication en est commise ; en rendre les princes maîtres,
c'est faire de nouveaux papes plus absolus que
celui dont on vouloit secouer le joug, et sacrifier la
foi à la politique. Si ces raisons ne suffisent pas, les
Tolérans ont en main les écrits de Calvin et des autres
Réformateurs, qui ont attaqué cette autorité que les
princes s'attribuoient : ils ont la décision expresse du
synode national de la Rochelle, de 1671, qui condamne en termes formels *ceux qui soutiennent que
le magistrat est chef de l'Eglise*, avec toutes les
suites de cette doctrine que le ministre Jurieu entreprend de faire revivre dans le calvinisme. Il y a
même encore aujourd'hui parmi les protestans un
parti assez courageux pour soutenir en ce point les
anciennes maximes du calvinisme et la liberté de
l'Eglise : « Il y a, dit notre ministre (3), les Puri-
» tains et les rigides Presbytériens, qui en arra-
» chant la jurisdiction au pape et aux évêques, ont
» voulu la transférer au presbytère et aux synodes ;
» mais avec tant de rigueur qu'ils ont prétendu que
» les magistrats n'avoient aucun droit de se mêler
» des affaires de l'Eglise qu'ils n'y fussent appelés,
» et que comme la jurisdiction civile appartient au
» seul magistrat, la jurisdiction ecclésiastique appar-
» tient uniquement aux pasteurs, aux consistoires et
» aux synodes. » Le même ministre nous apprend
que le clergé réformé des Provinces-Unies dans le
fond est de cet avis : il remarque « les démêlés qui
» ont été de tout temps dans ce pays-ci entre le
» magistrat et le clergé là-dessus (4) » : et il ne veut
pas qu'on oublie « combien la politique de Grotius a
» causé de bruit et de murmures de la part du

(1) *Tract. de Toler.* — (2) *II. Tim.* 11. 2, *etc.* — (3) *Tab.*
*Lett.* VIII, *p.* 461. — (4) *P.* 484.

» clergé (1) » : jusqu'à faire regarder cet auteur, en effet plus jurisconsulte que théologien, *comme l'oppresseur de l'Eglise.* Ainsi, à parler de bonne foi, c'est une question encore indécise, même dans la Réforme, si les princes ont ce droit ou s'ils l'usurpent : tout le clergé protestant des Pays-Bas le leur dénie; et ce parti est si fort, que le ministre déclare, par deux fois, *qu'il ne veut pas entrer dans ce démêlé* (2). Mais visiblement il se moque, et tout en disant qu'il *n'y entre pas*, il déclare « qu'il » est certain, selon son sens, que, pour le fond, » la théologie de Grotius est fondée en raison et en » pratique (3). » Il donne aussi pour tout avéré, « que les princes sont chefs-nés de l'Eglise chré- » tienne aussi bien que de la société civile, également » maîtres de la religion comme de l'Etat (4). » Il semble oublier ce qu'il avoit dit, que les empereurs, à la vérité, proscrivoient *les hérétiques;* mais ceux-là seulement *que les conciles avoient condamnés* (5). Grotius l'a converti; et il approuve, à son exemple, « que les empereurs, pour ne pas subir le joug » tyrannique du clergé, aient fait quelquefois eux- » mêmes des formulaires de foi pour la décision » des controverses (6) », indépendamment de l'E- glise : autrement, on ne prouveroit rien, et l'Eglise seroit la maîtresse de la religion, contre la prétention de ces auteurs.

Il faut ici remarquer que ces exemples de formu- laires de foi des empereurs produits par Grotius, et approuvés, comme on voit, par son disciple Jurieu, sont les hénotiques, les types, les ecthèses, et les autres semblables décrets faits par les princes héré- tiques, et détestés unanimement par les orthodoxes. Voilà les exemples que nous produit le ministre après son maître Grotius : voilà l'excès où s'emporte ce flatteur des princes, quand il a besoin de leur auto- rité contre ses adversaires.

(1) *P.* 478. — (2) *P.* 478, 484. — (3) *P.* 478. — (4) *P.* 462. — (5) *Ibid.* 424. — (6) *P.* 488. *Grot. pict. Ord. de jur. potest. in sacr. t.* III.

Il ne tient rien toutefois : la cause est en son entier ; et si on laisse la liberté des sentimens, par les principes de la Réforme celui des Tolérans l'emportera. Il leur sera du moins permis de suivre en cette matière les sentimens du clergé protestant des Provinces-Unies : il leur sera, dis-je, permis de le suivre, puisque M. Jurieu, de peur de le condamner, fait semblant, comme on vient de voir, de ne pas entrer dans cette question. Il passe encore plus avant en un autre endroit où il déclare « qu'en BONNE JUSTICE » l'Eglise devroit être maîtresse de ses censures et de » la tolérance ecclésiastique, et l'Etat aussi maître » de ses peines, et de la tolérance civile (1). » Voilà donc par son sentiment les deux puissances établies maîtresses chacune dans son détroit, selon que nous avons vu qu'il avoit été décidé par les synodes ; et les décisions des magistrats, en matière de foi, n'ont point de lieu.

Mais enfin le ministre en a besoin : tout ce qu'il dit au contraire n'est que feinte ; et il sent bien dans le fond qu'il ne peut se passer d'autorité. Au reste, il n'y a point de raisonnement à lui opposer. Les Etats ont décidé que c'est à eux à juger les points de foi. Nous en avons vu le décret exprès rapporté par ce ministre. Nous avons vu que ce décret reconnoît le même droit dans tous les Etats protestans ; et si un seul décret ne suffit pas, le ministre en a une infinité à nous produire. En un mot, « tous les décrets » d'union entre les provinces, comme est celui » d'Utrecht, portant expressément que chaque pro- » vince demeurera MAÎTRESSE DE LA RELIGION, pour la » régler et l'établir SELON QU'ELLE JUGERA A PROPOS (2). » Pouvoit-on assujétir en termes plus forts la religion à l'Etat ; et quelle réplique reste-t-il aux Tolérans ?

C'est ainsi que les deux partis ne se laissent mutuellement aucune défense. Les Tolérans se soutiennent par les maximes constantes de la Réforme : les Intolérans s'autorisent par des faits qui ne sont pas moins

_______

(1) *P.* 428. — (2) *P.* 481.

2. BOSSUET. AVERTISSEMENS.                     11

incontestables : chaque parti l'emporte tour à tour. La Réforme a fait tout le contraire de ce qu'elle s'étoit proposé : elle se vantoit de persuader les hommes par l'évidence de la vérité et de la parole de Dieu, sans aucun mélange d'autorité humaine : c'étoit là sa maxime : mais dans le fait elle n'a pu ni s'établir ni se soutenir sans cette autorité qu'elle venoit de détruire ; et l'autorité ecclésiastique ayant chez elle de trop debiles fondemens, elle a senti qu'elle ne pouvoit se fixer que par l'autorité des princes : en sorte que la religion, comme un ouvrage purement humain, n'ait plus de force que par eux, et qu'à dire vrai, elle ne soit plus qu'une politique. Ainsi la Réforme n'a point de principe, et par sa propre constitution elle est livrée à une éternelle instabilité.

C'est ce qui paroît clairement dans tout le parti de quelque côté qu'on le regarde : l'indifférence gagne partout, et les Français réfugiés en Allemagne dans les Etats de M. l'électeur de Brandebourg, y trouvent autant cet esprit que nous l'avons vu en Angleterre et en Hollande. Je ne l'aurois pas voulu assurer, quelque rapport qu'on m'en eût fait de divers endroits, si je n'avois vu moi-même ce qu'on enseigne hautement dans l'académie de Francfort sur l'Oder. Mais on y débite publiquement un petit écrit que le docteur Samuel Strimésius, un des professeurs en théologie de cette académie, met à la tête des thèses de théologie de Conrad Bergius, autrefois professeur en théologie de la même université, pour y servir de préface (1). Ce docteur y propose sans façon la réunion, non seulement « en particulier de tous les protestans » les uns avec les autres, mais encore plus univer- » sellement DE TOUS CEUX QUI SONT BAPTISÉS , en » soumettant à l'examen de l'Ecriture tous les sym- » boles (2) » , c'est-à-dire, toutes les professions de foi, « tous les décrets des conciles œcuméniques, quelque » vénérables qu'ils soient par leur antiquité, par le

(1) *Conradi Bergii Themata Theologica*, §. 2, *p.* 13.
(2) §. 1, *p.* 8.

» consentement de la multitude, par une plus docte
» et plus exacte explication des dogmes, et par leur
» zèle singulier contre la fureur des hérétiques », et
en se tenant simplement *aux paroles de l'Ecriture* (1), dont on sait bien que les chrétiens convien-
dront toujours, sans rien exiger de plus.

C'est ce qu'il déduit clairement des principes de la
Réforme en cette sorte. Il pose d'abord pour fondement avec tous les protestans « la clarté et l'intelligi-
» bilité de l'Ecriture si parfaite, qu'avec la grâce de
» Dieu commune à tous, et sans aucune explication
» ajoutée au texte, soit publique, soit particulière,
» tout homme y peut trouver tout ce qu'il faut croire et
» faire pour être sauvé(2): d'où il conclut que l'Ecriture
» est très-suffisante et très-claire non seulement en ce
» qui regarde le fond des dogmes, mais encore dans
» les façons de parler dont il les faut expliquer (3) :
» ce qu'on ne peut nier, continue t-il, sans nier en
» même temps la clarté, la perfection et la suffisance
» de l'Ecriture, et sans introduire avec le papisme
» la source de tous les maux et la torture des con-
» sciences. »

Sur ce fondement, il conclut, selon le raisonnement de Jean Bergius, qu'il appelle un grand théologien, et très-zélé pour la paix de l'Eglise (4) :
« Que si les Sociniens et les Ariens persistent sans
» contention dans les expressions de l'Ecriture, sans
» les détourner ni les tronquer, et aussi sans y ajou-
» ter leurs explications et leurs conséquences, on ne
» devroit pas les condamner, encore qu'ils ne vou-
» lussent pas recevoir nos explications ou nos façons
» de parler humaines »; c'est-à-dire, selon le style
de ces docteurs, celles qui ne sont pas tirées de
l'Ecriture. Car ils posent pour fondement, qu'on ne
peut contraindre personne à « d'autres phrases ou
» expressions, qu'à celles de l'Ecriture (5). Ce qu'il

___

(1) *Conradi, etc.* §. 1. *p.* 9. — (2) *Ibid.* §. 3, *p.* 15. —
(3) *P.* 18, 19. — (4) §. 5, *p.* 37. — (5) *Conradi, etc.* §. 8,
*p.* 24.

» faut, dit Strimésius (1), principalement appliquer
» AUX SOCINIENS modérés, et aux autres qui doutent
» des dogmes fondamentaux, ou plutôt des explica-
» tions orthodoxes de ces dogmes ; lesquels, pour-
» suit cet auteur, on doit RECEVOIR comme des
» infirmes dans la foi, quoiqu'ils révoquent en doute
» les propositions des orthodoxes qui ne se trouvent
» pas expressément dans l'Ecriture, et qu'ils se
» croient obligés à s'en abstenir par respect ; pourvu
» qu'ils se renferment dans celles qui s'y trouvent,
» et qu'ils ne s'emportent pas, comme font les plus
» rigides d'entre eux, jusqu'à nier les choses que
» l'Ecriture ne nie pas. »

Ainsi, selon ce docteur et selon les autres docteurs
de sa religion, qu'il cite en grand nombre pour ce
sentiment, les Sociniens qu'ils appellent modérés,
qui n'avouent non plus que les autres la divinité de
Jésus-Christ ni celle du Saint-Esprit, ni l'incarnation,
ni le péché originel, ni la nécessité de la grâce, ni
l'éternité des peines, ni tant d'autres articles de foi
qui sont connus, ne diffèrent pas tant d'avec nous
dans les dogmes fondamentaux, que dans l'explication de ces dogmes ; ce qui oblige nécessairement à
les recevoir au nombre des vrais fidèles : et quand il
faudroit reconnoître, ce qui en effet ne devroit pas
être mis en contestation, qu'ils rejettent les articles
fondamentaux, on n'a pas droit d'exiger d'eux, non
plus que des Ariens et des autres hérétiques, qu'ils
confessent avec les Pères de Nicée et de Constantinople, « que le Fils de Dieu soit de même substance
» que son Père, ou qu'il soit engendré de sa substance,
» ou qu'il ne soit pas tiré du néant, ou que le Saint-
» Esprit soit ce Seigneur égal au Père et au Fils,
» qu'il faille pour cette raison adorer et glorifier avec
» eux » : car tout cela constamment ne se lisant point
expressément dans l'Ecriture, on tombe par tous ces
discours, disent ces auteurs, dans le cas *de vouloir
parler mieux que Dieu même* (2). En un mot, il faut

______

(1) *P.* 37. — (2) *Conradi, etc. §. 4, p.* 28.

effacer par un seul trait tout ce que les premiers conciles
même œcuméniques ont inséré dans leurs symboles
ou dans leurs anathématismes, s'il ne se trouve dans
l'Écriture en termes formels. Car c'est là ce que ces
docteurs appellent parler « le langage de Babylone,
» établir une autorité humaine, et un autre nom que
» celui de Dieu (1) » n'y ayant rien de plus absurde,
disent-ils (2), que de faire accroire « à celui qui sait
» tout, qu'il n'a pas eu la science des mots lorsqu'il
» a inspiré les auteurs sacrés, ou que la force n'en
» étoit pas présente à son esprit, ou qu'il n'y a pas
» pris garde, ou qu'il n'a pu faire entrer son lecteur
» dans sa pensée ; en sorte qu'il lui faille pardonner
» d'avoir parlé ignoramment et inconsidérément ; et
» que les hommes aient droit de soutenir qu'il falloit
» choisir d'autres termes que les siens pour bien faire
» entendre sa pensée, ou du moins pour éviter et con-
» vaincre les hérésies, et que les leurs enfin sont plus
» propres à conserver et à défendre ses vérités, que
» ceux dont il s'est servi lui-même » : ce qui, disent-
ils (3), « n'est autre chose que de vouloir enseigner
» Dieu et lui apprendre à parler de ses vérités, au
» lieu que nous le devrions apprendre de lui. »

Telle est la doctrine qu'on enseignoit en Allemagne
dans les académies de l'État de Brandebourg ; celle
de Strimésius, professeur en théologie de l'université
de Francfort sur l'Oder ; celle de Conrad Bergius, ci-
devant professeur en théologie de la même université,
dont il publioit les écrits et recommandoit la doctrine ;
celle de Jean Bergius, de Grégoire Franc, *une des
lumières* de la même académie, comme il l'appelle ;
celle de Martin Hundius ; celle de Thomas Cartvright,
anglais ; celle de toute l'académie de Duisbourg dans
le duché de Clèves, et de plusieurs autres docteurs
célèbres dans la Réforme, et qu'il cite aussi avec
honneur. L'abrégé et le résultat de leur sentiment est
» qu'il ne faut ni tenir ni appeler personne hérétique,

(1) *Conradi*, etc. §. 4, *p.* 31, 32. — (2) *Ibid. p.* 25. –
(3) *Ibid. p.* 25, 28.

» lorsque dans les matières de la foi il souscrit à
» toutes les expressions et manières de parler de
» l'Ecriture, et qu'il n'ose rien affirmer ou nier au-
» delà; mais qu'il se croit obligé à s'abstenir de tout
» autre terme par une crainte religieuse et de peur de
» parler mal à propos des choses saintes; et au con-
» traire, on doit tenir pour schismatiques tous ceux
» qui séparent un tel homme, comme hérétique, de
» leurs assemblées et de leur culte (1). »

On voit par là où tous ces docteurs, la fleur du
parti protestant, réduisent le christianisme contre les
Sociniens. Il n'est pas permis d'exiger d'eux la souscription des conciles de Nicée et de Constantinople,
pour ne point ici parler des autres, ni de leur faire
avouer, en termes formels, que le Saint-Esprit soit
une personne et quelque chose de subsistant, ni qu'il
soit égal au Père et au Fils, ni que le Fils lui-même
soit proprement Dieu sans figure et dans le sens littéral, ni, en un mot, d'opposer aux fausses interprétations qu'ils donnent à l'Ecriture, d'autres paroles
que celles dont ils abusent pour tromper les simples.
Ils n'ont qu'à répondre que s'ils refusent ces expressions, nécessaires pour découvrir leurs équivoques,
et qu'ils ne veuillent pas dire, par exemple, que le
Père, le Fils et le Saint-Esprit soient vraiment et
proprement un seul Dieu éternel, c'est par respect
pour l'Ecriture et pour ses dogmes; c'est pour ne
point enseigner Dieu, et entreprendre de parler
mieux que lui de ses mystères : il faudra les recevoir
dans les assemblées chrétiennes sans aucune note :
ce seront ceux qui les refuseront qu'il faudra noter
comme schismatiques, et mettre par conséquent dans
ce rang les conciles de Nicée et de Constantinople,
et tous les autres qui ont obligé de souscrire à leurs
formules de foi sous peine d'anathème.

Il ne sert de rien de répondre qu'on les reçoit, à la
vérité, mais comme des infirmes dans la foi; car ce
seroit être trop novice en cette matière, que d'igno-

_________________

(1) *Conradi, etc.* §. 4, n. 6, p. 31.

rer que ces hérétiques n'en demandent pas davantage.
Ces Sociniens, qu'on appelle *modérés*, c'est-à-dire,
dans la vérité, les plus déliés et les plus zélés de
cette secte, ne vous iront pas dire à découvert que
le Fils ou le Saint-Esprit, à proprement parler, ne
sont pas Dieu. Ils vous diront simplement qu'ils n'osent
assurer qu'ils le soient, ni mieux parler que le Saint-
Esprit, ou se servir de termes qui ne soient pas dans
l'Ecriture. Ils tiennent le même langage sur tous les
autres mystères. Au reste, vous diront-ils avec un
air de modestie qui vous surprendra, ils ne veulent
pas faire la loi, ni imposer à personne la nécessité
de les en croire : trop heureux qu'on veuille bien les
supporter, du moins à titre d'infirmes. Car, après
tout, que leur importe sous quel nom ils s'insinuent
dans les Eglises ? Dès qu'on leur permet de douter,
on lève toute l'horreur qu'on doit avoir de leurs
dogmes : l'autorité de la foi est anéantie, et il n'y a
plus qu'à tendre le bras à toutes les sectes.

On voit donc en toutes manières que la pente de
la Réforme, c'est l'Indifférence. Car, à ne point se
flatter, elle doit sentir que la doctrine qu'on vient de
voir est tirée de ses principes les plus essentiels et
les plus intimes. En effet, que pourroit-elle répondre
à ces docteurs, lorsqu'ils objectent que d'imposer
aux consciences la nécessité de souscrire à des expressions qui ne sont pas de l'Ecriture, c'est leur imposer
un joug humain ; c'est déroger à la plénitude et à la
perfection des saints Livres, et les déclarer insuffisans à
expliquer la doctrine de la foi, c'est attribuer *à d'autres
paroles qu'à celles de Dieu la force de soutenir
les consciences chancelantes* (1)? Mais si l'on admet
ces raisonnemens tirés du fond, et pour ainsi dire
des entrailles du protestantisme, les fraudes des hérétiques n'ont point de remède, et l'Eglise leur est
livrée en proie. Il faut donc avoir recours à d'autres
maximes ; il faut croire et confesser avec nous l'assistance perpétuelle de l'esprit donné à l'Eglise, non

______

(1) *Conradi*, etc. §. 4, p. 3o.

seulement pour conserver dans son trésor, mais encore pour interpréter les Écritures. Car, si l'on n'est assuré de cette assistance, l'Eglise pourra se tromper dans ses interprétations : on ne saura si le consubstantiel est bien ou mal ajouté au symbole : on ne pourra y souscrire avec une entière persuasion, ou, comme parle saint Paul, *avec la plénitude de la foi* (1) : on sera contraint d'en demeurer aux termes dont les hérétiques abusent, et on n'aura rien à dire à ceux qui offriront de souscrire à l'Ecriture ; ce que nulle secte chrétienne ne refusera.

Il ne sert de rien de répliquer que ces auteurs, ou quelques uns d'eux, semblent reconnoître « qu'on a
» pu très-rarement, et avec le consentement una-
» nime de toute l'Eglise, ajouter à l'Ecriture quelques
» locutions ou quelque phrase, à condition que l'équi-
» pollence de ces locutions avec celles de l'Ecriture,
» seroit manifeste et presque sans controverse (2). »
Car cela visiblement ce n'est rien dire ; puisque si ces expressions n'ajoutoient rien du tout à l'Ecriture, et ne servoient pas à serrer de plus près les hérétiques , on les introduiroit en vain : et toujours, quoi qu'il en soit, pour obliger les chrétiens à les recevoir, il faudroit présupposer une entière et indubitable infaillibilité « dans le consentement unanime de l'Eglise ,
» et même dans un consentement qui seroit presque
» sans controverse » , et de la plus grande partie : ce qui ne peut convenir avec l'esprit de la Réforme. C'est pourquoi, dès son origine, elle a répugné à toutes ces additions et interprétations de l'Eglise. Il n'y en eut jamais de plus nécessaire à fermer la bouche aux ennemis de la divinité de Jésus-Christ, que celle du consubstantiel. Voici néanmoins ce qu'en dit Luther (3) : « Si mon âme a en aversion le terme de
» consubstantiel, il ne s'ensuit pas que je sois héré-
» tique.... Ne me dites pas que ce terme a été reçu
» contre les Ariens : plusieurs et des plus célèbres ne

(1) *Rom.* 4. 20. *Heb.* xi. 22. — (2) *Conradi, etc. p.* 25. — (3) *Luth. cont. Latom.*

» l'ont pas reçu, et saint Jérôme souhaitoit qu'on
» l'abolît. » C'est imposer à saint Jérôme ; c'est
mentir à la face du soleil que de parler de cette sorte,
à moins de vouloir compter parmi les plus excellens
hommes de l'Eglise les Ariens et les Demi-Ariens,qui
seuls se sont opposés au consubstantiel de Nicée. Luther continue : « Il faut conserver la pureté de l'Ecri-
» ture : que l'homme ne présume pas de prononcer
» de sa bouche quelque chose de plus clair et de plus
» pur que Dieu n'a fait de la sienne. Qui n'entend
» pas la parole de Dieu , lorsqu'il s'explique par
» lui-même des choses de Dieu, ne doit pas croire
» qu'il entende mieux l'homme , lorsqu'il parlera
» des choses qui lui sont étrangères. » C'est précisément ce que nous disoient les auteurs qu'on vient
de citer; et on voit plus clair que le jour qu'ils n'ont
fait que prendre le sens et répéter les paroles du chef
de la Réforme. Il poursuit : « Personne ne parle
» mieux que celui qui entend le mieux le sujet dont il
» parle. Mais qui pourroit entendre les choses de
» Dieu mieux que Dieu même ? Qu'est-ce que les
» hommes sont capables d'entendre dans les choses
» divines ? Que le misérable mortel donne donc
» plutôt gloire à Dieu, en confessant qu'il n'entend
» pas ses paroles, et qu'il cesse de les profaner par
» des termes nouveaux et particuliers, afin que
» l'aimable sagesse de Dieu nous demeure toute pure
» et dans sa forme naturelle. » On voit par là qu'en
conséquence des fondemens sur lesquels il avoit bâti
sa Réforme, il regarde comme opposé à la sagesse
de Dieu le terme de consubstantiel ajouté à l'Ecriture
dans le Symbole de la foi, et traite de profanation et
de nouveauté cette addition si nécessaire du concile
de Nicée.

Selon ce même principe, Calvin a improuvé dans
ce concile *Dieu de Dieu, lumière de lumière,
vrai Dieu du vrai Dieu*, comme nous l'avons
remarqué ailleurs: et dans un autre endroit, il donne
pour règle, « que lorsqu'il s'agit de Dieu, nous ne
» devons pas être moins scrupuleux dans nos expres-

» sions que dans nos pensées ; parce que tout ce
» que nous pouvons penser par nous-mêmes d'un si
» grand objet n'est que folie; et tout ce que nous en
» pouvons dire est insipide (1) : » ce qui lui fait
regarder les expressions qu'on ajoute à l'Ecriture,
« comme étrangères, et comme une source de que-
» relles et de disputes. » C'est encore ce que nous
disent les Sociniens sur le terme de consubstantiel,
et sur celui de Trinité, bien qu'ils soient consacrés
depuis tant de siècles par l'usage de tout ce qu'il y a
eu de chrétiens : en quoi ils suivent encore l'exemple
de Luther, qui « ne trouve rien de plus froid que ce
» petit mot Trinité, qu'aussi on ne lit point dans l'Ecri-
» ture (2). » C'étoit donc l'esprit de la Réforme,
dès sa première origine, d'ôter à l'Eglise toutes les
interprétations qu'elle ajoutoit à l'Ecriture, quelque
nécessaires qu'elles fussent, et de rompre toutes les
barrières qu'elle avoit mises entre elle et les hérétiques.

Conformément à cette doctrine de Luther et de
Calvin, Zanchius, un des principaux Réformateurs,
donne pour règle qu'il « n'est pas permis d'interpréter
» l'Ecriture par d'autres termes que ceux dont elle
» se sert, et qu'en avoir usé autrement a été la cause
» de tous les maux de l'Eglise (3) » : se servir *de
phrases humaines*, c'est donner lieu, selon lui, *à
des sentimens humains* (4). Cet auteur, sans contestation un des premiers de la Réforme, ne se contente pas de poser le même fondement que Strimésius et les autres que nous avons cités; mais il en
tire les mêmes conséquences en faveur des Sociniens,
puisque, dans sa lettre à Grindal, archevêque d'Yorck,
qu'il fait servir de préface au livre qu'il lui dédie sur
la Trinité, il parle des Sociniens en ces termes :
« Quelques uns d'eux sont tombés dans ce sentiment,
» non pas de bon cœur, mais par quelque sorte de

______

(1) *Instit. lib.* 1, *c.* 13, *n.* 3. — (2) *Postilla maj. dom. Trin.*
— (3) *Zanch. t.* VIII, *tract. de script. quæst.* 12, *c.* 2, *reg.* 7.
— (4) *Resp. ad Examen.*

» religion, à cause qu'ils craignent que s'ils confes-
» soient et adoroient Jésus-Christ comme vrai Dieu
» éternel, ils ne fussent blasphémateurs et idolâtres.
» Il faut avoir quelque égard pour des gens de cette
» sorte, puisque Jésus-Christ est venu au monde
» pour eux, lui qui n'y est point venu pour les réprou-
» vés (1). » Voilà donc manifestement, selon cet
auteur, ceux qui ne veulent ni croire ni adorer Jésus-
Christ comme vrai Dieu éternel, exclus du nombre
des réprouvés. Ils n'ont qu'à dire ce qu'ils disent tous,
que c'est par crainte de blasphémer et d'idolâtrer :
Zanchius les sauve ; et tous nos docteurs allemands
n'ont fait que le copier, comme on a vu.

Il est donc, encore une fois, plus clair que le jour,
qu'en rejetant l'autorité et l'infaillibilité de l'Eglise,
la Réforme a posé le fondement de l'Indifférence des
religions : de sorte que les protestans, qui entrent
aujourd'hui en foule dans ce sentiment, ne font que
suivre les pas des Réformateurs, et prendre le vrai
esprit de la Réforme.

M. Jurieu ne veut pas croire que les protestans
d'Angleterre soient favorables à cette doctrine. Outre
les preuves qu'on a tirées de l'aveu de ce ministre,
j'ai pris soin de faire traduire fidèlement de l'anglais
le témoignage d'un des plus célèbres auteurs de l'Eglise
anglicane, dont le livre, intitulé : *La Religion des
Protestans, une voie sûre au salut*, fut dédié par
son auteur à Charles I<sup>er</sup>, et dans la suite s'est rendu
célèbre par le grand nombre d'éditions qu'on en a
faites, et depuis peu par les extraits qu'on en a donnés au public. Il pose pour fondement (2) que, « comm e
» pour bien juger de la religion catholique, il faut
» la chercher, non dans Bellarmin ou Baronius, ou
» quelque autre de nos docteurs; et l'apprendre non
» de la Sorbonne, ni des Jésuites, ni des Domini-
» cains et des autres compagnies particulières, mais
» du concile de Trente, dont les catholiques romains
» font tous profession de recevoir la doctrine : ainsi,

_______

(1) *Zanch. Epist. ad Grind.* — (2) *Chap.* vi, *n.* 56.

» pour connoître la religion des protestans, il ne
» faut prendre ni la doctrine de Luther, ni celle de
» Calvin ou de Melancton, ni la Confession d'Aus-
» bourg ou de Genève, ni le Catéchisme de Hei-
» delberg, ni les Articles de l'Eglise anglicane, ni
» même l'harmonie de toutes les Confessions pro-
» testantes; mais ce à quoi ils souscrivent tous comme
» à une règle parfaite de leur foi et de leurs actions,
» c'est-à-dire, LA BIBLE. Oui LA BIBLE, continue-t-il,
» LA BIBLE SEULE est la religion des protestans : tout
» ce qu'ils croient au-delà DE LA BIBLE et des consé-
» quences NÉCESSAIRES, INCONTESTABLES ET INDUBI-
» TABLES qui en résultent, est matière d'opinion, et
» non matière de foi. » Voilà déjà, comme on voit,
tous ceux qui se disent chrétiens bien au large, de
quelque secte qu'ils soient, puisqu'ils n'ont rien à
souscrire ni à recevoir comme de foi que la Bible
seule et *ses conséquences incontestables et indu-*
*bitables ;* ce qui ne ferme la porte à aucune secte.
« C'est la mesure, dit-il, qu'il prend pour lui-
» même, c'est celle qu'il propose aux autres; et je
» suis, poursuit-il, bien assuré que Dieu ne m'en
» demande pas davantage. »

Dans la suite il y appose la condition, non seulement *de croire que l'Ecriture est la parole de*
*Dieu;* mais aussi *de tâcher d'en trouver le sens et*
*d'y conformer sa vie* (1): ce qui n'exclut encore
aucun chrétien; n'y en ayant point qui ne tâche, ou
ne se vante de tâcher de bien entendre l'Ecriture et
d'en trouver le vrai sens : de sorte qu'on ne peut
exclure nulle secte du christianisme, puisqu'elles
professent toutes ce qui seul est jugé nécessaire et
suffisant pour le salut.

Il appuie encore sur ce principe, en disant : « Que
» les protestans conviennent de ces trois articles :
» 1°. Que les livres de l'Ecriture, dont on n'a jamais
» douté, sont certainement la parole de Dieu : 2°. Que
» le sens que Dieu a eu dessein de renfermer dans ces

_______________

(1) *Chap.* VI, *n.* 37.

» livres est certainement vrai : 5°. Qu'ils doivent faire
» tous leurs efforts pour croire l'Ecriture dans son
» vrai sens, et y conformer leur vie : d'où il conclut
» qu'aucune erreur ne peut nuire au salut de ceux
» qui sont disposés de cette sorte ; puisque les vérités
» mêmes, à l'égard desquelles ils sont dans l'erreur,
» ils ne laissent pas de les croire d'une foi implicite :
» et pourquoi, demande-t-il à un catholique, une
» foi implicite en Jésus-Christ et en sa parole ne
» suffiroit-elle pas aussi bien qu'une foi implicite à
» votre Eglise (1) ? »

Il n'y a personne qui n'entende la différence qu'il y a entre le catholique, qui dit : *Je crois ce que croit l'Eglise*, et notre protestant qui dit : *Je crois ce que Jésus-Christ veut que je croie, et ce qu'il a voulu enseigner dans sa parole* : car il est aisé de trouver ce que croit l'Eglise, dont les décisions expresses sur chaque erreur sont entre les mains de tout le monde ; et s'il y reste quelque obscurité, elle est toujours vivante pour s'expliquer ; de sorte qu'être disposé à croire ce que croit l'Eglise, c'est expressément se soumettre à renoncer à ses propres sentimens, s'ils sont contraires à ceux de l'Eglise, qu'on peut apprendre aisément : ce qui emporte un renoncement à toute erreur qu'elle a condamnée. Mais le protestant qui erre est bien éloigné de cette disposition ; puisqu'il a beau dire : Je crois tout ce que veut Jésus-Christ et tout ce qui est dans sa parole ; Jésus-Christ ne viendra pas le désabuser de son erreur, et l'Ecriture ne prendra non plus une autre forme que celle qu'elle a pour l'en tirer : tellement que cette foi implicite, qu'il se vante d'avoir en Jésus-Christ et à sa parole, n'est au fond qu'une indifférence pour tous les sens qu'on voudra donner à l'Ecriture ; et se contenter d'une telle profession de foi, c'est expressément approuver toutes sortes de religions.

Ainsi dans cette demande du protestant, qui paroît si spécieuse : *Pourquoi la foi implicite en Jésus-*

_______________

(1) *Rép. à la Préf. de son advers.* n. 26.

*Christ n'est-elle pas aussi suffisante que la foi en votre Église?* on peut voir quelle illusion est cachée dans les propositions qui ont la plus belle apparence. Mais sans disputer davantage, et pour s'attacher seulement à bien entendre notre docteur, il nous suffit d'avoir vu que cette foi dont il est content: *Je crois ce que veut Jésus-Christ, ou ce qu'enseigne son Écriture,* n'est autre chose que dire: Je crois tout ce que je veux et tout ce qu'il me plaît d'attribuer à Jésus-Christ et à sa parole : sans exclure de cette foi aucune religion ou aucune secte de celles qui reçoivent l'Écriture sainte, pas même les Juifs; puisqu'ils peuvent dire, comme nous : Je crois tout ce que Dieu veut, et tout ce qu'il a fait dire du Messie par ses prophètes : ce qui enferme autant toute vérité, et en particulier la foi en Jésus-Christ, que la proposition dont notre protestant s'est contenté.

On peut encore former sur ce modèle une autre foi implicite que le Mahométan et le Déiste peut avoir comme le Juif et le chrétien : Je crois tout ce que Dieu sait : ou si l'on veut encore pousser plus loin, et donner jusqu'à l'athée, pour ainsi parler, une formule de foi implicite : Je crois tout ce qui est vrai, tout ce qui est conforme à la raison : ce qui implicitement comprend tout et même la foi chrétienne; puisque sans doute elle est conforme à la vérité, et que *notre culte,* comme dit saint Paul (1), *est raisonnable.*

Mais, pour nous restreindre aux termes de notre protestant anglais, on voit combien est vague sa foi implicite : Je crois Jésus-Christ et son Écriture, et quelle indifférence elle établit, d'où « il conclut » que dans les contradictions apparentes qui se ren- » contrent souvent entre l'Écriture, la raison et l'au- » torité, d'une part; et l'Écriture, la raison et l'auto- » rité, d'autre part : si à cause de la diversité des » tempéramens, des génies, de l'éducation et des » préjugés inévitables, par lesquels tous les esprits » sont différemment tournés, il arrive qu'ils em-

(1) *Rom.* XII. 1.

» brassent des opinions différentes dont il ne se peut
» que quelques unes ne soient erronées, c'est faire
» Dieu un tyran, et mettre l'homme au désespoir, que
» de dire qu'on soit damné pour cela : il suffit, dit-
» il, pour le salut, que chacun, autant que son devoir
» l'y oblige, tâche de croire l'Ecriture dans son vrai
» sens (1). » Ce qu'il appuie enfin de ce raisonnement,
« En matière de religion, pour se soumettre il faut
» avoir un juge dont nous soyons obligés de croire
» que le jugement est juste : en matière civile, il
» suffit d'être honnête homme pour pouvoir devenir
» juge ; mais en fait de religion, il faut être infail-
» lible. Ainsi, n'y ayant point de juge infaillible,
» selon les maximes communes de tous les protes-
» tans, il n'y a point de juge à qui on doive se sou-
» mettre en fait de religion. D'où il suit que dans
» ces matières chacun peut garder son sentiment. Je
» puis, dit-il, garder mon sentiment sans vous faire
» tort : vous pouvez garder le vôtre sans me faire
» tort ; et tout cela peut se faire sans nous apporter à
» nous-mêmes aucun préjudice (2). »

Ce qu'il dit, qu'il n'y a point de juge infaillible en
matière de religion, fait bien voir qu'il ne reconnoît
point l'Ecriture pour un vrai juge : car d'ailleurs, il
est bien certain qu'il la reconnoît pour infaillible ;
mais c'est qu'il entend bien que l'Ecriture est une loi
infaillible, et non pas un juge infaillible ; puisqu'il
ne faut qu'un peu de bon sens et de bonne foi, pour
voir qu'un juge est celui qui prononce sur les différentes interprétations de la loi ; ce que la loi elle-
même visiblement ne fait pas, ni l'Ecriture non plus.

Il est maintenant aisé de concevoir tout le raisonnement de notre auteur, et le voici en bonne forme :
Quelque évidence qu'on veuille poser dans l'Ecriture,
elle n'est pas telle qu'il n'y ait diverses manières de
l'entendre, dont quelques unes sont des erreurs contre
la foi : c'est pourquoi il y a deux règles suffisantes
pour sauver les hommes : la première, de recevoir

_____________

(1) *Rép. à la Préf.* n. 26. — (2) *Ibid.* c. 2, n 17.

le texte de l'Ecriture avec toutes ses conséquences *nécessaires, incontestables et indubitables;* la seconde, dans tout le reste où l'on pourroit errer *contre la foi, de tâcher* de croire l'Ecriture selon son vrai sens, sans se condamner les uns les autres; parce que pour condamner il faut être juge, et en matière de religion, juge infaillible : or, il n'y a point de juge de cette sorte. L'Eglise n'est pas infaillible : chaque particulier l'est encore moins dans ses sentimens : donc qu'on ne se juge point les uns les autres, et que chacun demeure innocemment et impunément dans son sens; ce qui est en termes formels l'assurance du salut de chaque chrétien dans sa religion, déduite manifestement de ce qu'il n'y a point de juge infaillible. Il n'y a donc point de milieu entre croire l'Eglise infaillible et sauver tout le monde dans sa religion; et ne pas être catholique, c'est nécessairement être indifférent.

Il ne faut pourtant pas dissimuler qu'en disant que chacun se sauve dans son sentiment, notre auteur y apporte la restriction, « que la différence qui sera
» entre nous ne concerne aucune chose nécessaire au
» salut, et que nous aimions tellement la vérité, que
» nous ayons soin d'en instruire notre conscience,
» et que nous la suivions constamment (1). » Mais il faut voir quelles sont ces choses nécessaires au salut, et voici comment il les explique. « Touchant la diffi-
» culté de distinguer les erreurs damnables d'avec
» celles qui ne damnent pas, et les vérités fonda-
» mentales d'avec celles qui ne sont pas fonda-
» mentales, je réponds que la dispute, qui est entre
» les protestans sur cette question, peut être facile-
» ment terminée. Car ou l'erreur dont on parle est
» tout-à-fait involontaire, ou elle est volontaire à
» l'égard de sa cause. Si la cause de l'erreur est quelque
» faute VOLONTAIRE et évitable, l'erreur même est cri-
» minelle, et par conséquent damnable en elle-même.
» Mais si je ne suis coupable d'aucune faute de cette

(1) *Rép. à la Préf. c.* 3, *n.* 52.

» nature, SI J'AIME LA VÉRITÉ, SI JE LA CHERCHE AVEC
» SOIN, si je ne prends point conseil de la chair et du
» sang pour choisir mes opinions, mais de Dieu seul
» ET DE LA RAISON QU'IL M'A DONNÉE ; si, dis-je, je suis
» disposé de cette sorte, et que cependant, par un
» effet de l'infirmité humaine, je tombe dans l'erreur,
» cette erreur ne peut pas être damnable. » Voilà en
termes formels la distinction des erreurs fondamentales et non fondamentales établie, non du côté des
objets de la religion, ou sur la nature même de ces
erreurs, mais sur la disposition de ceux qui y sont ; et,
ce qui tranche en un mot la question des articles fondamentaux, cet auteur les réduit tous à celui-ci, *de
croire l'Ecriture, et de tâcher de la croire dans
son vrai sens* (1) : Voilà, dit-il, en un mot *le cata-
logue des articles fondamentaux, et ce qui suffit
au salut de tout homme :* où l'on voit une tolérance
parfaite, et le salut accordé sur le fondement commun
des Indifférens, qui est de sauver tous ceux qui se servent
de leur raison pour chercher la vérité dans l'Ecriture.

Il n'y a qu'un seul remède à une si dangereuse
maladie qui tend manifestement à l'extinction du
christianisme et de toute religion : c'est de chercher
la vérité non par sa seule raison, mais avec l'Eglise, sous
son autorité, sous sa conduite. Car s'il y a au monde
un fait constant, c'est que la chercher tout seul,
même dans la sainte Ecriture , par son propre
esprit, par son propre raisonnement, et non pas
avec le corps et dans l'unité de l'Eglise, c'est la
source de tous les schismes et de toutes les hérésies :
et s'il y a un moyen solide d'éviter ce mal et toute innovation dans la foi, c'est celui de soumettre, non pas
Dieu et son Ecriture, comme on voudroit nous faire
accroire que nous le pratiquons, mais son sentiment
particulier sur l'intelligence de cette Ecriture à celui
de l'Eglise universelle : et s'il y a un besoin pressant
que l'expérience nous rende sensible, c'est celui que
nous avons d'un tel secours.

(1) *Rép. à la Préf.* n. 27.

Faute de vouloir s'en servir, notre protestant anglais, avec son amour prétendu pour la raison, pour la vérité, pour l'Ecriture, est tombé comme les autres dans l'abîme de l'Indifférence : comme les autres il a ôté à l'Eglise le moyen de discerner et de convaincre les hérétiques, en la réduisant avec eux aux termes précis de l'Ecriture, et bannissant les interprétations qu'elle oppose aux mauvais sens qu'on lui donne. « Cette présomption, dit-il (1), avec laquelle
» on attribue le sens des hommes aux paroles de Dieu,
» le sens particulier des hommes AUX EXPRESSIONS
» GÉNÉRALES du Saint-Esprit ; et on oblige la cons-
» cience à les recevoir sous peine de mort et de damna-
» tion : cette vaine imagination, que nous pouvons
» MIEUX PARLER des choses de Dieu que par les paroles
» de Dieu ; cet orgueil qui nous porte à canoniser nos
» propres interprétations, et à user de tyrannie pour
» les faire recevoir aux autres ; cette manière dont on ose
» RESTREINDRE la parole de Dieu, la tirer DE SON ÉTEN-
» DUE et de sa GÉNÉRALITÉ, et ôter à l'entendement
» des hommes cette liberté que Jésus-Christ et les
» apôtres lui ont laissée : tout cela, dis-je, est et a
» toujours été la SEULE SOURCE DE TOUS LES SCHISMES
» de l'Eglise ; c'est ce qui les rend immortels ; c'est ce
» qui met le feu dans tout le monde chrétien ; c'est ce
» qui déchire en pièces non seulement la robe, mais
» encore les entrailles et les membres de Jésus-Christ,
» au grand plaisir des Turcs et des Juifs, *ridente*
» *Turcâ, nec dolente Judæo.* Otez cette muraille
» de SÉPARATION, et en un moment TOUS LES CHRÉTIENS
» SERONT UNIS : ôtez ces manières de persécuter, de
» brûler, de maudire, de damner les hommes, parce
» qu'ils ne souscrivent pas AUX PAROLES DES HOMMES
» COMME AUX PAROLES DE DIEU ; demandez seulement
» aux chrétiens DE CROIRE EN JÉSUS-CHRIST, et de
» n'appeler leur maître qui que ce soit que lui seul.
» Que ceux qui de bouche renoncent à L'INFAILLIBILITÉ,
» y renoncent aussi par leurs actions ; rétablissez les

______

(1) *Rép. à la Préf. c.* 4, *n.* 16.

» chrétiens en leur pleine et entière liberté, de ne
» captiver leur entendement QU'A L'ÉCRITURE SEULE :
» et alors comme les rivières quand elles ont un libre
» passage courent toutes à l'Océan, ainsi l'on peut
» espérer de la bénédiction de Dieu, que cette LIBERTÉ
» UNIVERSELLE réduira incontinent tout le monde
» chrétien à la vérité et à l'unité. »

A qui en veut ce docteur, sinon manifestement à
ceux qui voudroient obliger les Ariens, les Pélagiens,
les Sociniens et tous les autres hérétiques, à dire que
Jésus-Christ est Dieu éternel ? que le Père, le Fils
et le Saint-Esprit sont un seul Dieu souverainement
et uniquement adorable, d'une même majesté et d'une
même nature ? à dire que Dieu et l'homme en Jésus-
Christ sont une même et seule personne, à qui est
due une seule et même adoration avec le Père et le
Saint-Esprit ? à dire qu'il y a un péché originel véritablement transmis de notre premier père jusqu'à
nous ? à dire que la grâce intérieure est absolument
nécessaire à chaque action de piété ? à dire que les
damnés auront à souffrir *la peine d'un feu éternel*
autrement que saint Jude ne l'a dit des habitans de
Sodome et de Gomorrhe (1), ou autres choses semblables ? et en un mot, à qui en veut-il, si ce n'est
à ceux qui voudroient pousser les hérétiques quels
qu'ils soient, au-delà des expressions de l'Écriture
qu'*ils détournent*, comme dit saint Pierre (2), *à
un mauvais sens*, et les tirer de *leur étendue et
de leur généralité*, comme parle notre Anglais.

C'est sur ce pied qu'il travailloit à la réunion du
christianisme : sur le pied de M. d'Huisseau, ministre
de Saumur, que nos Prétendus Réformés ont condamné : très-bien selon les principes de l'Église catholique, mais très-mal selon les principes de la Réforme :
très-bien en présupposant que l'Église est infaillible
dans ses interprétations, et qu'elle a droit d'obliger
tous les chrétiens à s'y soumettre; mais très-mal en
s'attribuant à eux-mêmes par leurs actions une infail-

(1) *Jud.* 7. — (2) *II. P t.* III. 16.

libilité qu'ils renonçoient en paroles, selon que leur reproche cet Anglais : car c'est en présupposant cette autorité et infaillibilité de l'Eglise qu'ils condamnent des chrétiens prêts à souscrire à l'Ecriture sainte, et à toutes ses expressions, sans en refuser aucune, sans aussi y rien ajouter : pour cette raison seulement qu'ils ne veulent pas se soumettre aux interprétations de l'Eglise, ni renoncer à la liberté qu'ils prétendent que Dieu a donnée de s'en tenir précisément à la parole de l'Ecriture *dans sa généralité.*

C'est ainsi, comme l'on a vu, que l'ont entendu non seulement Strimésius et les auteurs qu'il allègue ; mais encore dès l'origine de la Réforme, Luther, Calvin, Zanchius, et les protestans anglais comme les autres. Chillingworth, qui est celui qu'on vient d'entendre, en est une preuve convaincante, parce que son livre a paru avec une approbation authentique et des éloges extraordinaires des théologiens d'Oxford. Aussi est-ce un des plus suivis de tous leurs docteurs. Il s'est formé en Angleterre sur ses principes une secte qui est répandue dans toute l'Eglise anglicane protestante, où l'on ne parle que de paix et de charité universelle. Les défenseurs de cette paix se donnent eux-mêmes le nom de *Latitudinariens,* pour exprimer l'étendue de leur tolérance qu'ils appellent charité et modération, qui est le titre spécieux dont on couvre la Tolérance universelle. On ne peut nier que cette doctrine ne se rende commune en Angleterre : et s'il faut parmi ceux qui la défendent à présent que je produise un auteur connu, je nommerai sans hésiter M. Burnet. C'est lui qui pour lier les mains au magistrat sur les affaires de la religion, donne pour principe général que « nos pensées qui regardent Dieu, » et les actions qui sont les effets de ces pensées, » ne sont point de son ressort (1). » M. Jurieu, qui montre aujourd'hui tant de zèle pour l'autorité du magistrat, n'a qu'à s'attaquer à cet auteur. Mais il lui dira beaucoup d'autres choses qui lui déplairont

_______

(1) *Préf. sur Lact. p.* 18.

davantage. Il lui dira que l'hérésie n'est rien du tout
« que l'opiniâtreté dans une erreur après être con-
» vaincu que c'est une erreur (1) » : ce qui réduit
l'hérésie à rien; puisque, selon cette définition, il n'y
a rien en soi qui soit hérétique, et par conséquent
aucune erreur qu'il ne faille tolérer. Il lui dira « que,
» selon les principes de l'Eglise romaine qui se croit
» infaillible, l'Intolérance est plus aisée à soute-
» nir (2) » ; mais qu'elle ne peut subsister dans une
Eglise comme la leur, « qui ne prétend rien davan-
» tage qu'un pouvoir d'ordre et de gouvernement,
» et qui ne nie pas qu'elle ne puisse se tromper. »
Il conclura de ce principe « qu'on ne doit pas être
» trop prompt à juger mal de ceux qui sont d'un
» autre sentiment que nous, ou agir avec eux d'une
» manière rigoureuse ; puisqu'il est possible qu'ils
» aient raison et que nous ayons tort (3) » : ce qui
lui fait appeler la rigueur de ce qu'on appelle l'Eglise
anglicane envers les Non-Conformistes, la rage d'une
persécution insensée (4).

Pour sauver les variations qu'on impute aux protestans, il répond qu'ils n'ont jamais varié *sur le
Symbole des apôtres ni sur les dix commande-
mens* (5) : deux pieces où sont contenus tous les
articles de foi; le reste qu'on a inséré dans les Confessions de foi des protestans, n'étant selon lui que
*des vérités théologiques dont les principes de la
Réforme* ne permettent pas *qu'on impose les décisions aux autres hommes, ni qu'on les oblige
à les signer ni à en jurer l'observation.*

Voilà bien pour M. Jurieu un autre adversaire qu'un
M. Huet, et que les autres ministres qu'il étonne par
ses injures, qu'il accable par la crainte d'être déposés.
Celui-ci méprise autant ses censures que ses emportemens et sa véhémence ; et s'étant si hautement
déclaré pour la Tolérance universelle, il ne trouvera

.  (1) *Préf. sur Lact.* p. 37. — (2) *Ibid.* p. 37. — (3) *Ibid.*
p. 39, 40. — (4) *Ibid.* p. 46, 47. — (5) *Rem. sur les Méth. du
Clergé de France. Méth.* 16, p. 158, *art.* 3.

pas mauvais que M. Papin rende publiques les lettres qu'il lui a écrites pour autoriser cette doctrine, et le discours de Strimésius qu'on vient de citer, c'est-à-dire, l'Indifférence la plus déclarée qu'on ait jamais vue.

Il ne reste plus maintenant que de trancher en un mot une équivoque de quelques uns de ces docteurs protestans qui ne veulent pas qu'on les mette au nombre des Indifférens, parce que, disent-ils, bien éloignés d'admettre l'Indifférence des religions, ils reconnoissent qu'il y en a une meilleure que les autres, plus certaine, plus vraie, si l'on veut, à laquelle il faut tâcher de parvenir par l'intelligence de l'Écriture, qui est la protestante ou la réformée : mais tout cela c'est se moquer, puisqu'on a vu qu'en tâchant et en s'efforçant, à la manière qu'ils disent, de bien entendre l'Écriture, on n'en est pas moins sauvé, bien qu'on demeure toujours et jusqu'au dernier soupir comme on étoit : qui est précisément ce qu'on appelle l'Indifférence des religions, puisque dans le fond on se sauve en toutes ; et l'expérience fait voir qu'il n'y a ni ne peut y voir aucun remède à un si grand mal, qu'en croyant avec les catholiques que jamais on ne tâche et on ne s'efforce comme il faut, jusqu'à ce qu'on en vienne enfin par ses efforts à soumettre de bonne foi son jugement à celui de l'Église.

Après cela, mes chers Frères, il ne faut point s'étonner que tout tende dans votre Réforme à l'Indifférence des religions, ni qu'une infinité de gens aient dit à M. Jurieu que l'Église anglicane, qu'il appelle l'honneur de la Réforme, y tende visiblement comme les autres, puisque nous venons de voir dans ses principaux docteurs des témoignages si précis de ce sentiment.

Sans encore sortir de l'Angleterre, la secte des Indépendans est venue manifestement de la même source ; et Jean Hornebeck, un des plus célèbres docteurs de l'académie d'Utrecht, en est un bon témoin, lorsqu'il écrit, dans le livre où il fait le recueil des

sectes (1) : « Qu'ils rejettent toutes les formules ,
» tous les catéchismes, tous les symboles , même
» celui des apôtres. Ils croient, dit-il, qu'il faut
» éloigner toutes ces choses comme apocryphes ,
» pour ne s'en tenir qu'à la seule et unique parole de
» Dieu. » Un autre, que le même auteur met au
rang des Enthousiastes ou prétendus inspirés , qui
n'étoit point ignorant principalement en hébreu , ni
de mauvaise vie, disoit « qu'il n'y avoit plus d'Eglise
» depuis les apôtres, parce qu'il n'y avoit plus d'in-
» faillibilité sur la terre, et que les docteurs qui
» n'en avoient point ne s'en vantoient pas moins de
» parler au nom de Dieu. » Un autre concluoit de
là, « que jusqu'à ce qu'on fût convenu quelle doctrine
» on auroit à suivre, il falloit établir des assemblées
» où l'on ne lût que le simple texte de l'Ecriture sans
» glose ni exposition; qu'on ne prononceroit autre
» chose dans les chaires, et que tous les livres de
» religion , excepté l'Ecriture seule, seroient portés
» au magistrat (2). » Sur ce fondement il faisoit *le
plan d'une Eglise non partiale :* il avoit même
composé un livre sous ce titre, et un autre qu'il
intituloit, *la Diminution des Sectes.* C'étoit visiblement le même dessein où sont entrés les docteurs
qu'on vient de produire. Il n'y avoit, pour unir les
sectes, que de permettre de croire, de dire et d'écrire
tout ce qu'on voudroit. C'est sauver tous les hérétiques
sans les convertir, sans les ramener à la tige d'où
toutes les sectes sont sorties, sans y songer seulement :
et au contraire, en laissant oublier aux chrétiens, s'il
se pouvoit, ce principe d'unité sur lequel le Fils de
Dieu a fondé son Eglise, pour substituer à sa place le
caractère de division, qui est *dans le royaume de
Satan* le principe de sa désolation inévitable, conformément à cette parole : *Tout royaume divisé en lui-
même sera désolé, et les maisons en tomberont les
unes sur les autres* (3). On voit par là quels prodiges

_______

(1) *Summa Controv. lib.* x. *De Brovnistri. p.* 686. —
(2) *Summa Controv. etc. p.* 436, 437. — (3) *Luc.* xi. 17.

l'ennemi du genre humain vouloit introduire sous prétexte de piété; c'est le vrai *mystère d'iniquité* (1), c'est-à-dire, la plus dangereuse hypocrisie sous couleur de rendre respect à la parole de Dieu, et par là l'Indifférence des religions, afin de préparer la voie à la grande *apostasie* qui doit arriver, et *à la révélation de l'Antechrist* (2) : et tout cela fondé sur cette maxime, que les interprétations de l'Eglise ne pouvant être plus infaillibles qu'elle-même, il demeure libre aux chrétiens de rejeter les plus authentiques, et de ne se réserver que le simple texte, à condition de le tourmenter et le tordre à sa fantaisie, jusqu'à ce qu'enfin on l'ait forcé à ne plus violenter le sens humain : qui est le but où se termine le socinianisme, et, comme on a vu, le parfait accomplissement de la Réforme des protestans.

C'est par là aussi qu'il s'élève de tous côtés au milieu d'eux tant de sectes de fanatiques, parce que d'un côté étant constant que l'Ecriture, dont on abuse en tant de manières, a besoin d'interprétation; et de l'autre, celles de l'Eglise paroissant douteuses ou suspectes aux protestans par les principes de la secte, on est contraint, pour avoir un interprète infaillible, de s'attribuer une inspiration, un instinct venu du Saint-Esprit : d'où l'on est mené pas à pas au mépris du texte sacré, comme l'expérience le fait voir; tous ces inspirés prétendant enfin être affranchis de la lettre, comme d'une sujétion contraire à la liberté des enfans de Dieu; et ainsi, par la plus grossière de toutes les illusions, une révérence mal entendue de l'Ecriture conduit enfin les esprits à la mépriser.

Pour éviter ces extrémités si visiblement pernicieuses, l'Eglise catholique, toujours assurée de l'esprit qui l'anime et la dirige, n'a aussi jamais hésité à donner, dès les premiers temps, comme authentiques ses interprétations unanimes : en quoi, loin de croire qu'elle eût dérogé à l'autorité des LIVRES saints, elle a au contraire toujours regardé ses explications comme

_________

(1) *II. Thess.* II. 7. — (2) *Ibid.*

étant le pur esprit de l'Ecriture, et ses traditions
constantes et universelles, comme faisant avec l'Ecriture un seul et même corps de révélation.

C'est le seul moyen laissé aux fidèles, dans une
doctrine aussi haute que celle du christianisme, et
dans une aussi grande profondeur que celle de l'Ecriture,
d'entretenir parmi eux l'unité que leur ordonne saint
Paul, en leur disant : *Soyez d'un même cœur et
d'une même âme, ayant tous les mêmes sentimens* (1). Ce qui devoit commencer par la foi ; puisque le même saint Paul a dit encore : *Un seul corps
et un seul esprit : un seul Seigneur, une seule
foi, un seul baptême* (2). Pour trouver cette unité
de la foi dans une si effroyable multiplicité de sentimens et de sectes, on voit à quoi il faut réduire la foi
chrétienne, et dans *quelle généralité* il faut prendre
l'Ecriture. Nos Indifférens, qui en ont honte, et des
divisions où l'on tombe par la méthode qu'ils pro-
posent pour entendre ce divin livre, croient y trouver
un remède en faisant peu de cas des dogmes spécu-
latifs et abstraits, comme ils les appellent, et ne
vantant que la doctrine des mœurs. C'est la maxime
de ces Latitudinaristes dont nous venons de parler,
qui disent que c'est dans les mœurs qu'il faut rétrécir
la voie du ciel en la dilatant pour les dogmes. Tout
consiste à bien vivre, disent nos Indifférens ; et
l'Ecriture n'a là-dessus aucune obscurité, ni le christianisme aucun partage. Mais c'est encore, sous le prétexte de la piété, la plus fine et la plus dangereuse
hypocrisie. Car d'abord, pourquoi ne vouloir pas que
captiver son intelligence, sous des mystères impénétrables à l'esprit humain, soit une chose qui appartienne à la doctrine des mœurs, et une partie principale
du culte de Dieu, puisque c'est un des sacrifices qui
coûte le plus à la nature, et qui est en soi des plus
parfaits? Et pourquoi ne sera-ce pas encore un des
exercices de la charité, de réduire les vrais chrétiens
à la même foi, en rendant obéissance à la même

_______

(1) *Phil.* ii. 2. — (2) *Eph.* iv. 4, 5.

2. BOSSUET. AVERTISSEMENS.                          12

Église, et par là étouffer *les dissensions*, *les inimitiés*, *les aigreurs* et les autres maux de cette nature, parmi lesquels saint Paul a compté *les hérésies et les sectes* (1), comme une source immortelle *des divisions* que l'esprit de Jésus-Christ devoit éteindre? C'est de cela néanmoins que nos parfaits chrétiens font peu d'état; et ils ne parlent que de bien vivre, comme si bien croire n'en étoit pas le fondement. Mais pour nous restreindre simplement à ce qu'ils appellent les mœurs, où ils semblent vouloir renfermer toute la religion, les Sociniens et les autres qui les vantent tant n'ont-ils pas été les premiers à censurer les commencemens de la Réforme, où l'on avoit refroidi la pratique des bonnes œuvres, en enseignant clairement qu'elles n'étoient pas nécessaires à la justification ni au salut, non pas même l'amour de Dieu; mais la seule foi des promesses, ainsi que nous l'avons souvent démontré? Les mêmes Sociniens ne prouvoient-ils pas invinciblement, aussi bien que les catholiques, qu'il n'y a rien de plus pernicieux aux bonnes mœurs, que l'inamissibilité de la justice, la certitude du salut, et enfin l'imputation de la justice de Jésus-Christ, de la manière dont on l'enseignoit dans la Réforme? C'en est assez pour les convaincre, qu'il peut se trouver dans l'Écriture, sur les mœurs comme sur les dogmes, de ces généralités où se cachent tant d'opinions et tant d'erreurs différentes. Que si l'on se met à raisonner (et on ne le fait que trop) sur la doctrine des mœurs, sur les inimitiés, sur les usures, sur la mortification, sur le mensonge, sur la chasteté, sur les mariages; avec ce principe qu'il faut réduire l'Écriture-Sainte à la droite raison, où n'ira-t-on pas? N'a-t-on pas vu la polygamie enseignée par les protestans, et en spéculation et en pratique? Et ne sera-t-il pas aussi facile de persuader aux hommes, que Dieu n'a pas voulu porter leurs obligations au-delà des règles du bon sens, que de leur persuader qu'il n'a pas voulu porter leur croyance

_______________

(1) *Gal.* v. 20.

au-delà du bon raisonnement? Mais quand on en sera
là, que sera-ce que ce bon sens dans les mœurs,
sinon ce qu'a déjà été ce bon raisonnement dans la
croyance, c'est-à-dire ce qu'il plaira à un chacun? Ainsi
nous perdrons tout l'avantage des décisions de Jésus-
Christ : l'autorité de sa parole, sujette à des interprétations arbitraires, ne fixera non plus nos agitations,
que feroit la liberté naturelle de notre raisonnement;
et nous nous reverrons replongés dans les disputes
interminables, qui ont fait tourner la tête aux philosophes. De cette sorte, il faudra tolérer ceux qui
erreront dans les mœurs comme ceux qui erreront
sur les mystères, et réduire le christianisme, comme
font plusieurs, à la généralité de l'amour de Dieu et
du prochain, en quelque sorte qu'on l'applique et
qu'on le tourne après cela. Combien ont dogmatisé
les Anabaptistes et les autres Enthousiastes ou prétendus inspirés, sur les sermens, sur les châtimens,
sur la manière de prier, sur les mariages, sur la magistrature et sur tout le gouvernement ecclésiastique
et séculier : choses si essentielles à la vie chrétienne?
Les Sociniens, qui ne vantent avec les Indifférens
que la bonne vie et la voie étroite dans les mœurs,
combien se mettent-ils au large lorsqu'ils ne sou-
mettent aux peines de la damnation et à la privation
de la vie éternelle que les habitudes vicieuses? Jusque
là que Socin lui-même n'a pas craint de dire, « que
» le meurtrier, ou l'homicide qui est jugé digne de
» mort, et qui ne peut avoir de part à la vie éter-
» nelle, n'est pas celui qui a tué un homme ou qui
» a commis un acte d'homicide, mais celui qui a
» contracté quelque habitude d'un si grand crime (1). »
Il n'y a rien de plus inculqué dans ses ouvrages que
cette doctrine. C'est aussi le sentiment de la plupart
de ses disciples, et entre autres de Crellius, un des
plus célèbres, et qui est estimé parmi eux un des plus
réguliers sur la doctrine des mœurs : et, néanmoins,

_______

(1) *Soc. in cap.* III, 1. *Ep. Jo.* 11. 6. *T.* 1 *Bib. Frat. p.* 194.
*Ibid. ad* v. 14 *p.* 202. *Ibid. quod regni Pol. etc.* 1, *p.* 194. *etc.*

il fait consister *dans l'habitude* la nature du péché
qui exclut de la vie éternelle (1) : et encore plus
expressément il distingue deux sortes de péchés,
« dont les premiers, dit-il, sont très-griefs et très-
» énormes de leur nature ou en approchent beau-
» coup, dans lesquels celui qui espère la vie éternelle
» et qui a la crainte de Dieu, ou ne tombe jamais,
« ou il n'y tombe que lorsqu'il est fort pressé par les
» désirs de la chair, ou faute d'y penser, et par
» quelque sorte d'imprudence. » On voit d'abord que
ces péchés, quelque énormes qu'il les représente, ne
lui paroissent incompatibles ni avec la crainte de
Dieu, ni avec l'espérance du salut, que lorsqu'on y
tombe souvent, et avec une malice déterminée. « Et,
» pour les autres péchés, continue-t-il, qui ne sont
» pas si énormes et où l'on tombe plus facilement,
» comme la colère, le désir des voluptés illicites qui
» ne va point jusqu'à l'acte, et l'ambition désordonnée:
» si on ne les combat pas dans leur naissance, et
» qu'on leur lâche la bride, je ne crois pas qu'on
» puisse espérer le salut. Mais si l'on combat avec sa
» passion et qu'on s'occupe à la réprimer, en sorte
» qu'on gagne deux choses sur soi-même, l'une sou-
» vent de l'éteindre et la bannir de son esprit, l'autre
» de l'affoiblir et d'en empêcher en quelque sorte
» l'effet : je n'ôte pas à un tel homme l'espérance du
» salut. »

On voit par là de quelle indulgence il use envers
les péchés. Car pour ce qui regarde les plus énormes,
lors même qu'on les commet en effet, il ne veut pas
qu'ils excluent la crainte de Dieu ni l'espérance du
salut, si l'on y tombe rarement, et que ce soit *par
emportement et par quelque sorte d'inconsidération :* car il ne veut même pas que l'inconsidération
soit pleine et entière; et pour les péchés de pensée,
de consentement ou de volonté, tel qu'est, par
exemple, *le désir d'un plaisir illicite,* encore que
Jésus-Christ ait égalé *ce désir à un adultère* (2) :

_______

(1) *Eth. Christ. lib.* 11, *c.* 5, *t.* 1v, *p.* 287. *Resp. ad* 3. *Sto.
in quæst.* — (2) *Matth.* v. 28.

selon ce nouveau docteur. pour ne pas être damné par un tel crime, il suffit de ne pas lâcher tout-à-fait la bride à sa convoitise, et *d'en empêcher,* comme il le dit, non pas entièrement, mais *en quelque sorte l'effet;* qui est un des plus grands affoiblissemens qu'on pût inventer de la doctrine de l'Evangile. Mais de peur encore d'en dire trop, ou de rendre trop difficile le chemin du ciel. il excuse ces sortes de pécheurs, lorsqu'ils sont entraînés au péché *par de violentes tentations venues ou du naturel ou de l'habitude.* Il est vrai qu'il y ajoute deux conditions : l'une de n'avoir *pas eu en soi-même plusieurs de ces dispositions criminelles;* l'autre, *d'en récompenser le péché par d'excellentes vertus, comme font la charité et l'aumône.* Mais cela lui paroît encore trop dur : « et quand, dit-il, on auroit plu- » sieurs de ces mauvaises dispositions, et qu'on » n'auroit point de ces excellentes vertus, je n'oserois » ni accorder ni refuser le salut à des hommes qui » seroient en cet état. »

Il n'est pas ici question de les sauver de la damnation par une sincère et véritable pénitence de leurs fautes, car c'est de quoi on ne parle pas dans tous ces discours; et on sait que tous les péchés, même les plus énormes comme les plus délibérés et les plus fréquens, sont pardonnables en cette sorte : il s'agit de trouver dans le péché des excuses au péché même; et voilà ce qu'en ont pensé ceux de tous les protestans qui se piquent le plus de conserver entière la règle des mœurs. On voit en cet endroit combien ils sont relâchés; ailleurs ils sont rigoureux jusqu'à l'excès; puisqu'ils s'accordent avec les Anabaptistes à condamner parmi les chrétiens les sermens, la magistrature, la peine de mort et la guerre, quoique entreprise par autorité publique, quelque juste qu'elle paroisse d'ailleurs (1).

(1) *Soc. Tract. de Magist. cont. Pal.* t. 11, *p.* 5. *Wolzog. instr. ad util. lect. N. T. c.* 4, 2. *T.* 1, *p.* 251, 290. *Annot. ad quæst. de Magist. Ibid.* 65 *et seq.*

Ceux de qui nous venons de voir d'un côté les relâchemens, et de l'autre les rigueurs excessives, sont constamment ceux des protestans qui ont le plus secoué le joug de l'autorité : ce sont aussi visiblement ceux qui se sont le plus égarés, non seulement dans les mystères de la religion, mais encore dans la doctrine des mœurs qu'ils se vantent de mieux observer que tous les autres. Socin, Wolzogue, et les autres, disent que l'usure n'est pas un péché selon les lois chrétiennes (1) : en quoi il faut avouer qu'ils ne dégénèrent pas de la doctrine commune des protestans. Sans parler des autres erreurs des Sociniens dans la matière des mœurs, on sait la liberté qu'ils se donnent tous les jours sur la dissimulation et sur le mensonge : et cela dans la matière la plus sérieuse qu'on puisse traiter parmi les hommes, qui est celle de la religion. Pour peu que les princes grondent, ils se cachent sous tel manteau que vous voulez, et ne s'embarrassent point de l'hypocrisie. On voit donc plus clair que le jour, que pour soutenir les mœurs, comme pour soutenir la foi, il y faut ce ferme fondement d'une autorité infaillible, qui empêche l'esprit de s'égarer dans les interprétations qu'une vaine subtilité pourra donner à l'Écriture sur cette matière comme sur toutes les autres ; et vanter les mœurs sans cela, c'est, sous prétexte de les établir, les détruire et en laisser la règle à l'abandon.

C'est aussi pour obvier à tous ces maux qu'on nous avoit donné dans le Symbole l'article *de l'Église catholique*, où nous trouvons tout ce que saint Paul nous avoit montré par ces paroles : *Un seul corps et un seul esprit, un seul Seigneur, une seule foi, un seul Baptême* (2). Mais la Réforme a mis les mains sur cette unité qui devoit être inviolable : elle a transformé l'Église universelle en un amas de sociétés ennemies, qui ne laissent pas, dit M. Jurieu, « d'être unies au corps de l'Église chrétienne, fussent-

(1) *Soc. ad Christoph. Morst. Ep.* 4, *t.* 1. *p.* 455. *Wolzog. comm. in Luc. c.* 6, *v.* 35, *t.* 1, 592. — (2) *Eph.* IV. 4, 5.

» elles en schisme les unes contre les autres jusques
» aux épées tirées(1). » C'est ainsi qu'il nous a formé
le royaume de Jésus-Christ sur le modèle de celui de
Satan. Les autres ont poussé à bout le principe que
ce ministre avoit posé : ils ne trouvent ce *seul corps
ni ce seul esprit* de Saint Paul, qu'en s'accordant à
compter pour rien par rapport au salut éternel toutes
les divisions sur les mystères : ni *l'unité de la foi*,
qu'en la faisant consister dans les plus vagues généralités, et en s'élevant au-dessus de toutes les décisions
et interprétations de l'Eglise : ni enfin celle du *Bap-
téme*, qu'en sauvant généralement toutes les sectes
où on le reçoit, sans remonter à la source d'où est
dérivée cette eau salutaire, et d'où tous les hérétiques
l'ont emportée.

Que si maintenant on veut savoir comment nos
Indifférens sont disposés envers l'Eglise romaine,
qui seule se tient à la tige de son unité primitive, il
ne faut qu'entendre Strimésius que nous avons tant
cité, ou plutôt Jean Bergius un de ses auteurs, qui
parle ainsi : «Si les Papistes ne vouloient point nous
» obliger à leurs propres et particulières explications,
» et qu'ils cessassent de nous juger sur cela, mais
» qu'ils nous laissassent jouir des paroles et des expli-
» cations de Jésus-Christ, tout iroit bien (2). » C'est-
à-dire, qu'*il les faudroit recevoir du moins à titre
d'infirmes* (3), comme on fait *les Sociniens* (car
c'est de quoi il s'agissoit), et les mettre par conséquent
au rang des vrais chrétiens, qui pourroient se sauver
dans leur religion. Ainsi l'Eglise romaine pourroit
avoir part à cette commune confédération des chrétiens que l'on propose aujourd'hui sous le nom de
Tolérance, si, sans obliger personne aux interprétations qu'elle a reçues de tout temps, elle vouloit se
contenter d'une souscription générale aux termes de
l'Ecriture, qu'elle pourroit faire avec aussi peu de
peine que les autres religions. Car encore qu'elle

(1) *Préjug. p.* 5. *Var. liv.* xv, *p.* 155, 156 *et suiv.* —
(2) *Strim. Ibid.* §. 5. *p.* 38. — (3) *Ibid.* 37.

reconnoisse des traditions non écrites, tout le monde lui rend ce témoignage, qu'elle fait profession de ne rien admettre qui soit contraire à l'Ecriture : son fondement étant celui-ci, qu'il y a une parfaite uniformité dans tout ce qu'ont dit les apôtres, soit de vive voix, soit par écrit. Elle souscrit donc sans difficulté avec tout le reste des chrétiens à l'Ecriture sainte, comme à un livre inspiré de Dieu et immédiatement dicté par le Saint-Esprit ; et elle ne se trouve exclue de cette prétendue société, qu'à cause qu'elle est et sera toujours par sa propre constitution opposée à l'indifférence des religions, et en un mot, comme parle M. Jurieu, *la plus intolérante de toutes les sectes chrétiennes* (1).

De cette sorte on voit clairement que ce qui rend cette Eglise si odieuse aux protestans, c'est principalement et plus que tous les autres dogmes, sa sainte et inflexible incompatibilité, si on peut parler de cette sorte ; c'est qu'elle veut être seule, parce qu'elle se croit l'épouse : titre qui ne souffre point de partage ; c'est qu'elle ne peut souffrir qu'on révoque en doute aucun de ses dogmes, parce qu'elle croit aux promesses et à l'assistance perpétuelle du Saint-Esprit. Car c'est en effet ce qui la rend si sévère, si insociable, et ensuite si odieuse à toutes les sectes séparées, qui la plupart au commencement ne demandoient autre chose, sinon qu'elle voulût bien les tolérer, ou du moins ne les pas frapper de ses anathèmes. Mais sa sainte sévérité et la sainte délicatesse de ses sentimens ne lui permettoit pas cette indulgence, ou plutôt cette mollesse ; et son inflexibilité, qui la fait haïr par les sectes schismatiques, la rend chère et vénérable aux enfans de Dieu ; puisque c'est par là qu'elle les affermit dans une foi qui ne change pas, et qu'elle leur donne l'assurance de dire en tout temps comme en tout lieu : Je crois l'Eglise catholique : parole qui ne veut pas dire seulement : Je crois qu'il y a une Eglise catholique et une société où tous les enfans de Dieu sont recueillis ;

(1) *Jur. Lett. pastor. aux fid. de Paris, etc.*

mais encore et expressément : Je crois qu'il y a une
Eglise catholique et une société unique, universelle,
indivisible, où la vérité de Jésus-Christ, qui est la
vie et la nourriture des chrétiens, est toujours immua-
blement enseignée ; ce qui emporte non seulement, je
crois qu'elle est, mais encore, je crois sa doctrine,
sans laquelle elle ne seroit pas, et perdroit le nom
d'Eglise catholique. Et de même que Jésus-Christ
disoit hautement et sans craindre d'être repris : *Qui
de vous me convaincra de péché* (1) ? ce qui étoit
un des caractères de sa divinité ; ainsi l'Eglise catholique, sa vraie et unique épouse, appuyée sur sa
protection et sur sa promesse, dit hardiment à toutes
les sectes qui ont rompu avec elle : Qui de vous me
convaincra d'avoir innové ? Et c'est là ce qui rend
sensible que Dieu est en elle. Car comme ce qui
vérifie cette parole du Sauveur, *Qui de vous me
convaincra de péché ?* c'est qu'encore qu'on ait pu
dire en général : Cet homme est un séducteur, et
autres choses semblables ; dans le fait particulier on n'a
jamais pu ni le convaincre d'aucune erreur dans sa
doctrine, ni marquer avec tant soit peu de vraisem-
blance aucune irrégularité dans sa vie. De même, si
on ose en quelque façon lui comparer son Eglise,
soutenue de son secours et éclairée de son esprit, on
a bien pu en général lui reprocher des innovations ;
mais on n'a jamais pu ni on ne pourra jamais lui
démontrer, par aucun fait positif, ni qu'elle ait
changé aucun de ses dogmes, ni qu'elle se soit jamais
séparée du tronc où elle avoit été insérée, ou de la
pierre sur laquelle elle avoit été bâtie. Au lieu donc
qu'elle n'a jamais vu naître de secte, à qui elle n'ait
pu dire aussitôt, hardiment et sans qu'on le pût nier :
Voilà votre auteur, voilà votre date, et vous n'étiez
pas hier ; en sorte qu'elle leur montre à toutes sur le
front le caractère ineffaçable de leur nouveauté : personne n'a jamais pu et par conséquent ne pourra
jamais lui montrer la même chose par aucun fait

(1) *Joan.* VIII. 48.

positif. Car elle a fait en tout temps et fait encore une si haute profession de ne jamais rien changer dans sa doctrine, que pour peu qu'elle y eût changé, ou qu'elle y changeât, elle ne pourroit soutenir son caractère, et perdroit tous ses enfans. C'est donc là le fondement inébranlable et la pierre sur laquelle est appuyée la foi des humbles chrétiens; c'est que, par la constitution de l'Eglise où ils ont à vivre, la nouveauté dans la doctrine leur y est toujours sensible; et comme nous l'avons dit, toujours réduite à ce fait constant; on croyoit hier ainsi; et on varie dans la foi, si aujourd'hui on ne croit de même. Sur ce fondement, il est clair que ne point vouloir varier et demeurer dans l'Eglise, c'est la même chose. C'est ce qui fait que l'Eglise ne varie jamais; et la maxime contraire fait que les fausses Eglises, et en particulier la réformée, est exposée à varier toujours; puisque dès qu'elle a trouvé un seul moment où elle est forcée d'avouer qu'il falloit changer la foi de ceux par qui on avoit été instruit, baptisé, communié, ordonné, c'est-à-dire, la foi d'hier; elle n'a plus de raison de ne pas changer celle qu'elle embrasse aujourd'hui.

Aussi lors qu'on lui objecte des variations, on peut voir ce qu'elle répond. « Quand tout ce que dit M. de » Meaux seroit vrai », quand il auroit bien prouvé les variations de nos Eglises, « il n'auroit gagné, dit » M. Burnet (1) que ce que nous lui accordons, sans » qu'il se donne la peine de le prouver; c'est que nous » ne sommes ni inspirés ni infaillibles : nous n'y aspi- » râmes jamais. » Sur ce fondement il conclut « que » les Réformés, après que leurs Confessions de foi ont » été formées, s'y sont peut-être attachés avec trop » de roideur, et qu'il sera plus facile de montrer » qu'ils devoient avoir varié, que de prouver qu'ils » l'ont fait, et qu'ils sont blâmables en cela. » Voilà ce qu'a écrit M. Burnet, et cela qu'est-ce autre chose, à parler franchement, que d'avouer qu'on n'a rien de fixe, et que, loin de s'étonner d'avoir varié, on s'étonne

_________

(1) *Burn. Crit. des Var.* p. 7, 8. *Ibid.*

p lutôt de n'avoir pas varié beaucoup davantage ? Mais
de là où tombe-t-on, si ce n'est dans l'inconvénient
marqué par saint Paul, *de flotter comme des enfans, et de tourner à tout vent de doctrine* (1) : qui
est la marque la plus sensible d'une âme égarée ? Telle
est pourtant la réponse, non seulement de M. Burnet,
ce grand historien de la Réforme, mais encore celle
de M. Jurieu (2), qui en est le principal défenseur ; et afin que rien n'y manque, c'est encore celle
de M. Basnage (3), c'est, en un mot, celle de tous les
protestans que nous connoissons, qui en effet, ne
peuvent rien dire de plus spécieux selon leurs principes : quelle merveille que nos Eglises aient varié,
puisque nous ne les reconnoissons pas pour infaillibles ? comme s'ils disoient : Nous sommes une secte
humaine, qui ne fonde sa stabilité sur aucune promesse de Dieu : quelle merveille que nous changions,
et que nos propres Confessions de foi n'aient rien de
fixe ? Mais la conséquence va bien plus loin. On voit
l'état présent de la Réforme, et la pente de ces Eglises
prétendues, qui ont pour fondement qu'il n'y a rien
de vivant ni de parlant sur la terre, à quoi on doive
s'assujétir en matière de religion. Le socinianisme
s'y déborde comme un torrent sous le nom de Tolérance ; les mystères s'en vont les uns après les autres ;
la foi s'éteint, la raison humaine en prend la place,
et on y tombe à grands flots dans l'indifférence des
religions. Il n'y a qu'à écouter sur cela M. Jurieu, et
le synode de Roterdam : on en a vu les actes et les
témoignages : on en voudroit revenir à retenir les
esprits par l'autorité, et on ne trouve que celle des
princes qu'on puisse opposer à ce torrent ; ce qui n'est
bon qu'à tenir peut-être les langues un peu plus cap-
tives, et à faire couver sous la cendre un feu qui
éclatera en son temps avec plus de force. Si ce parti
d'Indifférens prévaut parmi vous, et que ce torrent
vous emporte, vous n'aurez qu'à nous dire encore :

(1) *Eph.* IV. 14. — (2) *Jur. Lett.* V, VI, VII et VIII *de an*
1689. — (3) *Basn. Rép. aux Var. Préf.* etc.

Quelle merveille, que l'on varie parmi nous! nous n'étions pas infaillibles. Ceux-là même qui tâchent de vous redresser, varient d'une manière pitoyable. Dès que M. Jurieu entreprend de justifier les variations, et d'en montrer dans l'Eglise, le voilà visiblement emporté lui-même de l'esprit de variation et de vertige; l'immutabilité de Dieu, l'égalité des personnes ne tient plus; la foi de Nicée vacille, les fondemens de la religion sont écroulés; l'antiquité la plus pure ne les a pas connus : le ministre ne laisse rien en son entier, et tout fourmille d'erreurs dans ses écrits. Il trouve des exceptions à l'Evangile : la Réforme n'a plus de ressource que dans l'autorité des princes, et M. Jurieu veut la contraindre à les reconnoître pour chefs, également maîtres de la religion et de l'Etat. Malgré ces nouveautés et ces erreurs, tous les synodes se taisent devant lui. Qui sait si ses sentimens ne prévaudront pas, ou si les Tolérans, mal attaqués par un homme qui n'a ni principes ni suite dans ses discours, ne prendront pas le dessus? N'importe, et quoi qu'il en arrive, il n'y aura qu'à nous dire : Nous n'étions pas infaillibles. Mais cela même, c'est avouer en d'autres termes, que si on ne connoît point d'Eglise infaillible, on est exposé à changer sans fin, sans pouvoir trouver d'autre repos que celui de l'indifférence des religions. C'est ce qu'on avoit prévu qui arriveroit à la Réforme : cent preuves invincibles le démontroient; et nous avons maintenant pour nous la plus claire comme la plus forte de toutes les preuves, c'est-à-dire l'expérience. Que si ces variations et cette légèreté vous paroissent la suite inévitable de la doctrine qui ne connoît point l'Eglise pour infaillible, et qu'il n'y ait point de milieu entre tourner à tout vent, et s'appuyer sur l'autorité des décisions ecclésiastiques, comme sur une pierre inébranlable, on voit où est le salut du christianisme. Je n'ai donc plus rien à dire. Que M. Jurieu réplique ou se taise, je garderai également le silence. Assez de gens le réfuteront dans son parti, si on y laisse la liberté de le faire; et il ne sera pas long-temps sans se réfuter lui-même. Que dirois-je donc à un homme à qui la foiblesse de sa cause, autant que son ardente imagination, ne fournit que des idées qui s'effacent les unes les autres ? Qu'il dogmatise donc, à la bonne heure, et qu'il prophétise tant qu'il lui paira ; je laisserai réfuter ses prophéties au temps, et sa doctrine à lui-même ; et il ne me restera qu'à prier Dieu qu'il ouvre les yeux aux protestans, pour voir ce signe d'erreur qu'il élève au milieu d'eux, dans l'instabilité de leur doctrine.

FIN DU SIXIÈME ET DERNIER AVERTISSEMENT.

# TABLE.

## SECONDE PARTIE.

## Que le ministre ne peut se défendre d'approuver la tolérance universelle.

# ÉTAT PRÉSENT DES CONTROVERSES, ET DE LA RELIGION PROTESTANTE.

## TROISIÈME ET DERNIÈRE PARTIE DU SIXIÈME AVERTISSEMENT CONTRE M. JURIEU.

FIN DE LA TABLE.